Mark Zahel

# Glarnerland

## Walensee, Sarganserland, Obertoggenburg

55 ausgewählte Touren

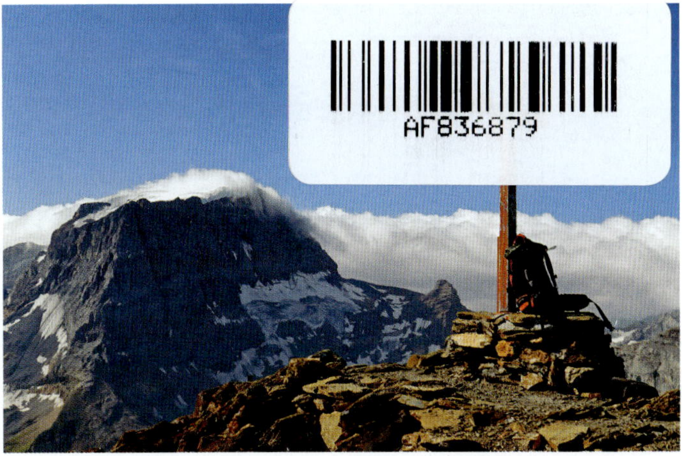



ROTHER
BERGVERLAG

# ROTHER WANDERFÜHRER

Aargau
Abruzzen
Achensee
Adlerweg
Ahrsteig
Alb Südrand-Weg HW2
Albanien
Albsteig
Algarve
Allgäu 1, 2, 3, 4
Allgäuer Alpen
AlpeAdriaTrail
Altmühltal
Altmühltal-Panoramaweg
Andalusien Süd
Annapurna Treks
Antholz - Gsies
Aostatal

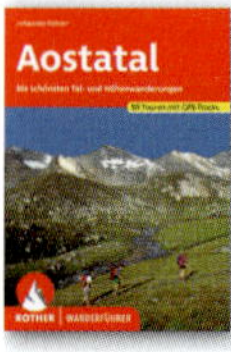


Appenzellerland
Apulien
Ardennen
Arlberg - Paznaun
Arnoweg
Asturien
Augsburg
Außerfern
Australien
Auvergne
Azoren
Baskenland
Bayerische Alpen Trekking
Bayerischer Wald
Berchtesgaden - Lienz
Berchtesgadener Land
Bergisches Land
Berlin
Bern
Berner Oberland Ost
Berner Oberland West
Bodensee Nord, Süd
Bodensee - Rätikon
Böhmerwald
Böhmische Schweiz
Bolivien
Bornholm
Bosnien u. Herzegowina
Bozen - Kaltern
Brandnertal
Bregenzerwald
Bremen - Oldenburg
Brenta
Bretagne
Bulgarien
Burgund
Cevennen
Chalkidiki - Thassos
Champagne - Ardennen
Chiemgau
Chiemsee
Chur - Hinterrhein
Cilento
Cinque Terre
Comer See
Cornwall-Devon
Costa Blanca
Costa Brava
Costa Daurada
Côte d'Azur
Dachstein-Tauern Ost
Dachstein-Tauern West
Dänemark-Jütland
Dalmatien
Dauphiné Ost, West
Davos - Prättigau
Dolomiten 1, 2, 3, 4, 5, 6, 7, 8
Dolomiten-Höhenwege 1-3, 4-7, 8-10
Donausteig
E1 Deutschland Nord
E1 Deutschland Süd
E5 Konstanz - Verona
Ecuador
Eifel
Eifelsteig
El Hierro
Elba
Elbsandsteingebirge
Elsass
Emmental
Ober-, Unterengadin
England Mitte, Nord, Ost, Süd
Fichtelgebirge
Fränkische Schweiz
Fränkischer Gebirgsweg
Frankfurt
Franziskusweg
Freiburg
Friaul-Julisch Venetien
Fuerteventura
Galicien
Gardaseeberge
Garhwal - Ladakh
Garmisch - Brixen
Gasteinertal
Genfer See
Georgien
Gesäuse
Glarnerland
Glockner-Region
Goldsteig
La Gomera
Gotthardweg
Gran Canaria
Grazer Hausberge
Grenzgänger-Weg
Griechenland - Pindosgebirge
Gruyère - Diablerets
GTA
Hamburg
Harz
Haute Route
Hawaii
Hochkönig
Hochschwab
Hohenlohe
Hunsrück
Ibiza
Innsbruck
Irland
Isarwinkel
Island
Israel
Istrien
Italienische Riviera
Jakobsweg - Camino Primitivo
Jakobsweg - Caminho Português
Jakobsweg - Camino del Norte
Französischer Jakobsweg Le Puy - Pyrenäen, Straßburg - Le Puy
Jakobsweg Marburg - Vézelay
Jakobswege Österreich
Jakobswege Schweiz
Spanischer Jakobsweg
Südfranzösischer Jakobsweg - Via Tolosana
Südwestdeutsche Jakobswege
Julische Alpen
Jura, Französischer
Jura, Schweizer
Kärntner Seen
Kalabrien
Kanadische Rocky Mountains
Kapverden Nord
Karawanken
Karnischer Höhenweg
Karwendel
Kaunertal
Kitzbüheler Alpen
Kleinwalsertal
Korfu
Korsika
Korsika - GR 20
Korsika - Mare e Monti
Kraichgau
Kreta
La Palma
La Réunion
Lago Maggiore
Lahnwanderweg
Languedoc-Roussillon
Lanzarote
Lappland
Lechweg
Lesbos - Chios
Limesweg
Lofoten
Lothringen
Lungau
Luxemburg - Saarland
Madeira
Mallorca
Malta - Gozo
Marken - Adriaküste
Marokko
Masuren
Maximiliansweg
Mecklenburgische Seenplatte
Menorca
Meran
Meraner Höhenweg
Mittelsachsen
Mont Blanc
Montafon
Montenegro
Mosel
Moselhöhenweg
Moselsteig
Mühlviertel
München
München - Venedig
Münsterland
Nationalpark Kalkalpen
Neanderlandsteig
Golf von Neapel
Neckarweg
Neuseeland
Neusiedler See
Niedere Tauern Ost
Niederlande
Niederrhein
Nockberge
Nordhessen
Normandie
Norwegen Mitte, Süd, Jotunheimen
Nürnberg
Oberlausitz
Oberpfälzer Wald
Oberschwaben
Odenwald
Odenwald Mehrtagestouren
Öland
Ötscher
Ötztal
Ötztal - Pitztal Trekking
Ossola
Ostfriesland
Ostseeküste
Ost-Steiermark
Osttirol Nord, Süd

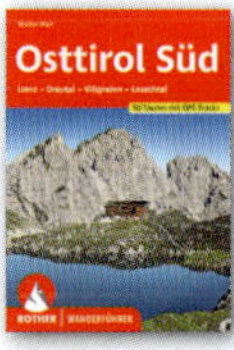


Patagonien
Peaks of the Balkans
Peloponnes
Peru
Pfälzer Weinsteig
Pfälzerwald
Pfaffenwinkel
Picardie
Picos de Europa
Piemont Nord, Süd
Pinzgau
Pitztal
Portugal Nord
Provence
Pyrenäen 1, 2, 3, 4
Pyrenäen - GR 11

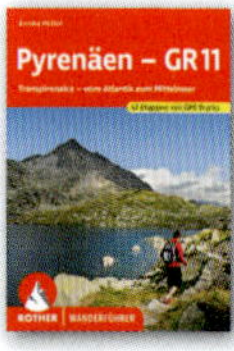


Regensburg
Rhein-Neckar
Rheinhessen
Rheinsteig
Rhodos
Rhön
Riesengebirge
Rom - Latium
Rota Vicentina
Route de Ländle
Rügen
Ruhrgebiet
Rumänien - Ostkarpaten
Rumänien - Südkarpaten
Saar-Hunsrück-Steig
Salzalpensteig
Salzburg
Salzburg - Triest
Salzkammergut Ost, West
Sardinien
Sauerland
Savoyen
Schaffhausen
Schottland
Schwabenkinder-Wege Oberschwaben, Schweiz - Liechtenstein, Vorarlberg
Schwäbische Alb Ost
Schwäbische Alb West
Schwarzwald Fernwanderwege
Schwarzwald Mehrtagestouren Mitte/Nord, Süd/Mitte
Schwarzwald Nord, Süd
Schweden Mitte, Süd
Seealpen
Seefeld - Leutasch
Sentiero della Pace
Sierra de Gredos
Sierra de Guadarrama
Sizilien
Spessart
Steigerwald
Steirisches Weinland
Sterzing
Stubai - Wipptal
Trekking im Stubai
Stuttgart
Südafrika West
Südniedersachsen
Surselva
Sylt, Amrum, Föhr
Tannheimer Tal
Tasmanien
Hohe Tatra
Niedere Tatra
Tauern-Höhenweg
Hohe Tauern Nord
Tauferer Ahrntal
Taunus
Tegernsee - Sterzing
Tegernseer und Schlieseer Berge
Teneriffa
Tessin
Teutoburger Wald
Thüringen Mitte/Nord
Thüringer Wald
Tiroler Höhenweg
Toskana Nord, Süd
Türkische Riviera
Uckermark
Umbrien
Ungarn West
USA Südwesten
Usedom
Vanoise
Veltlin
Vía de la Plata
Via Francigena
Via Gebennensis
Vierwaldstättersee
Vinschgau
Vizentiner Alpen
Vogelsberg
Vogesen
Vogesen Mehrtagestouren
Vogesen-Durchquerung
Vogtland
Vom Gletscher zum Wein
Trekking in Vorarlberg
Wachau
Waldviertel
Wales
Oberwallis
Unterwallis
Walliser Alpen
Weinviertel
Welterbesteig Wachau
Weserbergland
West Highland Way
Westerwald
Wien
Wien - Lago Maggiore
Wiener Alpenbogen
Wiener Hausberge Nord, Süd
Wilder Kaiser
Zillertal
Trekking im Zillertal
Zürichsee
Zugspitze
Zypern Süd & Nord

# Vorwort

Das Gebiet dieses Wanderführers liegt in der Ostschweiz und erstreckt sich mit jeweils rund der Hälfte der vorgestellten Touren auf das Glarnerland zum einen sowie das benachbarte St. Galler Oberland zum anderen. Kurz und bündig aus der Sicht des Bergsteigers lässt sich auch formulieren: Es ist die Region zwischen Säntis und Tödi! Der Gedanke an anmutige »Heidi-Landschaften« kommt sicher nicht von ungefähr, selbst wenn in den Talschaften ein gewisser Industrialisierungsgrad nicht zu übersehen ist. Doch oben auf den Alpbalkonen und den Gipfelhöhen erfüllen sich für den naturverbundenen Wanderer stets aufs Neue die Klischees von Bergidylle und Freiheit, die man in der Schweiz auch zu Recht stolz und selbstbewusst präsentiert.
Als »Zigerschlitz« bezeichnen die Eidgenossen etwas scherzhaft das Glarnerland. Aus der Linthebene kommend öffnet sich in der Tat eine imposante Furche, eingerahmt von schroffen, formgewaltigen Bergen, die sich gen Süden kulissenartig immer höher aufbauen und im eisbedeckten Tödi kulminieren. Östlich und nordöstlich angrenzend bereichern die Gegend um den lang gestreckten Walensee, die Flumser Berge bis hinüber zum Rheintal und das malerische, zwischen Churfirstenkette und Alpstein eingebettete Obertoggenburg diesen Wanderführer. Zusammen bilden sie das Herz der Ostschweiz – eine Region, die genussorientierten wie ambitionierten Bergwanderern fast unerschöpfliche Möglichkeiten bietet. Vielfalt vom Kleinen bis ins Große, so lautet gleichsam die Devise!
In der 5. Auflage habe ich den Wanderführer Glarnerland übernommen und neu konzipiert, im Tourenspektrum angepasst bzw. erweitert sowie gänzlich neu verfasst und bebildert. Die vorliegende 6. Auflage ist auf den neuesten Stand gebracht. Die umfangreiche Auswahl umfasst 55 Touren, von der bequemen Talwanderung über die ausgedehnten Alplagen bis zu zahlreichen Gipfelbesteigungen, die in ihrem Wesen nochmals eine beachtliche Bandbreite widerspiegeln. Schließlich reicht die Region ja von den mattengrünen Voralpen bis in die Welt der Dreitausender und besticht vor allem durch ihr eindrucksvolles Relief mit vielen markanten Gipfeln, etwa den sieben Churfirsten oder dem wuchtigen Glärnisch.
Alle Touren werden treffend charakterisiert und akribisch beschrieben, wobei auch die aussagekräftige Wanderskala des SAC zur Anwendung kommt. Damit kann schon vorab jede Unternehmung realistisch eingeschätzt werden. Kartenausschnitte, Höhenprofile und GPS-Daten erhöhen den Nutzwert und machen den Führer zum fundierten Begleiter für alle, die auf spannenden Bergwegen zwischen Säntis und Tödi unterwegs sein möchten.
Viel Freude und unvergessliche Erlebnisse dabei wünscht

Mark Zahel, im Frühjahr 2022

# Inhaltsverzeichnis

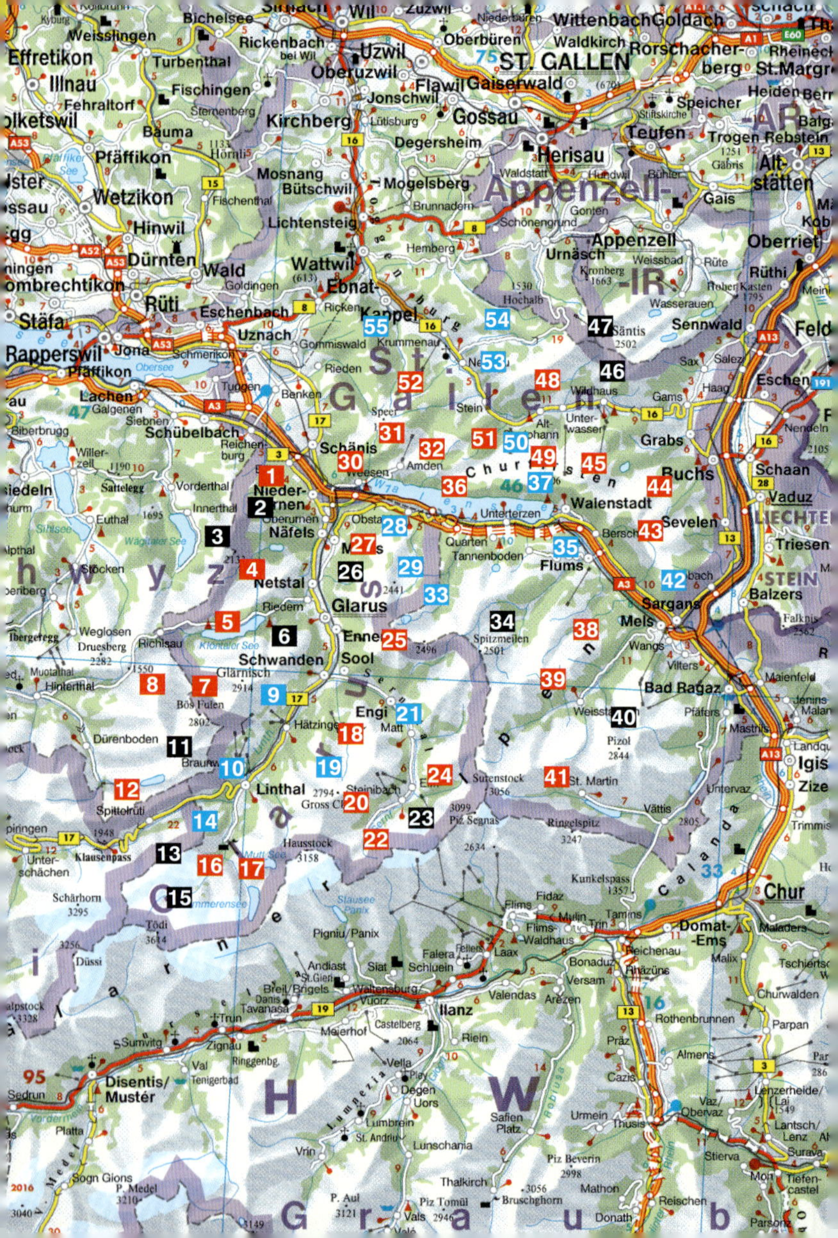

Wil
Zuzwil
Niederbüren
Wittenbach
Goldach
Kyburg
Weisslingen
Bichelsee
Rickenbach bei Wil
Uzwil
Oberbüren
Waldkirch
ST. GALLEN
Rorschacher-berg
Rheineck
St. Margr
Effretikon
Illnau
Turbenthal
Oberuzwil
Flawil
Gaiserwald
Heiden
Fehraltorf
Fischingen
Jonschwil
Speicher
Sternenberg
Kirchberg
Lütisburg
Gossau
Stiftskirche
Bauma
Degersheim
Herisau
Teufen
Trogen
Rebstein
Hörnli
Pfäffikon
Pfäffiker See
Mosnang
Bütschwil
Mogelsberg
Waldstatt
Hundwil
Bühler
Gäbris
Alt-stätten
Wetzikon
Fischenthal
Brunnadern
Appenzell-
Gais
Lichtensteig
Schönengrund
Gonten
Hinwil
Dürnten
Hemberg
Appenzell
Oberriet
Wald
Wattwil
Urnäsch
Weissbad
Rüte
Goldingen
Ebnat-
Kappel
Kronberg
1663
-IR
Rüthi
Hoher Kasten
1795
Rüti
Eschenbach
Ricken
Hochalp
Wasserauen
Stäfa
Uznach
Krummenau
Säntis
2502
Sennwald
Feld
Rapperswil
Jona
Gommiswald
Schmerikon
Obersee
Rieden
St.
Sax
Salez
Pfäffikon
Tuggen
Benken
Gallen
Wildhaus
Lachen
Galgenen
Siebnen
Speer
Stein
Alt-St. Johann
Unter-wasser
Gams
Haag
Eschen
Nendeln
Schübelbach
Reichen-burg
Schänis
Amden
Grabs
Schaan
Biberbrugg
Willer-zell
Weesen
Churfirsten
Buchs
Vaduz
Sattelegg
Vorderthal
Nieder-urnen
Walensee
Unterterzen
Walenstadt
Innerthal
Oberurnen
Näfels
Obstalden
Quarten
Tannenboden
Bersch
Sevelen
LIECHTENSTEIN
Euthal
Sihlsee
Wägitaler See
Mollis
Flums
Triesen
Stöcken
Schwyz
Netstal
Glarus
Riedern
Sargans
Balzers
Mels
Wangs
Weglosen
Druesberg
2282
Richisau
Klöntaler See
Ennenda
Spitzmeilen
2501
Schwanden
Sool
Vilters
Muotathal
Hinterthal
Glärnisch
2914
Bad Ragaz
Maienfeld
Bös Fulen
2802
Engi
Matt
Weisstannen
Pfäfers
Pizol
2844
Dürenboden
Hätzingen
Braunwald
Linthal
Sernftal
Elm
Sardona
Surenstock
3056
St. Martin
Untervaz
Zizers
Igis
Spitzrüti
Gross Chärpf
Vättis
Ringelspitz
3247
Trimmis
Klausenpass
Unterschächen
Hausstock
3158
Piz Segnas
Mutt See
Kunkelspass
1357
Calanda
Chur
Schärhorn
3295
Limmerensee
Tödi
3614
Glarner Alpen
Düssi
Pigniu/Panix
Flims
Fidaz
Mulin
Tamins
Domat-Ems
Malix
Andiast
Siat
Falera
Schluein
Laax
Flims-Waldhaus
Bonaduz
Reichenau
Rhäzüns
Tschiertschen
Churwalden
Breil/Brigels
Waltensburg/Vuorz
Ilanz
Valendas
Versam
Arezen
Rothenbrunnen
Parpan
Trun
Tavanasa
Meierhof
Castelberg
Riein
Sumvitg
Zignau
Ringgenberg
Präz
Almens
Val Tenigerbad
Vella
Pleif
Cazis
Disentis/Mustér
Degen
Uors
Safien Platz
Urmein
Thusis
Vaz/Obervaz
Lenzerheide/Lai
Lantsch/Lenz
Surava
Sedrun
Platta
Lumbrein
St. Andriu
Lunschania
Vrin
Piz Beverin
2998
Stierva
Sogn Gions
P. Medel
3210
Thalkirch
Bruschghorn
3056
Mathon
Mon
Tiefencastel
P. Aul
3121
Piz Tomül
2946
Vals
Reischen
Donath
Graubünden
1 2 3 4 5 6 7 8 9 10 11 12 13 14 15 16 17 18 19 20 21 22 23 24 25 26 27 28 29 30 31 32 33 34 35 36 37 38 39 40 41 42 43 44 45 46 47 48 49 50 51 52 53 54 55

# Allgemeine Hinweise

## Schwierigkeitseinstufung

Die in diesem Band vorgestellten Touren richten sich hauptsächlich an Bergwanderer und verlaufen zumeist auf markierten, mehr oder weniger gut ausgebauten Wegen und Steigen. Dennoch gibt es aufgrund der Steilheit und Beschaffenheit des Geländes, der Höhenlage und der Länge eine erhebliche Spannbreite in den Anforderungen. Die Farbe der Tourennummer in der Titelzeile vermittelt einen groben Hinweis auf das Schwierigkeitsniveau. Es werden drei Kategorien unterschieden:

**Leicht** Bergwanderung auf gut ausgebauten und markierten Wegen von meist nur mäßiger Steilheit. Passagen in abschüssigem Gelände sind selten. Ein Grundmaß an Trittsicherheit kann vorteilhaft sein, sonst stellen sich aber keine besonderen Anforderungen. Auch konditionell nicht überdurchschnittlich fordernd.

**Mittel** Wege und Bergpfade, die solide Trittsicherheit erfordern, in ausgesetztem Gelände auch Schwindelfreiheit. Sie sind in der Regel ebenfalls ausreichend markiert, besitzen aber nicht selten schmalen Verlauf und können gesicherte Stellen aufweisen. Im alpinen Gelände nimmt die Abhängigkeit von den herrschenden Verhältnissen zu. Ist bei technisch leichteren Routen allein der konditionelle Anspruch hoch, wird ebenfalls in diese Kategorie eingestuft.

*Der Walensee liegt zentral in unserer Region. Hier der Blick vom Leistchamm.*

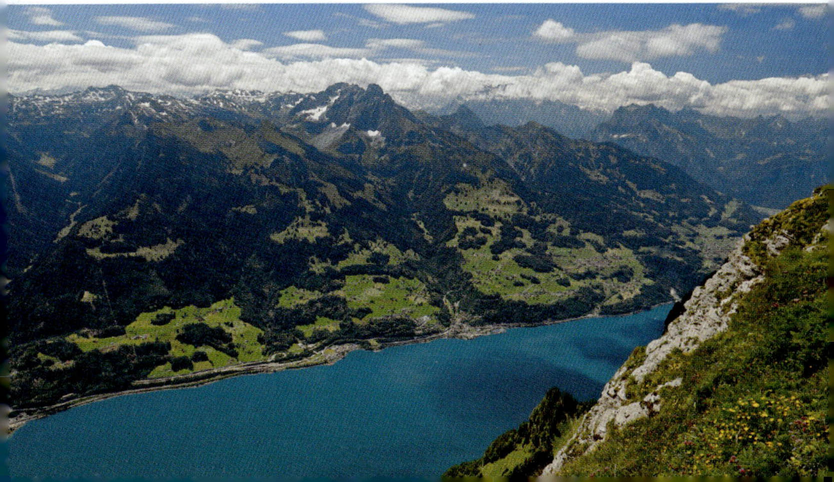

■ **Schwierig** Anspruchsvollere Routen in oft hochalpinem, beschwerlichem Gelände. Eventuell kann eine erkennbare Trasse am Boden fehlen, außerdem ist mit einfachen Kletterstellen zu rechnen. Absolute Trittsicherheit und Schwindelfreiheit sind ebenso unerlässlich wie eine umfassendere alpine Erfahrung. Die Abhängigkeit von Wetter und Verhältnissen ist umso mehr zu beachten.

Im Zuge einer nutzwertigen differenzierten Bewertungspraxis soll in diesem Führer zusätzlich auf die vom Schweizer Alpenclub entworfene »T-Skala« zurückgegriffen werden. Mit dieser dürften Bergwanderer, die öfters in der Schweiz unterwegs, womöglich schon vertraut sein. Bis T2 gilt üblicherweise die Einstufung »blau«, spätestens ab T4 »schwarz«. Nachfolgend die maßgeblichen Definitionen in angepasster Form:

**Die Schwierigkeitsskala nach Muster des SAC**

| **Grad** | **Weg, Gelände** | **Anforderungen** |
|---|---|---|
| **T1 Wandern** | Weg gut gebahnt, Gelände flach oder leicht geneigt, keine Absturzgefahr. | Keine Anforderungen, auch mit Turnschuhen geeignet, Orientierung problemlos. |
| **T2 Bergwandern** | Weg mit durchgehender Trasse, Gelände teilweise steil, Absturzgefahr nicht ausgeschlossen. | Etwas Trittsicherheit, Trekkingschuhe empfehlenswert, elementares Orientierungsvermögen. |
| **T3 Anspruchsvolles Bergwandern** | Weg nicht unbedingt durchgehend, ausgesetzte Stellen evtl. gesichert, ggf. etwas Händeunterstützung, Geröllflächen, einfache Schrofen. | Gute Trittsicherheit, Trekkingschuhe, elementare alpine Erfahrung, durchschnittliches Orientierungsvermögen. |
| **T4 Alpinwandern** | Weg nicht zwingend vorhanden, stellenweise leichte Kletterei, Gelände recht exponiert, heikle Grashalden, Schrofen, Firnfelder. | Vertrautheit mit exponiertem Gelände, solide alpine Erfahrung, gutes Orientierungsvermögen. |
| **T5 Anspruchsvolles Alpinwandern** | Teils weglos mit Kletterpassagen im I. Grad, evtl. nicht markiert. Häufig exponiertes bzw. heikles Gelände. | Gute alpine Erfahrung und sicheres Beurteilungsvermögen auch im hochalpinen Gelände. |
| **T6 Schwieriges Alpinwandern** | Meist weglos und in der Regel nicht markiert. Kletterpassagen bis II bei diffizilen Rahmenbedingungen. | Umfassende alpine Erfahrung inkl. grundlegender Kletterkenntnisse. |

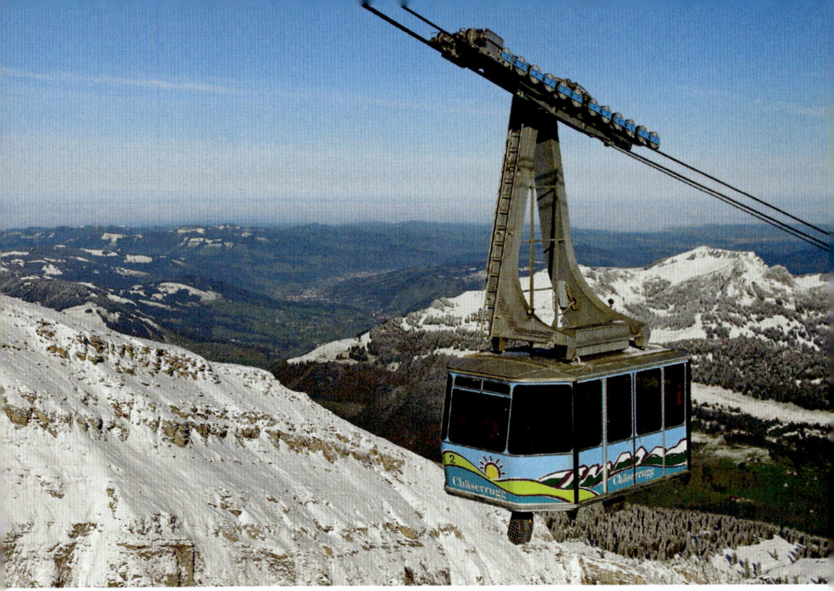


*Wen's bequem in die Höhe zieht, nutzt eine Seilbahn.*

Unter dem wichtigen Punkt »Anforderungen« im Tourensteckbrief wird die Einstufung in die Schwierigkeitsskala verbal präzisiert, etwa über die Beschaffenheit der Wege bzw. des Geländes, über besonders relevante Schwierigkeiten sowie an die Begeher gestellte Voraussetzungen. Dabei gilt grundsätzlich die Annahme günstiger Verhältnisse. Dass beispielsweise Schlechtwetter die Anforderungen spürbar erhöhen kann, muss zusätzlich einkalkuliert werden.

## Gehzeiten

Maßgeblich ist immer die reine Gehzeit ohne Pausen, wobei in der Praxis abhängig von diversen Faktoren, besonders natürlich der Leistungsfähigkeit jedes einzelnen, eine breite Streuung auftreten kann. Die Angaben orientieren sich an berggewohnten, ausdauernden Wanderern ohne erhöhten sportlichen Anspruch, die im Aufstieg normalerweise 300 bis maximal 400

*Ein Murmeli traut sich vorsichtig aus seinem Bau.*

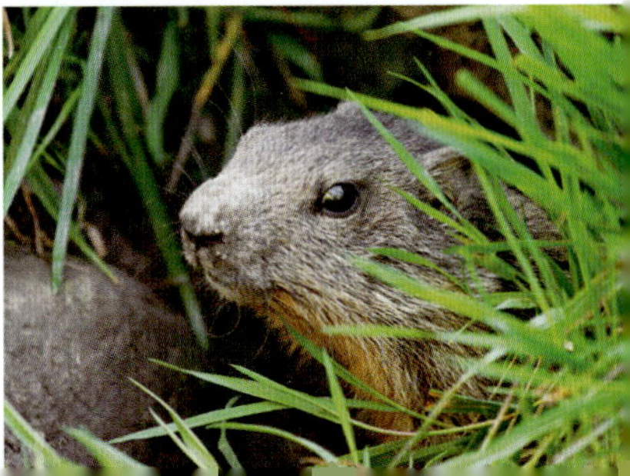

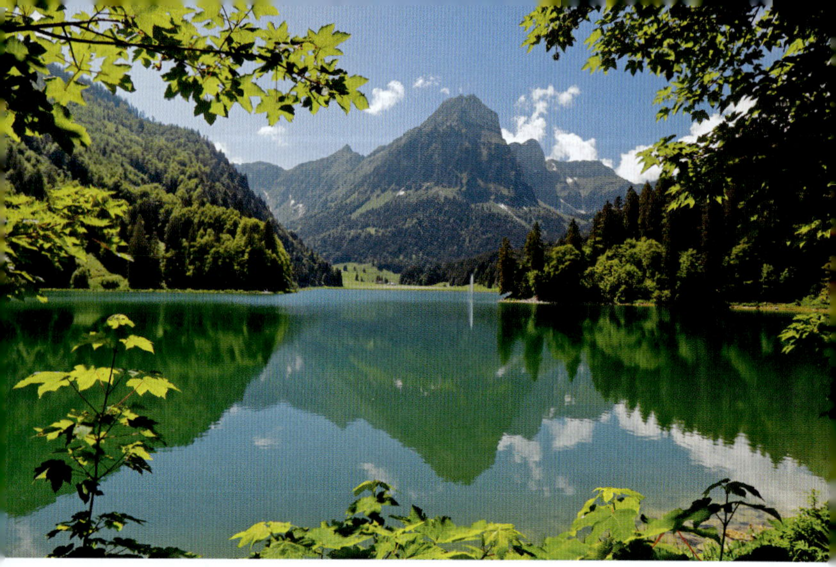

*Bilderbuch-Fleckchen: der Obersee mit dem Brünnelistock im Hintergrund.*

Höhenmeter pro Stunde zurücklegen, im Abstieg etwa das 1,5-fache. Bei flachem, hindernisarmem Gelände – das im Hochgebirge freilich selten in Reinkultur zu finden ist – kalkuliert man etwa vier Streckenkilometer pro Stunde, was auf typischen Höhenwegen normalerweise aber schon deutlich zu reduzieren ist, selbst wenn die Route phasenweise quasi horizontal verlaufen mag. Die Gesamtgehzeit, die mitunter von Wegweisern oder anderswo veröffentlichten Angaben abweichen kann, steht als wichtige Größe sofort erkennbar in der Titelzeile.

## Symbole

| | | | |
|---|---|---|---|
| 🚌 | mit Bahn/Bus erreichbar | 🚌 🚆 | Bus- bzw. Bahnanschluss |
| 🍴 | Einkehrmöglichkeit unterwegs | 🚡 | Fahrt mit Seilbahn/Sessellift |
| 👪 | für Kinder geeignet | † | Gipfel |
| ⛪ | Ort mit Einkehrmöglichkeit | )( | Pass, Sattel |
| 🏠 | Einkehrmöglichkeit | ♁ | Kirche, Kapelle, Marterl/Bildstock |
| ⌂ | Schutzhaus, Unterstand | ▲ | Burg, Schloss, Ruine |
| P | eingerichteter Parkplatz | Ω | Höhle |
| ⛴ | Schiffsanlegestelle | ☀ | Aussichtsplatz |

## GPS-Tracks und Koordinaten der Ausgangspunkte

Zu diesem Wanderführer stehen auf www.rother.de GPS-Tracks und Koordinaten der Ausgangspunkte zum kostenlosen Download bereit.

**6. Auflage, Passwort: 454006mak**

Sämtliche GPS-Daten wurden vom Autor im Gelände erfasst. Verlag und Autor haben die Tracks und Wegpunkte nach bestem Wissen und Gewissen überprüft. Dennoch können wir Fehler oder Abweichungen nicht ausschließen, außerdem können sich die Gegebenheiten vor Ort zwischenzeitlich verändert haben. GPS-Daten sind zwar eine hervorragende Planungs- und Navigationshilfe, erfordern aber nach wie vor sorgfältige Vorbereitung, eigene Orientierungsfähigkeit sowie Sachverstand in der Beurteilung der jeweiligen (Gelände-)Situation. Man sollte sich für die Orientierung auch niemals ausschließlich auf GPS-Gerät und -Daten verlassen.

## Höhenangaben und Höhenunterschiede

Grundsätzlich sind die absoluten Höhenangaben aus der aktuellen Fassung der Schweizer Landeskarte von swisstopo abgeleitet. Diese ist unter map.geo.admin.ch für sämtliche Maßstäbe abrufbar. Verwendung findet dabei in aller Regel der Maßstab 1:25.000 mit dem detailliertesten Datensatz, der auf dem neuen digitalen Höhenmodell swissALTI3D beruht. Dieses weist eine spürbar höhere Genauigkeit als das frühere Höhenmodell DHM25 auf, womit auch etwaige Diskrepanzen zu älteren Kartenausgaben respektive zu Wegschildern vor Ort zu erklären sind (meist um 1 bis 2 Meter Differenz).
Mit »Höhenunterschied« in der Toureninfo sind die insgesamt zu bewältigenden Höhenmeter gemeint. Die Angaben berücksichtigen ein zwischenzeitliches Auf und Ab so genau wie möglich und sinnvoll.

## Kartenausschnitte und Profile

Weitere visuelle Planungshilfen sind der Kartenausschnitt sowie das Höhenprofil, das die wesentlichen Steigungsverläufe wiedergibt und den Überblick über die Gehzeiten (einschließlich Zwischenwerte) enthält. Zudem sind jeweils wichtige Wegpunkte, die auch in der Routenbeschreibung kenntlich gemacht werden und mit dem GPS-Track korrespondieren, verortet.

## Einkehrmöglichkeiten

Stehen auf einer Tour Hütten bzw. Alpbeizli zur Verfügung, kann der eigene Proviant knapper bemessen

*»Feurige« Abendstimmung im Toggenburg.*

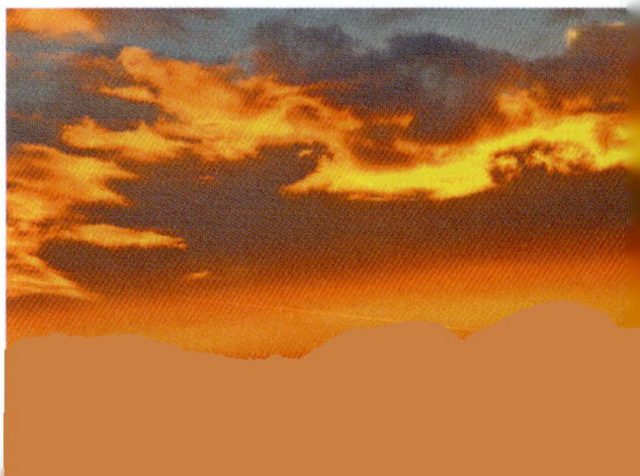

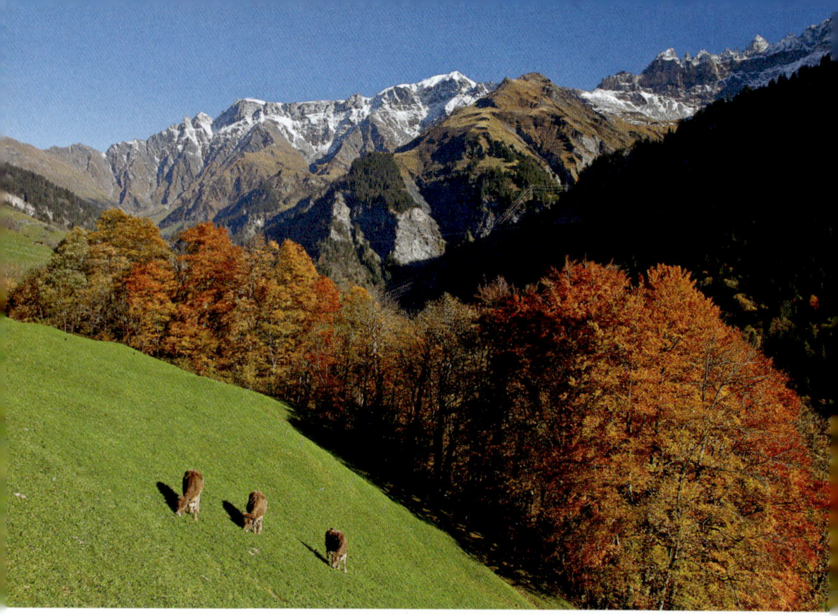

*Ein stabiles Herbsthoch steht für die wohl schönste Wanderzeit (Landschaft bei Elm).*

werden – für viele, insbesondere genussorientierte Wanderer ein wichtiges Kriterium schon bei der Auswahl. Allerdings sind dabei die Öffnungszeiten ins Kalkül zu ziehen, die je nach Jahr und Witterung ein wenig variieren können. Gerade im Herbst dauert die Wandersaison hinsichtlich der äußeren Bedingungen meist länger als manche Hütten geöffnet haben. Im Zweifel erkundige man sich telefonisch oder beim Tourismusbüro.

*Entlegene Stützpunkte wie die Planurahütte am Tödi werden per Hubschrauber versorgt.*

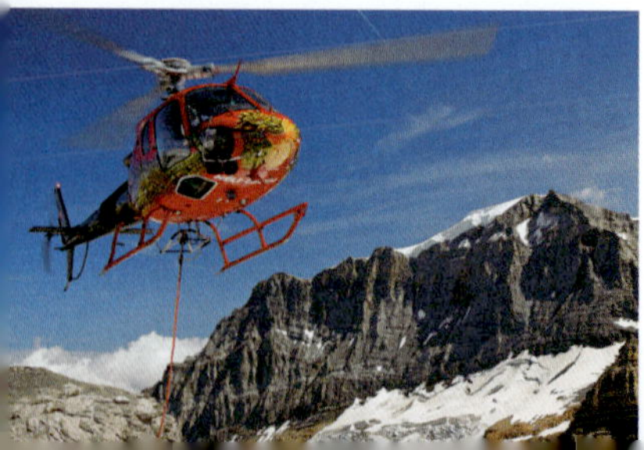

## Beste Jahreszeit

Diese Angabe beruht auf Erfahrungswerten und ist als Tendenz zu verstehen. Natürlich geben immer die aktuellen Bedingungen den Ausschlag für die Durchführbarkeit einer Tour.

## Mit Kindern unterwegs

Lange Forststraßenmärsche sind langweilig, gibt es auf abwechslungsreichen Wegen und Pfaden allerdings immer wieder etwas zu entdecken und zu spielen, können Kinder viel Spaß am Bergwandern entwickeln. Mit dem entsprechenden Symbol in der Titelzeile wird angezeigt, ob eine Tour prinzipiell als familientauglich eingestuft werden kann. Das ist nicht unbedingt gleichbedeutend mit einem geringen Schwierigkeitsgrad. Freilich müssen diese Kriterien letztlich ganz individuell gesehen und von den Eltern im Hinblick auf Alter und Belastbarkeit ihres Nachwuchses verantwortungsvoll selbst eingeschätzt werden. Einerseits zeigt die Erfahrung, dass Kinder – falls ihr Interesse geweckt ist – durchaus häufig bereits eine gewisse körperliche Leistungsfähigkeit mitbringen. Andererseits wird von einer konkreten Altersempfehlung bewusst abgesehen. Denn eine Achtjährige mit reichlich Bewegungstalent tut sich womöglich leichter als ein Elfjähriger, der Sport hauptsächlich nur aus dem Fernsehen kennt … Nicht anders als bei Erwachsenen spielt natürlich auch Übung eine erhebliche Rolle. Daher ist es sinnvoll, Kinder behutsam an das Bergwandern heranzuführen, ihre Trittsicherheit und Ausdauer maßvoll zu erproben, und sie gegebenenfalls auch schon an der Tourenauswahl teilhaben zu lassen.

## Top-Touren im Glarnerland und St. Galler Oberland

**Tierberg und Bockmattli**

Pfiffige Alpinrouten in steilen Grasflanken sowie auf luftigen Kreten (Tour 3, 5.45 Std.).

**Oberblegisee und Guppenalp**

Herrlicher Höhenweg im Bannkreis des gewaltigen Glärnisch (Tour 9, 6.00 Std.).

**Fridolins-, Planura- und Claridenhütte**

Drei Hüttenziele im Herz der Glarner Hochalpen, teils kombinierbar auf mittelschweren Bergwegen, zum »Wolkenhaus« Planurahütte anspruchsvoll (Touren 15/16, 2 bis 3 Tage).

**Rund um den Kärpf**

Ausschweifende Tour mit vielfältigen Eindrücken und Perspektivwechseln im Jagdbanngebiet Freiberg Kärpf (Tour 20, 10.00 Std./2 Tage).

**Schilt und Gufelstock**

Kammwanderung im östlichen Glarnerland – ein Fest für Panoramasüchtige (Tour 25, 7.00 Std.).

**Federispitz**

Großartiger Aussichtsberg, der sich direkt aus der Linthebene erhebt (Tour 30, 4.10 Std.).

**Walensee-Nordufer**

20 Kilometer am und über dem gesamten Seeufer entlang – eine berauschende Wanderung im talnahen Bereich (Tour 36, 6.45 Std.).

**Alvier**

Bekannter Gipfel über der Walenseefurche mit urchiger Berghütte zuoberst, als Rundtour ausgestaltbar (Tour 43, 5.15 Std.).

**Säntis**

Der Kulminationspunkt des Alpstein-Massivs und Wahrzeichen der gesamten Nordostschweiz – eine großzügige Überschreitung (Tour 47, 8.00 Std.).

**Stockberg**

Voralpine Gipfelwanderung im malerischen, mattenreichen Toggenburg (Tour 53, 5.30 Std.).

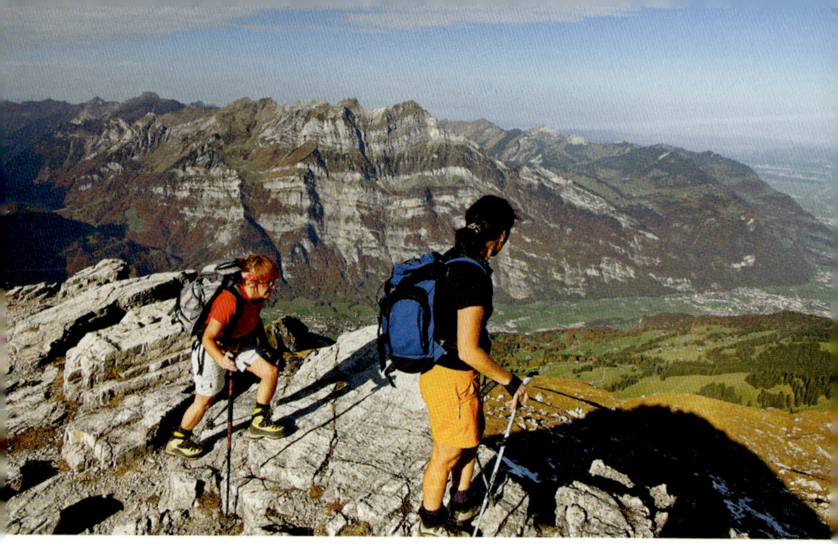

*Viele der Bergwanderungen in diesem Führer verlangen solide Trittsicherheit.*

## Ausrüstung

Wichtigster Ausrüstungsgegenstand ist das Schuhwerk, das möglichst robust sein soll, ohne dabei den Tragekomfort zu vernachlässigen. Bei Bergwanderern haben deshalb sogenannte Trekkingschuhe weite Verbreitung gefunden. Neuerdings gibt es einen gewissen (modischen?) Trend zu Modellen, die nicht über den Knöchel reichen, was man spätestens bereuen wird, wenn man damit einmal ernsthaft umgeknickt ist. Und wer könnte schon von sich behaupten, auf steinigen Wegen davor gefeit zu sein? Bei hochalpinen Touren sollte man Schuhe mit festerem Schaft bevorzugen.

Von den Herstellern wird heutzutage eine schier unüberschaubare Auswahl an outdoortauglicher Kleidung angeboten. Prinzipiell gilt Analoges zu den Schuhen, nämlich in Abstimmung auf den Charakter der Tour sowie der Witterung ein zweckmäßiges und gleichzeitig bequemes Material. Die Mitnahme von Regen- und Kälteschutz ist im Hochgebirge Standard, auch wenn ein sonniger, warmer Tag avisiert wird. Freilich hat man dann auch gern einmal die kurze Hose zur Hand, will man nicht über Gebühr schwitzen.

Das Vorhandensein von bewirtschafteten Hütten oder Einkehrstationen gibt den Ausschlag über die Bemessung des Proviants. Etwas für zwischendurch sollte zumindest bei tagfüllenden Wanderungen nie fehlen, vor allem sollte immer an ausreichend Flüssigkeit gedacht werden. Sonnenbrille und Sonnenschutzcreme, ein Taschenmesser und eine kleine Notfallapotheke gehören zum wichtigen »Kleinkram«, ebenso wie die Wanderkarte und natürlich dieser Führer. Ein GPS-Gerät kann optional nützlich sein, ist aber sicher nicht essenziell für Wanderungen auf markierten Wegen. Über die Verwendung von Teleskopstöcken scheiden sich die Geister, weshalb sich der Autor einer Empfehlung an dieser Stelle entzieht. Bei wenigen hochalpinen Touren kann sich – abhängig von den herrschenden Verhältnissen – die Mitnahme von Steigeisen, eventuell auch eines Pickels, bezahlt machen.

## Wanderkarten

Eigens erstellte Kartenausschnitte sind Bestandteil dieses Wanderführers, können aber das professionelle Material des Bundesamts für Landestopografie, kurz swisstopo, natürlich nicht ersetzen. In verschiedenen Maßstäben mit jeweils regelmäßigem Blattschnitt wird die gesamte Schweiz abgedeckt. Für den Wanderer sind zum einen die Karten im Maßstab 1:50.000 mit Wegeaufdruck und zum anderen die detailgenaueren Karten im Maßstab 1:25.000 (ausschließlich in rein topografischer Darstellung) nützlich. Folgende Einzelblätter sind für unser Gebiet relevant:
Maßstab 1:50.000: 227 T »Appenzell«, 236 T »Lachen«, 237 T »Walenstadt«, 246 T »Klausenpass« und 247 T »Sardona«.
Maßstab 1:25.000: 1114 »Nesslau«, 1115 »Säntis«, 1133 »Linthebene«, 1134 »Walensee«, 1135 »Buchs«, 1153 »Klöntal«, 1154 »Spitzmeilen«, 1155 »Sargans«, 1173 »Linthal«, 1174 »Elm«, 1175 »Vättis«, 1193 »Tödi« und 1194 »Flims«.
Davon abgesehen ist das gesamtschweizerische Kartenwerk auch unter map.geo.admin.ch einsehbar.

*Von der Frühsonne erleuchtet zeigt sich das Glärnisch-Massiv in voller Erhabenheit.*

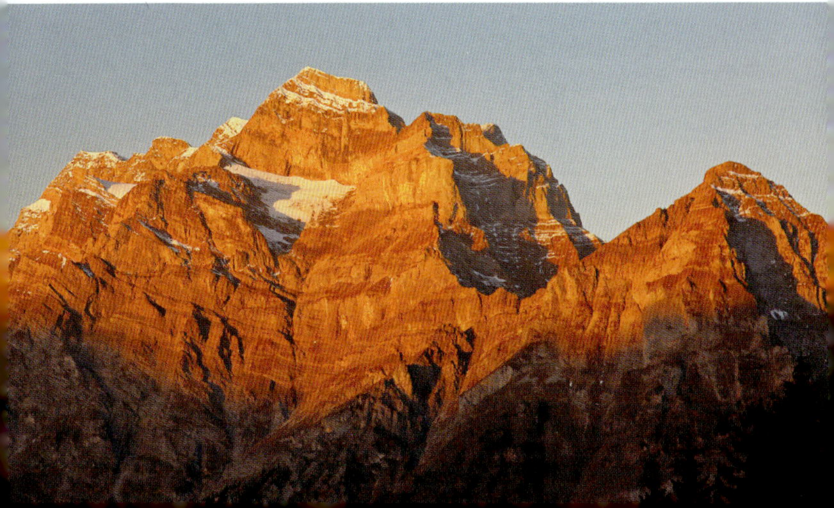

## Wetter

Das grundsätzlich Schöne am Bergwandern ist das Draußensein in der Natur, womit natürlich eine gewisse Abhängigkeit vom Wetter besteht. Denn der berühmte Satz »es gibt kein schlechtes Wetter, sondern nur falsche Kleidung« besitzt für Gebirgstouren angesichts potenzieller Gefahren nur eingeschränkte Gültigkeit. Eine niederschlagsreiche Lage im Staubereich der Alpennordseite kennzeichnet unser Tourengebiet. In Glarus werden pro Jahr durchschnittlich etwa 1500 Millimeter Niederschlag registriert – die Berglagen erreichen teilweise noch beträchtlich höhere Werte. Eine Schönwetterregion ist das Glarnerland und das angrenzende St. Galler Oberland also sicher nicht.

Freilich ist für den eigenen Urlaub weniger die Jahresstatistik als vielmehr die aktuelle Großwetterlage entscheidend. Und in dieser Hinsicht lassen sich durchaus einige Gesetzmäßigkeiten festhalten. Bei störungsarmen Wetterlagen herrschen ausgeprägte thermische Windsysteme, die an den Bergen regelmäßig zu Konvektion, sprich Quellwolkenbildung, führen. Herrscht eine gewisse Labilität, so ist im Sommer häufig mit Schauern und Gewittern zu rechnen. Es stellt sich das typische Tagesgangwetter ein. Bei herbstlichen oder winterlichen Inversionslagen befinden sich die tiefen Regionen oft unter einer Nebelschicht, die sich unter Umständen als zäh oder sogar beständig erweisen kann, während in der Höhe durchaus ungetrübt die Sonne scheint. Ein anderer wichtiger und speziell im Frühjahr und Herbst häufig auftretender Einfluss geht vom Föhn aus. Als Fallwind, der das Gebirge

*Der älteste Glarner: bei Föhnlage treten charakteristische Linsenwolken auf.*

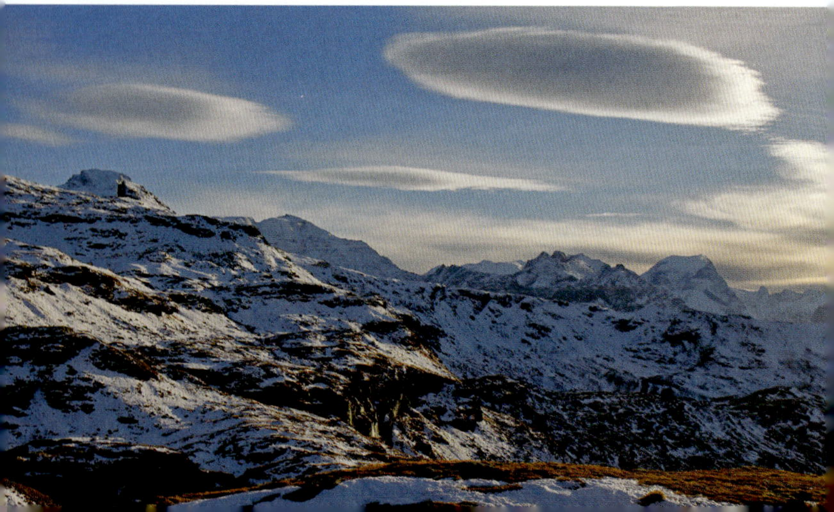

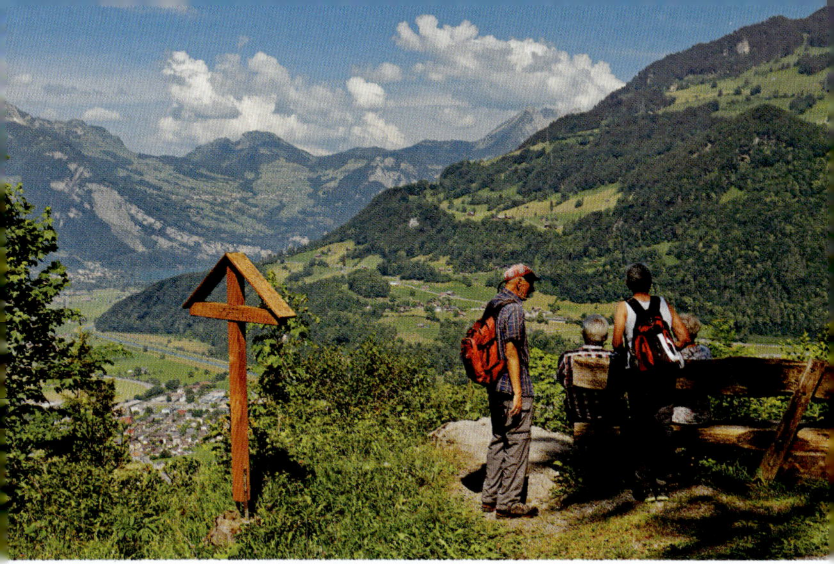

*Zum Wandern gehört auch das Rasten – wie hier im vorderen Glarnerland.*

überströmt, sorgt dieser für eine übernormal warme Witterung und in der Regel auch für günstiges Tourenwetter (abgesehen vom zuweilen kräftigen Wind, der auf den Gipfeln mitunter Sturmstärke erreichen kann). Und zwar so lange, bis eine Kaltfront (meist aus westlichen Richtungen) übergreift und den Föhn zusammenbrechen lässt. Das Gegenstück einer solchen Südföhnlage ist die Nordstaulage – und damit schließt sich der Kreis zum Merkmal des Regenreichtums, denn wenn die feuchten Luftmassen unter der entsprechenden Strömung so richtig an den Bergen ausgepresst werden, dann gilt es für Wanderer, sich mit Geduld zu wappnen.
In jedem Fall gehört es zum Elementaren, die Wetterprognose gründlich zu eruieren und in die Tourenplanung einfließen zu lassen. Im Internet erhält man die zuverlässigsten Informationen unter www.srf.ch/meteo. Zusätzlich ist auch ein Blick auf den Alpenvereinswetterbericht nützlich, denn auch dieser geht auf Teilregionen ein: www.alpenvereinaktiv.com/de/bergwetter. Nutzern mit meteorologischem Hintergrundwissen sei noch die Website www.wetterzentrale.de empfohlen.

## Gefahren

Auch wenn man die alpinen Gefahren in einem Wanderführer wie diesem keinesfalls hochstilisieren muss, so gilt es doch daran zu erinnern, dass jedwedes Unterwegssein im Gebirge mit einem Restrisiko verbunden ist. Eine

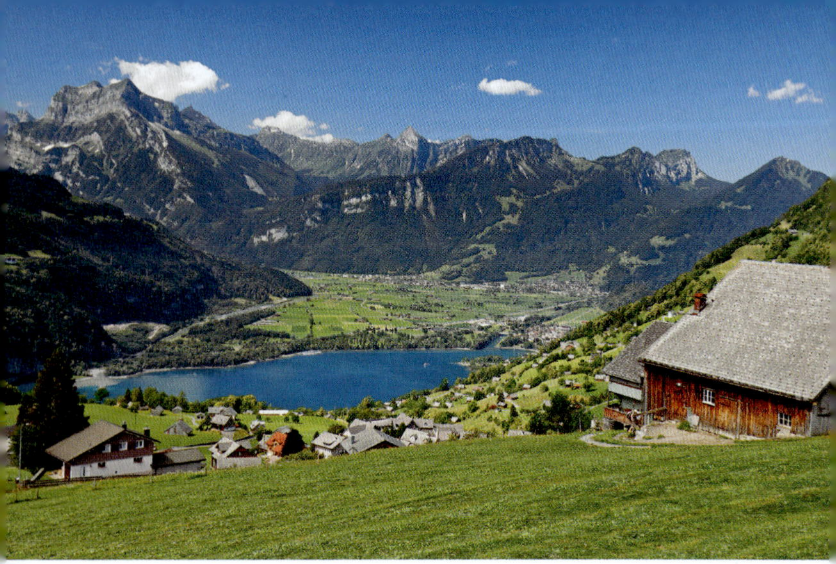

*Blick von Amden über den Westzipfel des Walensees auf die nördlichen Glarner Berge.*

der häufigsten Ursachen für eine Notsituation oder gewisse Unannehmlichkeiten liegt bei Bergwanderungen wohl in der Selbstüberschätzung. Diese kann sich sowohl auf den geländebedingten als auch auf den konditionellen Anspruch beziehen, ist aber durch eine sorgfältige Vorbereitung und umsichtige Durchführung der Tour vermeidbar. Mit reifender Erfahrung tut man sich diesbezüglich leichter. Nicht zu vernachlässigen ist auch der Einfluss einer etwaigen Gruppendynamik mit ihren (scheinbaren) Zwängen. Daneben gibt es aber auch objektive Gefahren, die das Gebirge an sich mitbringt, vor allem im Zusammenspiel mit dem Wetter. Dazu eine kurze Auflistung:

- **Absturzgefahr:** In ausgesetztem Gelände müssen Trittsicherheit und Schwindelfreiheit entsprechend ausgelegt sein, was eine verantwortungsvolle Selbsteinschätzung erfordert. Konzentrierte Fortbewegung und erhöhte Vorsicht speziell bei brüchigem Fels, instabilen Geröllhalden und nassen Grashängen sind angezeigt.
- **Schneefelder:** Diese treten hauptsächlich im Frühsommer auf und können – falls hartgefroren – sehr tückisch sein. Teleskopstöcke bieten nur in mäßig steilem Gelände eine gewisse Hilfe, andernfalls muss mit Pickel und Steigeisen vorgesorgt werden. Im Falle eines Sturzes sofort in die bremsende Liegestützhaltung gehen, bevor der Körper beschleunigt. Besser man unternimmt die Tour erst, sobald der Altschnee vom letzten Winter weithin abgeschmolzen ist. Im Fall eines Kaltlufteinbruchs mit Neuschnee ist be-

sonders kritisches Beurteilungsvermögen gefragt, je nach Intensität bleibt manchmal nur ein Verzicht bzw. Abbruch.

- **Wildbäche:** Ohne Brücken oder Stege können diese je nach Wasseraufkommen ein erhebliches Hindernis bedeuten. Man sucht geduldig eine geeignete Stelle zum Queren (bei Blöcken auf deren Stabilität achten!) und setzt mit Vorteil Stöcke zum Abstützen ein.
- **Steinschlag:** Dieser tritt vor allem in steilen, brüchigen Fels- und Schrofenzonen, besonders im Bereich von Rinnen, auf und wird von Wanderern nicht selten selbst ausgelöst. Die gefährdeten Passagen sind rasch, aber konzentriert hinter sich zu bringen.
- **Gewitter:** Es besteht unmittelbare Lebensgefahr durch Blitzschlag, daher sind exponierte Punkte und Gerinne unverzüglich zu verlassen. Am besten deutet man die Warnsignale (zunehmende Quellbewölkung, schwüle Luft, Fallen des Luftdrucks) und sucht rechtzeitig Schutz auf. Lokalen Wärmegewittern, die bevorzugt in der zweiten Tageshälfte auftreten, lässt sich recht effektiv durch frühen Aufbruch begegnen. Frontgewitter werden indes in der Regel gut vorhergesagt, sodass wir Gelegenheit haben, unsere Taktik danach auszurichten. Man bedenke stets auch die mittelbaren Gefahren wie Nässe, Abkühlung und mögliche Vermurungen bei Starkregen.
- **Schlechte Sicht:** Dadurch verkompliziert sich speziell auf weniger gut markierten Routen die Orientierung. Hilfsmittel wie Kompass, Höhenmesser oder GPS können nützlich werden. Wegloses Gelände sollte bei anhaltend dichtem Nebel tabu sein. Bei Verlust der Markierung gehe man zurück bis zum letzten bekannten Punkt.

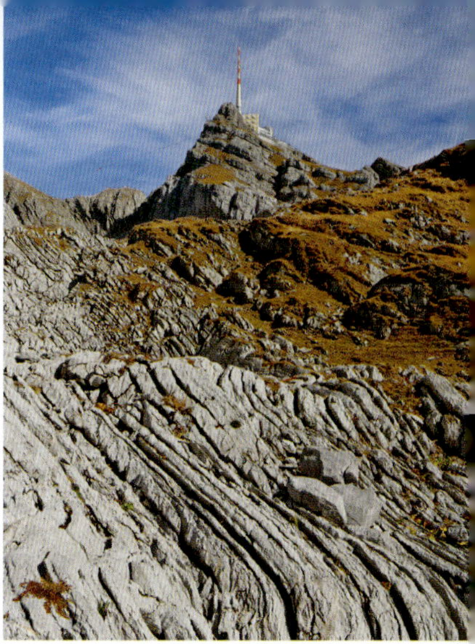

*Der Stachel des Säntis – Merkmal unserer Zeit. Viel älter sind die in Jahrmillionen geformten Karren.*

*Ruine Gräpplang bei Flums im Seeztal.*

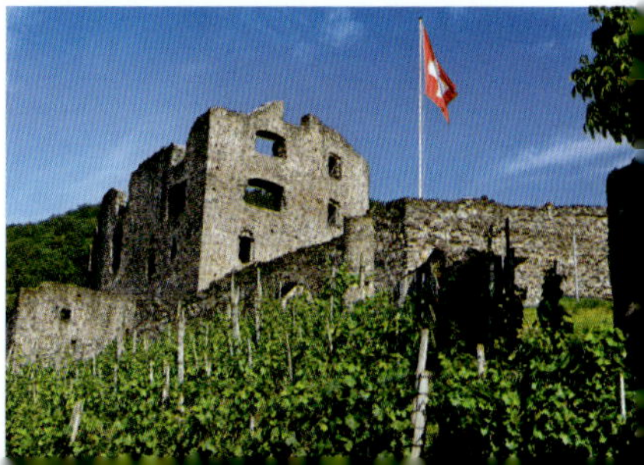

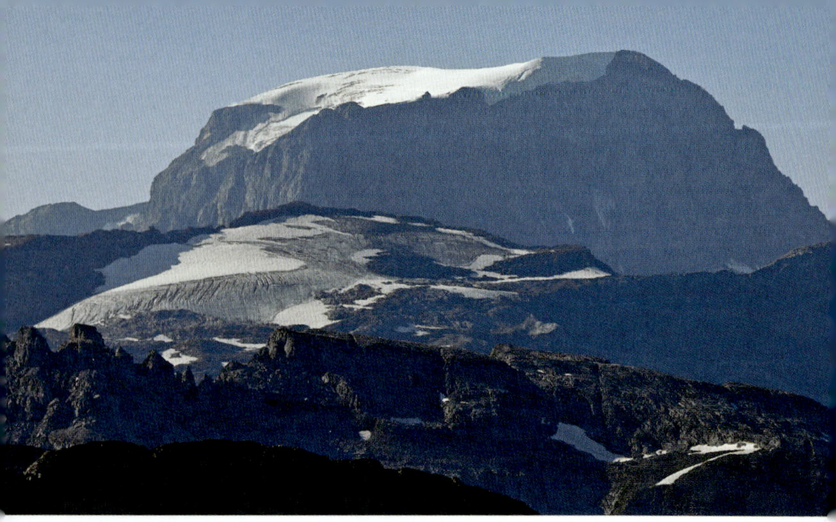

*Die Gipfelkulissen bauen sich bis zum eisgekrönten Tödi immer höher auf.*

## Notsituationen

Falls man in eine Notlage gerät oder sich sogar ein ernsthafter Unfall ereignet hat, gilt es zunächst Ruhe zu bewahren und Verletzten Erste Hilfe zu leisten. Mit einem Mobiltelefon lässt sich direkt die Rettung verständigen. Die allgemeine europäische Notrufnummer lautet 112 (ohne Vorwahl); sie gilt auch in der Schweiz und wird zur Polizei geleitet. Darüber hinaus erreicht man die Sanität unter der Nummer 144, die Feuerwehr unter 118. Die Alpine Rettung REGA besitzt die Nummer 1414 (mit nicht-schweizerischer SIM-Karte: +41 333 333 333). Diese Anwahl ist bei Unfällen im Gebirge normalerweise am sinnvollsten.
Sollte eine direkte Verbindung über diese Nummern nicht möglich sein, muss das alpine Notsignal abgegeben werden: 6-mal pro Minute ein optisches oder akustisches Zeichen. Mit je einer Minute Pause dazwischen wird dies so lange wiederholt, bis man Antwort erhält. Diese besteht aus 3-maligem Zeichen innerhalb einer Minute.

## Öffentliche Verkehrsmittel und Seilbahnen

Das öffentliche Verkehrswesen ist in der Schweiz allgemein sehr gut ausgebaut und vernetzt. Damit können die meisten Touren auch ohne eigenes Fahrzeug durchgeführt werden. Das Schienennetz der SBB umfasst in unserem Gebiet die Hauptverbindung von Zürich via Ziegelbrücke und Sargans Richtung Chur, die Strecke von Ziegelbrücke ins Glarnerland bis Linthal sowie die Rheintalstrecke via Sargans; dazu kommt eine Linie der Schweizeri-

## Öffentliche Verkehrsmittel online

fahrplan.search.ch
www.sbb.ch
www.postbus.ch

schen Südostbahn von St. Gallen ins Toggenburg bis Nesslau-St. Johann. Postautokurse knüpfen daran an und bedienen in den Seitentälern häufig selbst kleinere Ortschaften. Manchmal bieten private Anbieter spezielle Wanderbuslinien bzw. Taxitransfers zu wichtigen Ausgangspunkten – darauf wird im Infoteil an entsprechender Stelle hingewiesen.
In diesem Zusammenhang ist zuweilen auch die Nutzung von Seilbahnen von Bedeutung – oft strahlen solche Touren ja sogar eine erhöhte Attraktivität aus, da man sich dann langwierige Zustiege sparen kann. Zur besseren Planung finden sich Informationen zu den Betriebszeiten und eine Kontaktnummer.

### Touristische Auskünfte

- Touristinfo Glarnerland, Raststätte A3, CH-8867 Niederurnen, Tel. +41 55 6102125, www.glarnerland.ch
- Glarusnord Walensee Tourismus, Raststätte A3, CH-8867 Niederurnen, Tel. +41 55 6141818, www.glarusnord-walensee.ch
- Glarus Service, Bahnhofstrasse 14, CH-8750 Glarus, Tel. +41 55 6401101, glarusservice.ch
- Gäste-Info Braunwald, Dorfstrasse 2, CH-8784 Braunwald, Tel. +41 55 6450303, www.braunwald.ch
- Gäste-Info Elm, Dorf 54, CH-8767 Elm, Tel. +41 55 6425252, www.elm.ch
- Amden & Weesen Tourismus, Dorfstrasse 22, CH-8873 Amden, Tel. +41 58 2282830, www.amden-weesen.ch
- Heidiland Tourismus, Valenserstrasse 6, CH-7310 Bad Ragaz, Tel. +41 81 7200820, www.heidiland.com
- Infostelle Bad Ragaz, Am Platz 1, CH-7310 Bad Ragaz, Tel. +41 81 3004020
- Infostelle Flumserberg, Flumserbergstrasse 196, CH-8898 Flumserberg Tanneboden, Tel. +41 81 7201818
- Werdenberg Tourismus, Städtli 42, CH-9470 Werdenberg, Tel. +41 81 7400540, www.werdenberg.ch
- Toggenburg Tourismus, Hauptstrasse 104, CH-9658 Wildhaus, Tel. +41 71 9999911, toggenburg.swiss

*Elm, Heimat der Skilegende Vreni Schneider.*

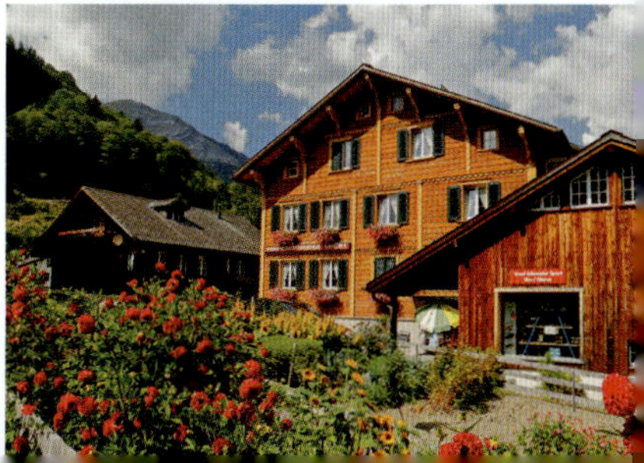

# Das Glarnerland – von der Linthebene bis zum Tödi

Von der grünen Ebene um die kanalisierte Linth, wo diese aus dem Gebirge tritt, bis zum eisüberwallten Scheitel des Tödi beträgt die Vertikalspanne fast 3200 Meter. Eine nüchterne Zahl nur, doch wer ein Gefühl für alpine Dimensionen besitzt, weiß, dass solch eine Reliefenergie nicht von schlechten Eltern ist. Dringt man südwärts ins Glarnerland vor, so bauen sich die Kulissen links und rechts immer mächtiger auf, nicht selten außerordentlich stotzig von Felsflühen und steilen Graspleisen gekennzeichnet.

Obwohl zwischen steilen Bergkämmen eingezwängt, war das Glarnerland schon in historischen Zeiten keine abgeschiedene Welt für sich. Während der Römerzeit gehörte es zur Provinz Rätien. Ab etwa 700 erfolgte die Landnahme durch die Alemannen; die Region geriet unter die Herrschaft des Klosters Säckingen. Nach einer turbulenten Phase Mitte des 14. Jahrhunderts konnte Glarus infolge der Schlacht bei Näfels (1388) endlich als vollwertiges Mitglied der Eidgenossenschaft beitreten. Immenses internes Konfliktpotenzial zeitigte der Konfessionalismus im Laufe des 16. Jahrhunderts, was zur Aufspaltung der Landsgemeinden zwischen reformierten und katholischen Glaubensanhängern führte. Erst 1836 gelang es, diesen Zwist gänzlich zu bereinigen. In der Zwischenzeit hatte Napoleon Europa in tiefe Zerwürfnisse getrieben, wodurch auch das Glarnerland 1799 zum Kriegsschauplatz wurde. Französische, österreichische und russische Heere hinterließen damals ihre Spuren. Im Laufe des 19. Jahrhunderts nahm die Wirtschaft einen rasanten Aufschwung, vor allem durch die Textilindustrie. So war diese zeitlich gesehen sogar dem Tourismus voraus – und es verwundert nicht, dass trotz Strukturwandel (die meisten Spinnereien und Textildruckereien sind längst wieder verschwunden) im Glarnerland heutzutage ein schon leicht urbanisiertes »Unten« neben einem urtümlichen »Oben« das kontrastreiche Bild prägt.

*Das innere Sernftal bei Elm vor der Kulisse von Piz Segnas und Piz Sardona.*

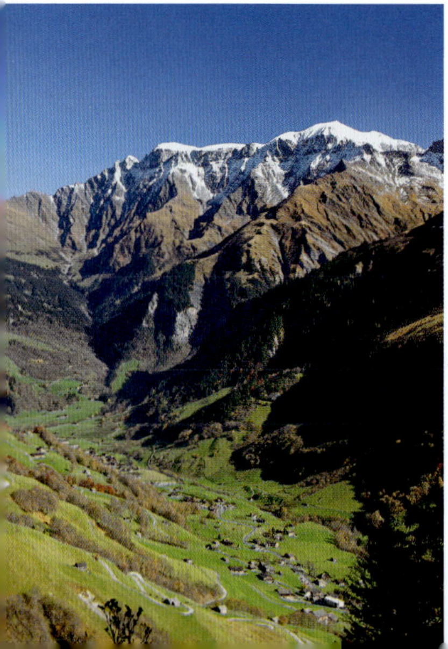

Seit der Gemeindereform von 2011 gibt es statt der vormals 13 eigen-

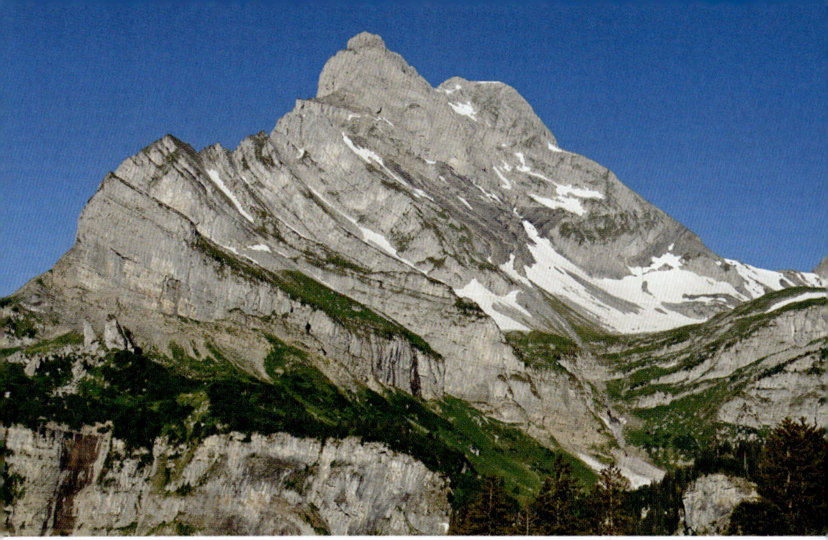

*Ein Charakterberg des Glarnerlandes: der Ortstock.*

ständigen Ortsgemeinden nur noch drei Einheitsgemeinden, nämlich Glarus Nord, Glarus und Glarus Süd. Zusammen besitzen sie rund 40.000 Einwohner. Der vordere (nördliche) Bereich des Kantons weist eine starke Besiedlung längs der Talsohle aus – von Nieder- und Oberurnen über den Doppelort Näfels-Mollis und Netstal bis nach Glarus und Ennenda. Linker Hand flankieren Fronalpstock und Schilt, während rechtsseitig zwischen imposanten Gipfelstöcken, von denen vor allem Glärnisch und Rautispitz hervorzuheben sind, einige teils gut versteckte Seitentäler abzweigen. Es sind dies von Nord nach Süd das Niederurner Tal, das Schwändital, das Oberseetal und das Klöntal – die beiden letztgenannten mit traumhaften Bergseen, die zu den landschaftlichen Trümpfen der Gegend zählen.
Bei Schwanden teilt sich das Glarner Haupttal in zwei Arme. Sie schließen das Kärpfgebiet mit der ältesten Jagdbannzone der Schweiz ein. Aus dem westlichen Talschluss kommt die Linth. Dort befinden sich die größere Ortschaft Linthal, wo die Klausenpassstraße hinüber ins Urnerland ansetzt, sowie das autofreie Hangdorf Braunwald, das im Tourismus ein veritables Pfund darstellt. Der östliche Ast wird hingegen von der bei Elm entspringenden Sernf durchflossen. Zuhinterst im Glarnerland stecken wir mittendrin in einer beeindruckenden Hochgebirgskulisse: Clariden, Tödi, Bifertenstock, und Selbsanft, Hausstock, Vorab und Piz Segnas – allesamt Dreitausender und nur die wichtigsten Gipfel der mannigfaltigen Glarner Hochalpen, die beinahe wie ein »End der Welt« wirken …

# 1 Hirzli, 1639 m, und Planggenstock, 1674 m

**4.00 Std.**

### *Auf die vordersten Glarner Berge*

*Hirzli und Planggenstock stehen in der allerersten Reihe über der Linthebene und sind daher trotz ihrer eher bescheidenen Höhe vorzügliche Aussichtswarten. Man blickt sowohl auf den Zürichsee als auch in die Walenseefurche, nicht zu vergessen die kulissenartig höheren Bergketten im Süden. Gleichwohl schlagen vom Tal aus, etwa von Bilten, volle 1200 Höhenmeter zu Buche. Da freut sich manch einer über die Erleichterung durch die kleine Seilbahn hinauf ins Niederurner Tal. Das Hirzli ist von dort relativ schnell und leicht erreichbar, während zum benachbarten Planggenstock ein pfiffiger Pfad entlang der schmalen, von Konglomeratfelsen gespickten Krete für Spannung sorgt.*

**Ausgangspunkt:** Morgenholz, 982 m, Bergstation der Luftseilbahn von Niederurnen. Die Talstation befindet sich in der Hädilochstraße, 460 m. Betriebszeiten täglich von 7.30 bis 18.30 Uhr, auf Voranmeldung ab 7 Uhr, Tel. +41 55 6101083.
**Anforderungen:** T3, nur Hirzli T2 (blau). Bis zum Hirzli leichter Bergweg meist durch Wald. Die Gratwanderung ist deutlich gepfadet, stellenweise aber etwas luftig, daher Trittsicherheit erforderlich (zweimal Sicherungen). Ab Muosalp breite Güterwege.
**Höhenunterschied:** 830 Hm ab Morgenholz.
**Einkehr:** Bergrestaurant Hirzli in Bodenberg, 1061 m, Mo./Di. Ruhetag, Tel. +41 55 6102791.
**Beste Jahreszeit:** Mai bis Oktober oder November.

*Am Hirzli erreichen wir einen famosen Aussichtspunkt ganz im Norden der Glarner Berge.*

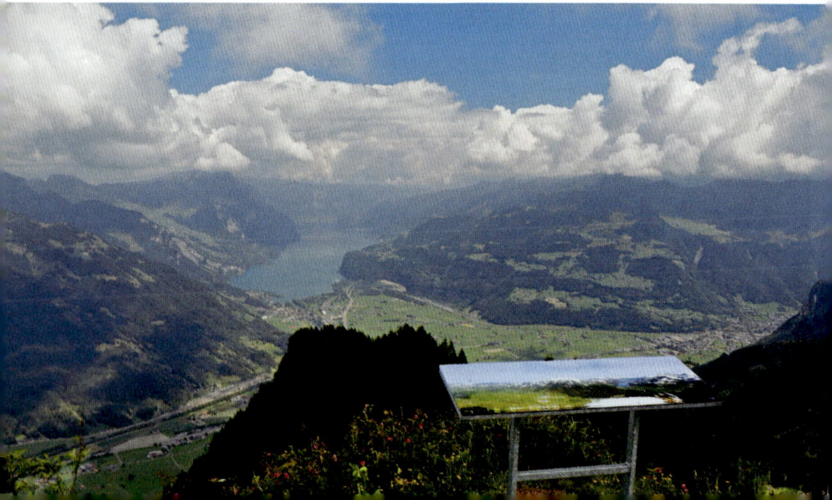

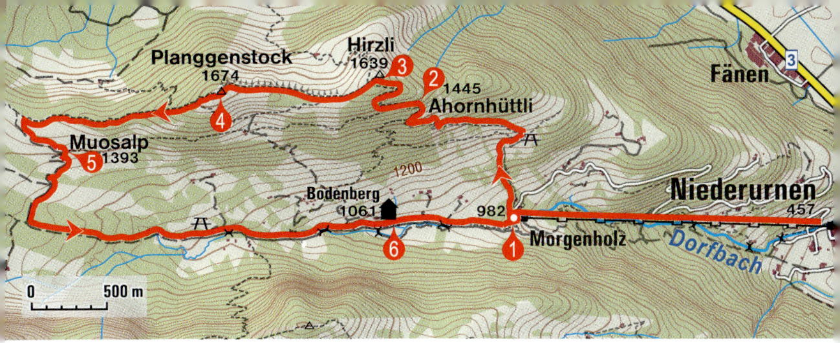


**Varianten:**

1. Vom Hirzli Abstieg via Obere Planggen, ca. 1 Std. kürzer.
2. Hinter dem Planggenstock dem Wegweiser »Kessel«, 1615 m, folgend Richtung Obere Planggen, 30 Min. kürzer.
3. Gipfellose Wanderung über den Skulpturenweg, ca. 1.30 Std.

Von der Bergstation **Morgenholz (1)**, 982 m, zunächst am Ferienheim vorbei kehrenreich bergauf ins Alpgebiet von Schwifärch, wo man den Skulpturenweg verlässt. Unsere Route taucht wieder in Wald ein, hält sich bei der Gabelung »Ahornen« rechts und schraubt sich schließlich am **Ahornhüttli (2)**, 1445 m, vorbei bis zum **Hirzli (3)**, 1639 m, hinauf. Nur der Gipfelbereich ragt aus dem Gehölz heraus. Anschließend begehen wir den Grat, der nach den Abzweigungen Richtung Bilten und Obere Planggen phasenweise schmaler wird und erhöhte Konzentration erfordert. Eine felsige Stelle ist per Drahtseil entschärft, ansonsten weicht der Pfad den Hindernissen eher mal aus. Nach einem kleinen Durchschlupf (nochmals Sicherungen) steht man bereits am **Planggenstock (4)**, 1674 m. Jenseits können wir uns bald für die Abkürzung durch den Kessel entscheiden oder die Kammwanderung noch eine Weile fortsetzen. Erst wo das Gelände südseitig deutlich flacher wird, scheren wir aus und steuern die **Muosalp (5)**, 1393 m, an. Auf der Zufahrt leicht abwärts in den Flüewald (Waldreservat) und dort gen Osten. Nun geht es durchs Niederurner Täli auswärts – via Mettmen nach **Bodenberg (6)**, 1061 m, wo sich ein Restaurant befindet, und zurück nach **Morgenholz (1)**.

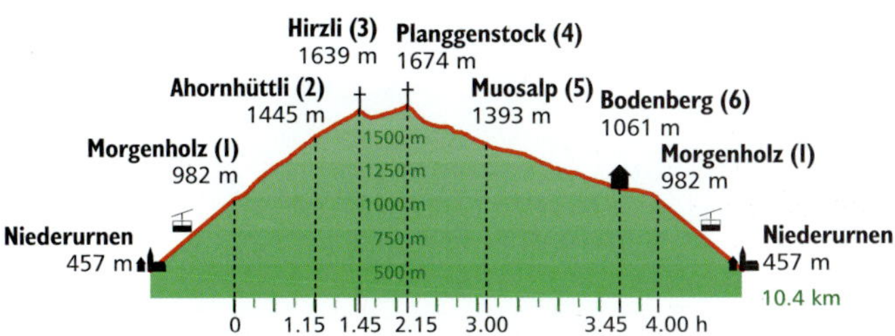

# 2 Wageten, Brüggler und Chöpfenberg, 1894 m

5.45 Std.

## Verschlungene Pfade auf voralpinen Graten

*Diese exklusive Tour verlangt streckenweise eher ein behutsames Schleichen als ein gewöhnliches Wandern. Denn die Trilogie von Wageten, Brüggler und Chöpfler (Chöpfenberg in Karten) ist nur durch gleichsam wilde Wege ohne offiziellen Charakter verbunden. Der eigentlichen Krete muss dabei meist seitlich ausgewichen werden, was einige abenteuerliche, zuweilen auch heikle Traversen in abschüssigem Gelände hervorruft. Dafür steht man nacheinander auf drei Voralpengipfeln, die wirklich Profil besitzen. Der Brüggler ist mit seiner sonnseitigen Plattenwand bei Kletterern sehr populär geworden – davon abgesehen dürfen wir ob ihres Charakters eine stille Tour erwarten. Natürlich nur für Experten …*

**Ausgangspunkt:** Schwändital, Parkplatz Matt, ca. 1240 m. Zufahrt von Näfels Richtung Obersee und zwischendurch rechts abzweigend. Schmale Bergstraße, die bis zum gebührenpflichtigen Parkplatz gut befahren werden kann.

**Anforderungen:** T4–5. Im Kernstück über die drei Gipfel anspruchsvolle und teils nur sehr spärliche Pfade, immer wieder ausgesetztes Gelände, das bei

*Bei der Lochegg haben wir das Warmlaufprogramm hinter uns.*

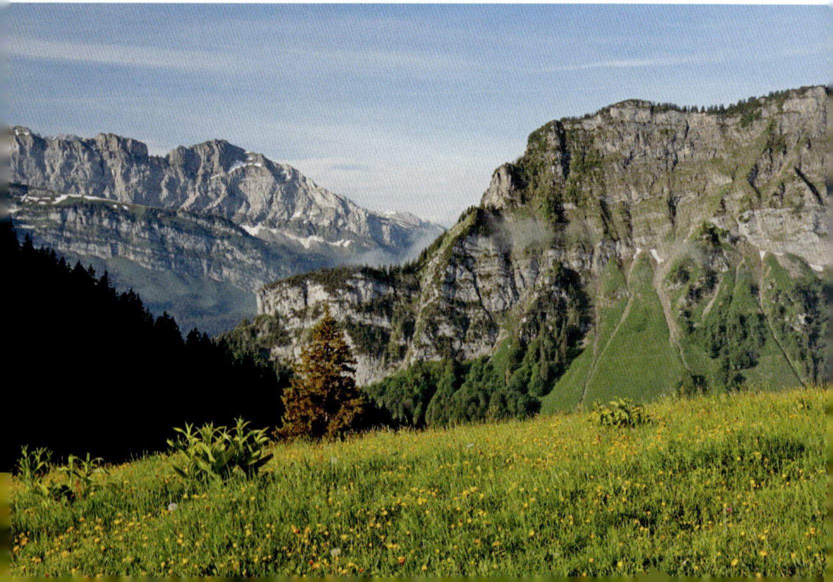

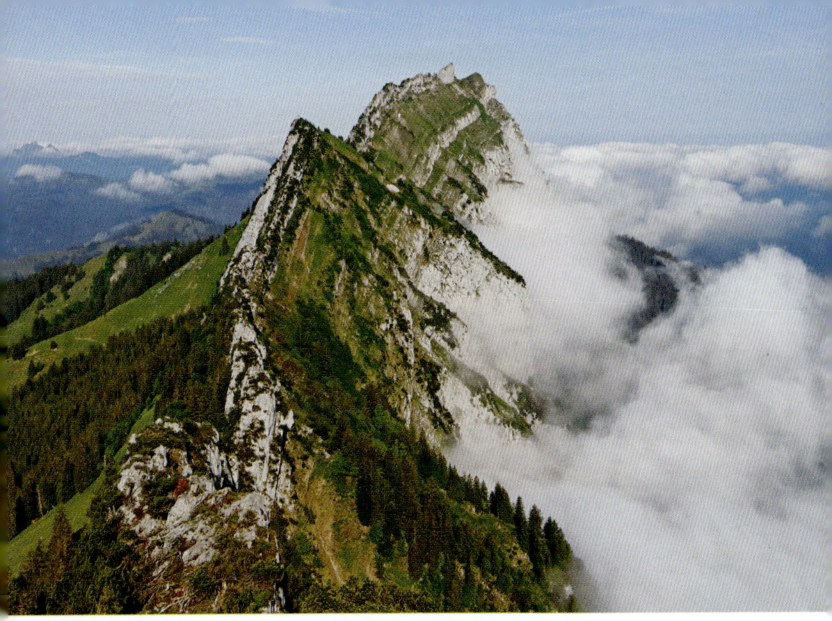

*Wie ein urweltliches Riff mutet der Grataufbau des Brüggler an.*

feuchter Witterung tückisch ist. Farbzeichen vorhanden, aber mitunter nicht einfach zu verfolgen, vor allem im von Kraut und Buschwerk behinderten Abschnitt vor dem Brüggler. Im Gipfelbereich von Wageten und Chöpfler einige Kletterstellen (I, Schlüsselstelle mit Drahtseil). Auch der Abstieg am Normalweg ist im oberen Teil noch anspruchsvoll. Perfekte Trittsicherheit, Schwindelfreiheit und Orientierungsvermögen nötig, konditionell hingegen eher durchschnittlich.

**Höhenunterschied:** Etwa 960 Hm insgesamt.

**Einkehr:** Getränke zur Selbstbedienung auf der Alp Stattboden, 1447 m.

**Beste Jahreszeit:** Juni bis Oktober. Auf keinen Fall bei Schnee oder Nässe!

**Varianten:**

1. Zustieg zur Lochegg auch via Stattboden (ähnliche Zeit).
2. Vom Sattel bei P. 1711 hinter dem Brüggler vorzeitiger Ausstieg nach Süden möglich.

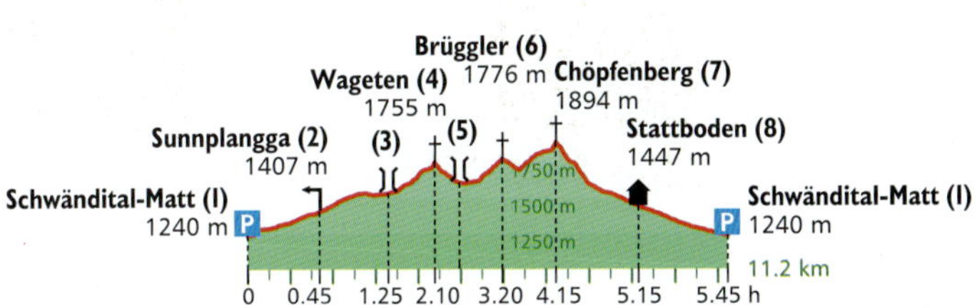

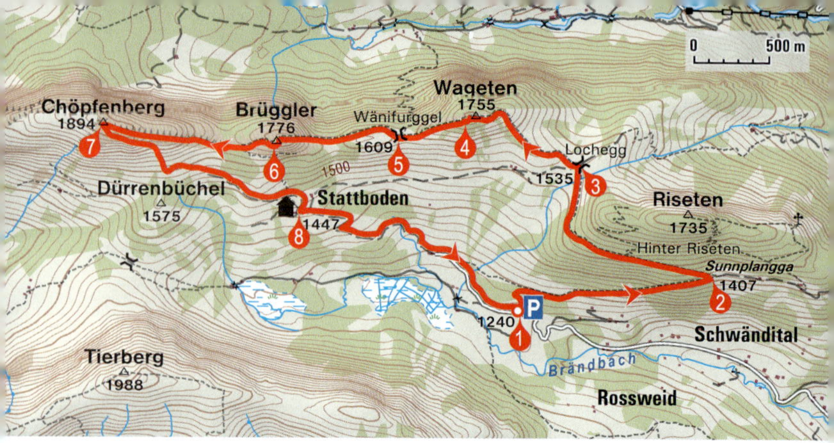


Beim Parkplatz Matt im **Schwändital (1)** geht es nach Wegweiser »Im Tilimann/Friedlispitz« gleich über den Weidezaun in den Wald hinauf. Der Weg orientiert sich nach rechts zu einer längeren, insgesamt leicht ansteigenden Traverse durch einige Hangwiesen. Bei **Sunnplangga (2)**, 1407 m, zweigen wir scharf links ab und vollziehen eine weitere Querung – jetzt überwiegend bewaldet – um die Ausläufer des Friedlispitz bis in den Sattel der **Lochegg (3)**, 1535 m. Nun gegen die Wageten hinan! Ein kleiner Pfad zieht Richtung Kammlinie empor, bleibt dann aber doch auf der Südseite des felsigen Gipfelaufbaus. Wir achten auf eine blaue Markierung, die den Gipfelabstecher signalisiert. Der Latschenpfad gewinnt den Grat, wo sich die Route über zwei, drei Kletterstellen von Westen her zum kleinen Kreuz auf der **Wageten (4)**, 1755 m, emporwindet.

Zurück am Hauptweg setzen wir die Tour mit dem Abstieg zur **Wänifurggel (5)**, 1609 m, mitunter auch Wagetenlücke genannt, fort. Hier kommt ein Zugang von Norden (Niederurner Tal) herauf. Wir wenden uns ebenfalls auf die Nordseite, nutzen allerdings eine verwachsene Pfadspur, die anfangs durchs Kraut leicht abwärts unter den Gratansatz des Brüggler zieht. Sofort treten ein paar heikle Stellen auf. Nach Querung einer Runse steil höher und verschlungen zu einem kleinen Absatz. Die folgende Traverse wird von sperrigem Buschwerk erschwert, ehe es auf einer grasigen Rampe steil, aber etwas angenehmer emporgeht. Hin-

*Der Plattenpanzer der Brüggler-Südwand ist ein Dorado für Kletterer.*

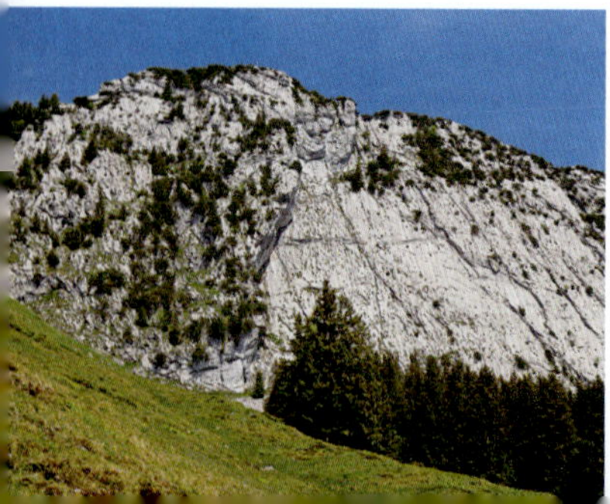

ter einer weiteren Rippe ist es dann nur noch ein kurzes Stück bis zum höchsten Punkt am **Brüggler (6)**, 1776 m.

Der Anschluss gen Westen ist zunächst deutlich leichter, zumal besser ausgetreten. Knapp vor dem Sattel bei P. 1711, wo sich ein Übergang auf die Südseite ermöglicht, folgen wir jedoch dem Hinweis zum Chöpfler (angeschrieben am Karrenfels) und queren abermals in die Nordflanke des Felsriegels. Nach einer Abwärtspassage befinden wir uns damit auf einer langen Traverse über schmale Gesimse, die am Sockel des zerklüfteten Chöpfler-Ostgrates eine Begehung erlauben (direkt am Grat wäre Kletterei im II. Grad nötig!). In Abständen werden kleine Rippen überstiegen – so geht es teils querend, teils auch mal kräftig ansteigend dahin. Unterhalb des markanten Gipfelaufbaus leiten Drahtseile über den gestuften Riegel auf den Grat, wo wir auf eine blau-weiße Markierung treffen. Mit dieser die letzten schrofigen Meter hinauf zum Gipfelkreuz auf dem **Chöpfenberg (7)**, 1894 m.

Die blau-weiße Markierung ist für uns nun die Leitlinie beim südseitigen Abstieg. Es handelt sich hier um einen zwar steilen, aber vergleichsweise passablen Pfad mit Drahtseilen an anspruchsvolleren Stellen. Nach einer Weile quert man unter die Südwände Richtung Maregg und steigt über die Steilwiese ab, bis man in knapp 1600 Meter Höhe auf einen Alpweg stößt. Damit ostwärts nach **Stattboden (8)**, 1447 m, und auf dem Güterweg schließlich zurück zum Parkplatz Matt im **Schwändital (1)**.

*Am Chöpfenberg, dem dritten und höchsten Gipfel der Tour.*

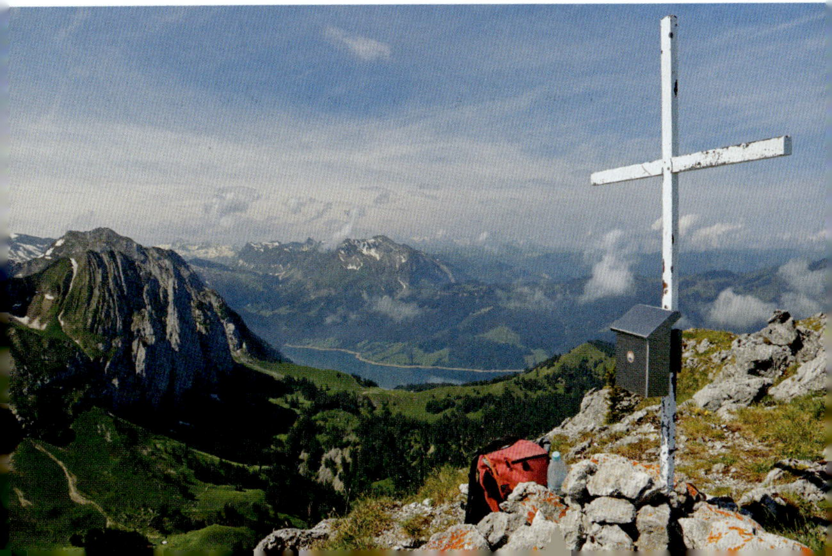

TOP **3**

# Tierberg, 1988 m, und Bockmattli, 1931 m

**5.45 Std.**

***Auf der Schneide zwischen Glarner Obersee und Wägitaler See***

*Dass die voralpinen Gipfelketten durchaus Zünftiges in petto haben, konnten wir bei Tour 2 schon erleben. Gleich nebenan versprechen auch Tierberg und Bockmattli eine Überschreitung mit Pep! Steile Graspleisen und eine ganz schön scharfe Krete sind die Markenzeichen, dazu fulminante Fern- und Tiefblicke, etwa vom Bockmattli über den Wägitaler See bis weit in die Innerschweiz und ins Mittelland hinaus. Aus dem Kanton Schwyz wird dieser Gipfel häufiger bestiegen, während die Glarner Seite mit dem Aufstieg aus dem idyllischen Kessel von Ahornen die größere Herausforderung darstellt – insbesondere in Verbindung mit dem Tierberg!*

**Ausgangspunkt:** Stafelbrücke, 989 m, hinter dem Obersee. Zufahrt von Näfels auf schmaler Bergstraße. Man könnte auf einem Schottersträßchen sogar noch bis knapp hinter Brunnmettlen, ca. 1170 m, fahren.
**Anforderungen:** T4. Im Zustieg breiter Güterweg, anschließend blau-weiß beschilderte »alpine Route«, aber nur Richtung Bockmattli tauchen häufiger Farbzeichen auf, zum Tierberg hingegen kaum. Graspleisen mittlerer bis starker Neigung (bei wuchernder Vegetation tendenziell unerquicklich), auf der Krete zwi-

*Beim Aufstieg zum Tierberg entfaltet die Landschaft immer mehr Details.*

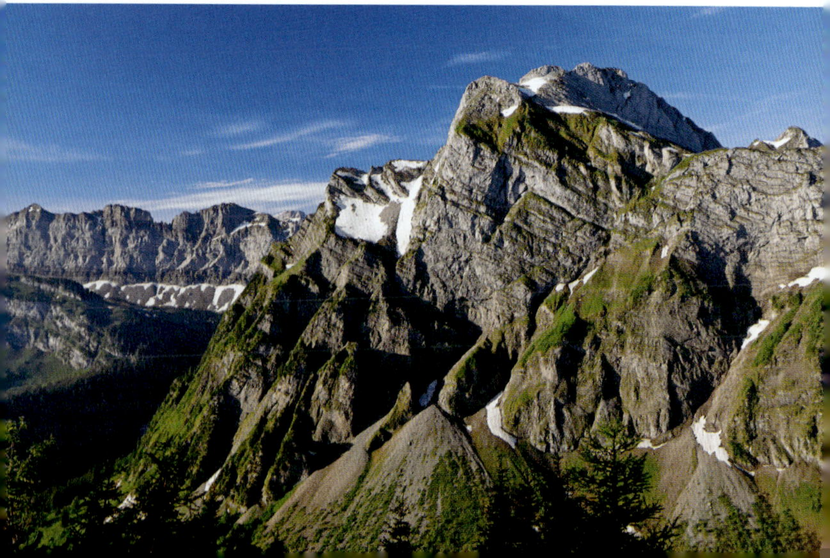

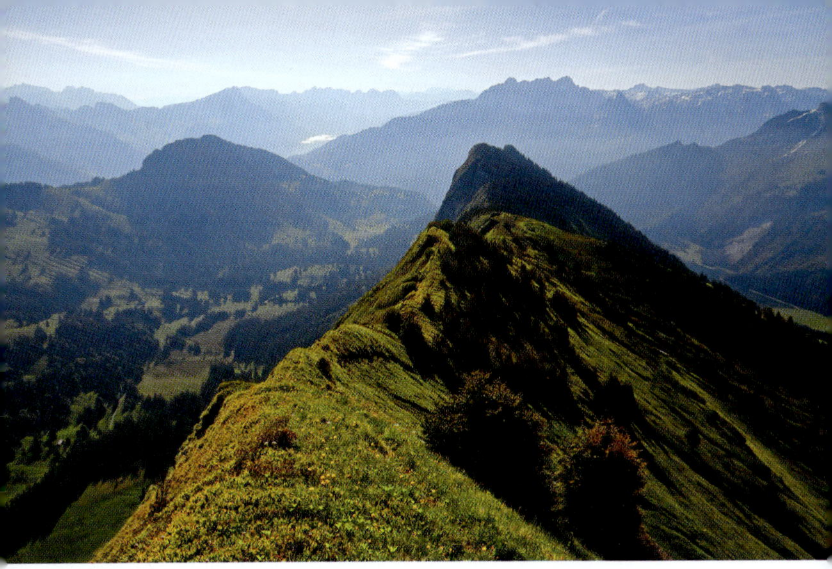

*Der Tierberg wird auf luftigem Grasgrat überschritten.*

schen den Gipfeln teils ziemlich ausgesetzt. Damit anspruchsvoll, jedoch ohne Kletterei. Perfekte Trittsicherheit und Schwindelfreiheit sowie trockene Bedingungen unerlässlich. Konditionell im normalen Rahmen.

**Höhenunterschied:** Bis Tierberg 1000 Hm, insgesamt 1150 Hm.
**Einkehr:** Keine am Weg, aber die Gasthäuser Obersee und Äschen an der Zufahrtsstraße.
**Beste Jahreszeit:** Juni bis Oktober.

Wir starten bei der **Stafelbrücke (1)**, 989 m, auf dem rechts ansteigenden Alpsträßchen, das als Schottertrasse nach **Brunnmettlen**, 1150 m, hinaufzieht – mit einer letzten öffentlichen Parkmöglichkeit knapp oberhalb. Richtung **Ahornen (2)**, 1373 m, wird es schon etwas steiler. Wir erreichen die Ferienhaus-Siedlung im malerischen Hochtal, lassen die Abzweigungen des

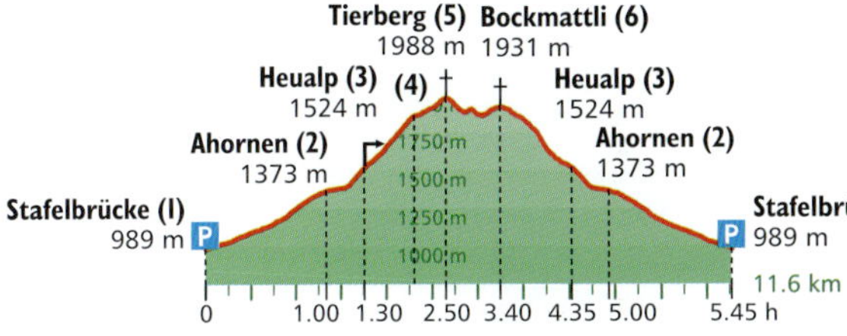

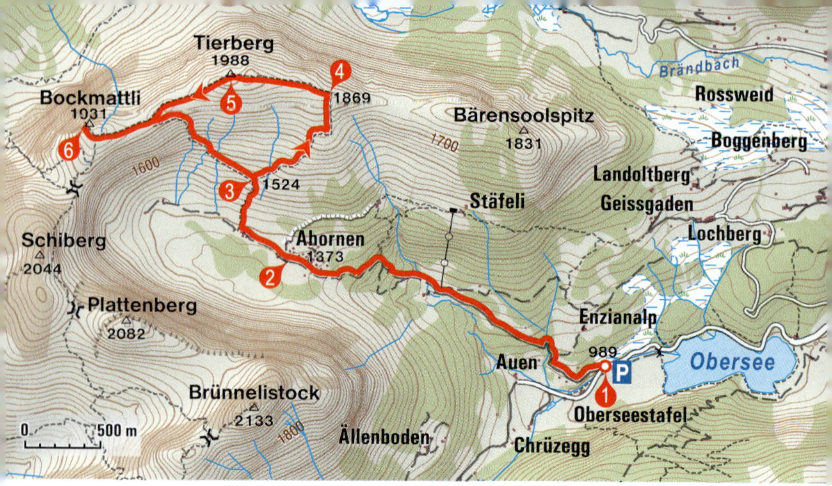


Ahornen-Rundweges links wie rechts liegen und begeben uns noch ein paar Minuten taleinwärts, bis uns der blaue Wegweiser bergauf lotst. Bei der Gabelung **»Heualp« (3)**, 1524 m, hält man sich dann rechts und gewinnt weiterhin durch Gras und Zwergstrauchheiden an Höhe. Dabei nähert man sich einem Geländerücken, der zur Schulter P. 1869 **(4)** ansteigt. Ein erster Blick über den Nordabbruch! Der Kammpfad hinauf zum **Tierberg (5)**, 1988 m, wird im oberen Teil ziemlich luftig – ein Vorgeschmack auf den folgenden Gratübergang.

Wir verbleiben meist direkt auf der Schneide, wo sich die mickrige Spur nur vereinzelt mal an kleinen Bäumen vorbeizwängen muss. Über eine Zwischenerhebung kommen wir am sogenannten »Wildkamm« zu jener Stelle, wo die Bockmattli-Route einmündet – unser späterer Abstieg. Jetzt steht noch die steile, gesicherte Ausstiegspassage bevor, ehe wir gemeinsam mit dem Normalweg die letzten leichteren Meter zum Gipfel des **Bockmattli (6)**, 1931 m, bewältigen.

Im Bergab zunächst zurück zu besagter Verzweigung am Wildkamm, danach südseitig in abschüssigen Graspleisen vorsichtig tiefer. Bald wird eine kleine Runse gequert und nach einer Linksdiagonale weiter unten noch eine Rüfe. Schließlich stoßen wir bei P. 1524 **(3)** wieder auf den Hinweg und beenden die Tour mit dem Abstieg über Ahornen.

*So unnahbar sieht der Tierberg von Norden aus.*

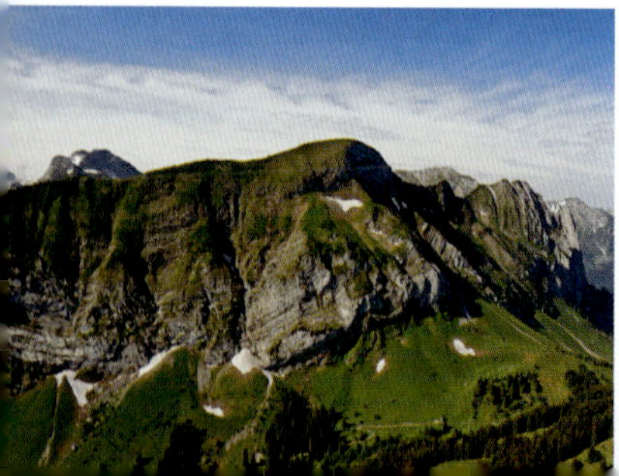

7.00 Std.

# Rautispitz, 2283 m, und Wiggis, 2281 m

4

**Markantes Gipfelduo über dem vorderen Glarnerland**

*Direkt oberhalb von Netstal schwingt sich die abgestufte Felsfront von Wiggis und Rautispitz mit fast 2000 Meter Höhendifferenz auf – ein Profil, das schon recht spektakulär anmutet und den Übergang von vor- zu hochalpinen Gefilden anzeigt. Wer mag, kann sich dieses anstrengende Pensum am Weg über die Alp Aueren auferlegen. Doch die bequemeren Routen kommen von der Rückseite, aus dem versteckten Oberseetal. Hier kann man sogar zwei Wege kombinieren und damit ein Plus an Abwechslung gewinnen. Auffällig ist, dass sich viele Wanderer mit dem Rautispitz begnügen und den kurzen Abstecher zum Wiggis auslassen. Grund dafür dürfte eine etwas heikel erscheinende Traverse des Gipfelaufbaus sein, die manch einem wohl das Herz in die Hose rutschen lässt. Bei trockenen Verhältnissen ist sie aber eigentlich nicht schwierig. Begeisternd fallen bei dieser Tour die Fern- und Tiefblicke aus – besonders stimmungsvoll, wenn an einem klaren Herbsttag unten das Nebelmeer wabert und oben die Freiheit unter einem blauen Firmament ausgekostet werden kann.*

*Goldener Herbsttag am Rautispitz: das Nebelmeer in den Tälern und Niederungen, darüber strahlender Sonnenschein.*

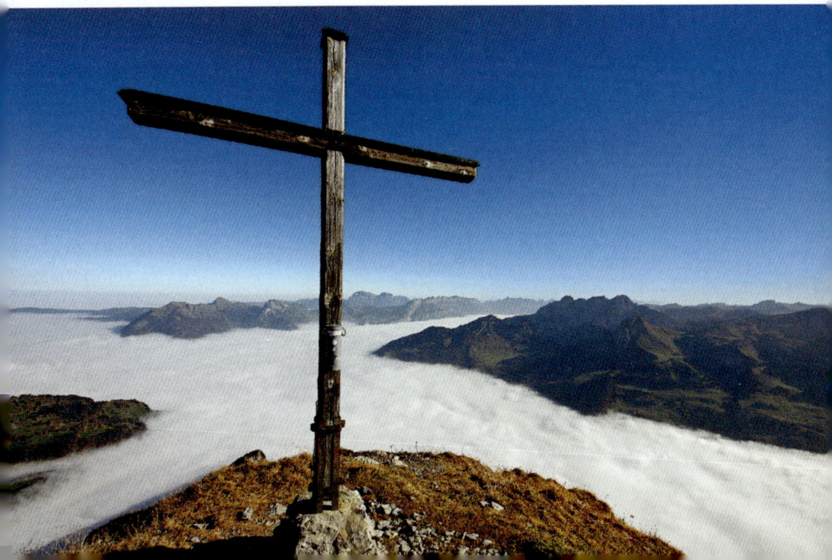

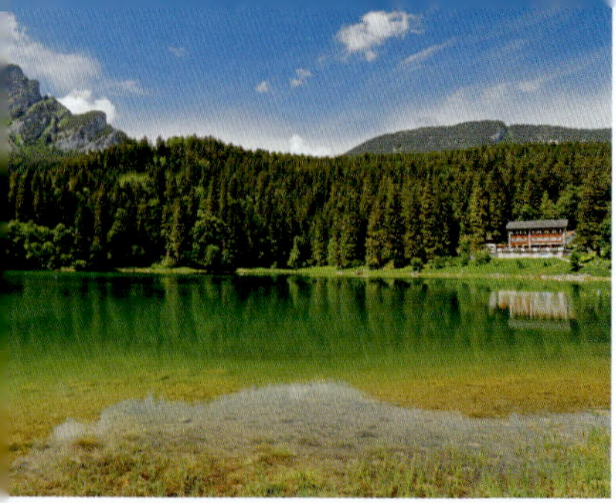

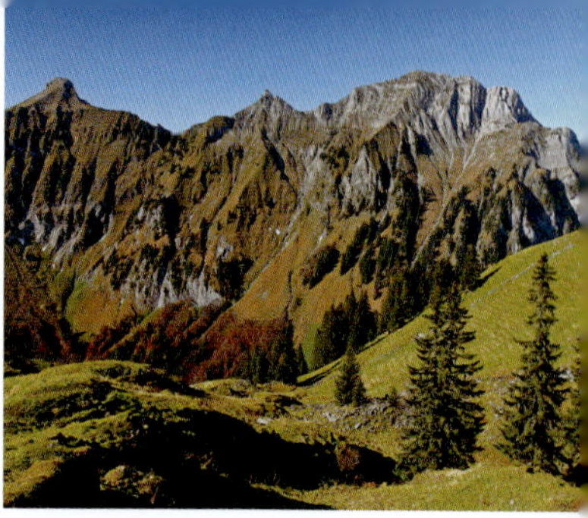

*Am idyllischen Obersee liegt der Ausgangspunkt.*

*Brünnelistock und Zindlenspitz (links) sind ein Blickfang beim Abstieg.*

**Ausgangspunkt:** Obersee, Parkplätze beim Gasthaus, 991 m. Zufahrt auf einer schmalen Bergstraße von Näfels. Kein Postautokurs, aber im Sommer verkehrt das Oberseetaxi, Voranmeldung unter Tel. +41 55 6121072 (Restaurant Äschen).
**Anforderungen:** T3. Durchgängig markierte Bergwege, oft Wiesengelände, das in manchen Bereichen von Schratten durchzogen ist. Aufstieg via Geisskappel etwas schwieriger als via Rautialp, denn ein gesichertes Steilstück und die Passage zur Kammhöhe erfordern hier gute Trittsicherheit. Das Gleiche gilt für den Abstecher zum Wiggis mit seiner ausgesetzten Traverse (Drahtseil). Nur bei trockenen Bedingungen ratsam; gute Ausdauer für eine lange Tagestour wichtig.
**Höhenunterschied:** 1450 Hm, ohne Wiggis 1300 Hm.
**Einkehr/Unterkunft:** Berghotel Obersee, 991 m, Tel. +41 55 6121073. Unterhalb an der Straße das Restaurant Äschen.
**Beste Jahreszeit:** Mitte Juni bis Mitte/Ende Oktober.

Ab den Parkplätzen vor dem **Obersee (1)** folgen wir zuerst einem Wirtschaftsweg zum Südufer und ziehen dann in Kehren ziemlich steil bergauf. Zwischendurch können wir auch mal eine Abkürzung nutzen, ehe man auf die Weiden der **Grapplialp** kommt und dort bei P. 1358 **(2)** links abzweigt. Damit schlagen wir die kürzere, direktere Route zum Rautispitz ein. Über Wiesenhänge und etwas Gestrüpp nähert man sich dem felsdurchsetzten

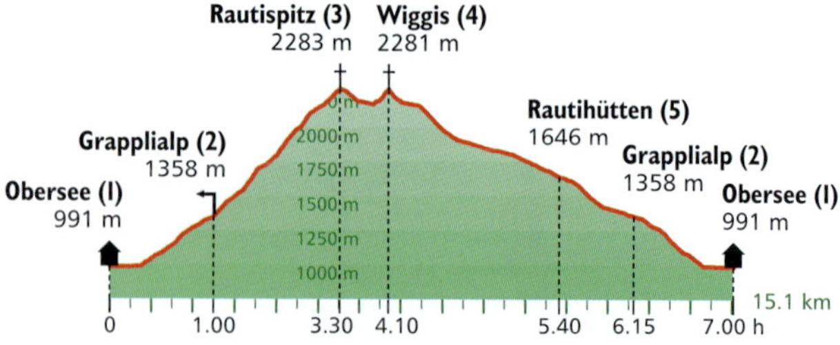

Vorbau einer Fluh. Links haltend wird die schwierigste Passage der Tour mit Drahtseilhilfe überwunden. Im Bereich der Geisskappel geht es durch eine blockig-karstige Hangmulde und anschließend nochmals steiler über Gras und Schratten Richtung Kammhöhe hinauf. Man erreicht diese in einer Einsattelung neben dem Gulmen und wendet sich nun links dem Gipfelrücken zu. Vorübergehend müssen wir hier mal mit einer schlechteren Wegspur vorliebnehmen, bevor wir ganz bequem über alpine Rasen von Westen her das Gipfelkreuz auf dem **Rautispitz (3)**, 2283 m, ansteuern.
Beim Weiterweg folgen wir dem ebenfalls harmlosen Südrücken Richtung **Rautifurgglä**, 2168 m, hinab. Dem Steilaufschwung des Wiggis wird danach links mit einer ausgesetzten Traverse ausgewichen. Der schmale Pfad leitet hier durch schuttbedeckte Plattenschüsse sowie Grasschrofen und ist im abschüssigsten Teil mit Drahtseil gesichert. Bei der Höchnase ist die etwas heikle Querung geschafft, und der Schlussanstieg über Steilrasen zum Gipfel des **Wiggis (4)**, 2281 m, steht offen.
Der Abstieg führt zunächst mit Vorsicht zurück zur Rautifurgglä. Dort nach Westen in die breite, seichte Eintalung hinab. Das Schuttgelände wird bald von Gras mit eingelagerten Schratten abgelöst. In mäßigem Gefälle geht unser Bergweg auf etwa 1800 Metern in einen Wirtschaftsweg über und bringt uns mit einigen Schleifen zu den **Rautihütten (5)**, 1646 m. Jetzt nordwärts meist leicht, zwischendurch nochmals in Kehren deutlicher absteigend Richtung Grapplistafel und zur Vereinigung mit der Aufstiegsroute, die uns zurück zum **Obersee (1)** führt.

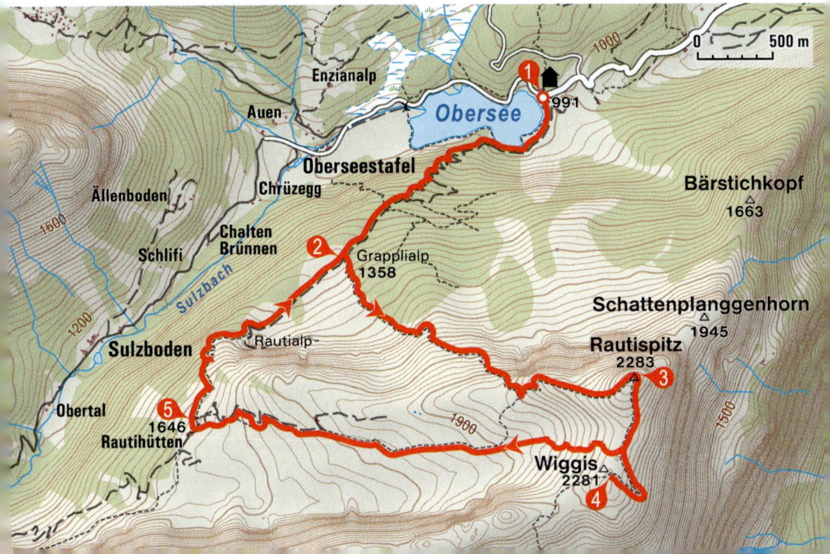

# 5 Dejen, Mättlistock, 1910 m, und Klöntalersee

**8.30 Std.**

### *Hoch über dem »Fjord« der Glarner Alpen*

*Das Klöntal mit seinem stattlichen See, von dem schon frühe Reisende ins Schwärmen gerieten, gilt als einer der schönsten Winkel des Glarnerlandes. Schier gewaltig nimmt sich der 2000 Höhenmeter messende Nordabbruch des Glärnisch-Massivs direkt über dem Seeufer aus. Die beste Perspektive erhaschen wir auf der gegenüberliegenden Seite, beim Aufstieg zur versteckten Dejenalp und besonders vom kaum bekannten Mättlistock, auf den kein ausgewiesener Steig führt. Ein solcher Logenplatz sollte uns die kleine weglose Einlage wert sein. Nach einem weiten Abwärtsbogen über diverse Alpgebiete schreiten wir zum Abschluss noch das gesamte Südufer des Klöntalersees mit seinen lauschigen Fleckchen ab.*

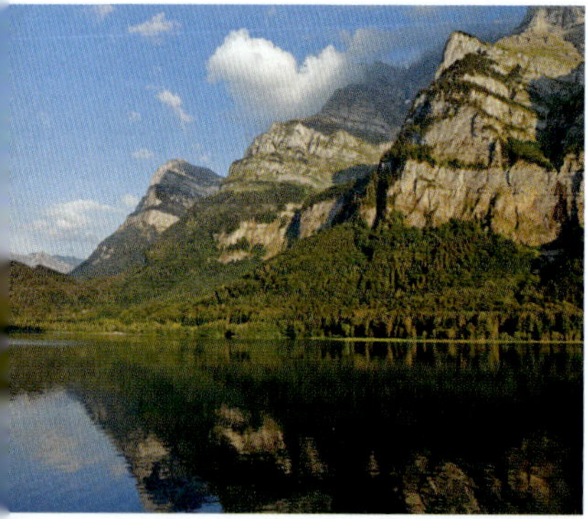

*Mildes Abendlicht am Klöntalersee – eine perfekte Idylle.*

**Ausgangspunkt:** Klöntalersee-Uferstraße bei Unterherberig, 850 m, etwa 1 km ab Rhodannnenberg (dort nächster Postautohalt, Verbindung vom Bahnhof Glarus bis Richisau). Einzelne Parkbuchten am Beginn des Bergweges zur Dejenalp. Die großen Parkplätze Richtung Campingplatz sind gebührenpflichtig.
**Anforderungen:** T3 am Mättlistock, sonst oft leichter. Im Aufstieg passabler Bergweg abwechselnd durch Wald und Mattengelände. Retour meist breite Karren- und Güterwege. Ausgefallener ist das Gipfel-Extra mit steileren weglosen Passagen, aber ohne Kletterei. Sehr lange Tagestour (vgl. Varianten).
**Höhenunterschied:** In Summe ca. 1200 Hm, ohne Gipfel 150 Hm weniger.
**Einkehr/Unterkunft:** Dejenalp, 1733 m. Gasthaus Klötal (Plätz), 852 m, Tel. +41

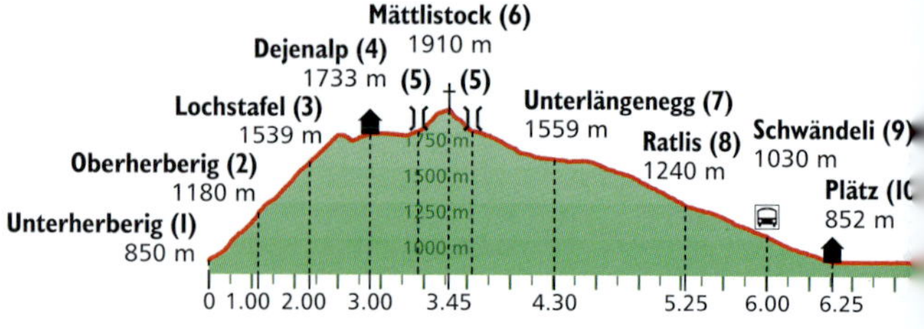

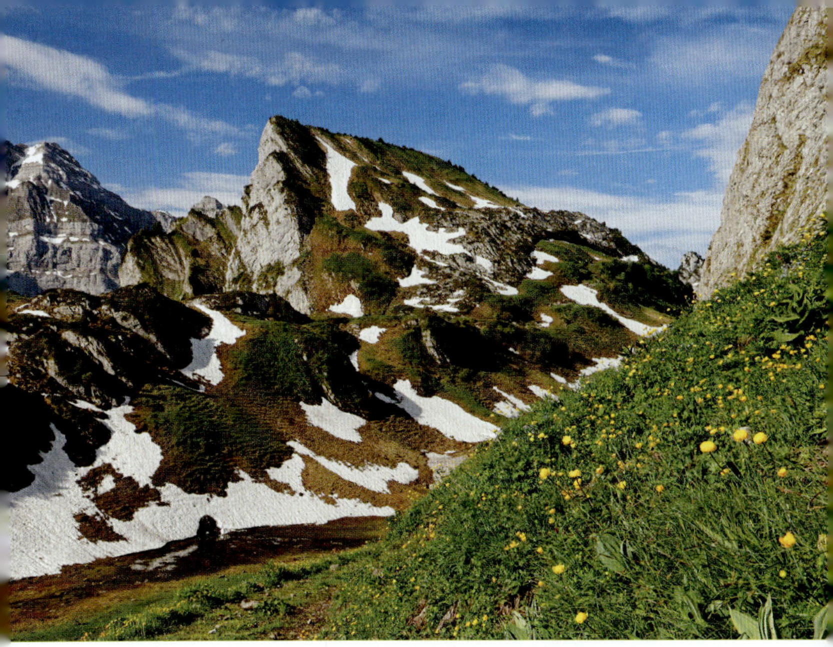

*Von der Dejenalp aus bietet sich der Mättlistock als Mitnahmeziel an.*

55 6401374. Hotel Rhodannenberg, 850 m, Tel. +41 55 6501600.
**Beste Jahreszeit:** Juni bis Oktober.
**Varianten:**
1. Bis zur Haltestelle Schwändeli nur 6 Std. Gesamtgehzeit; 45 Min. kann man sich außerdem bei Verzicht auf den Gipfel sparen.
2. Als bequeme Talwanderung ist andererseits der Uferweg am Klöntalersee zwischen Rhodannenberg und Plätz eine Empfehlung wert; Einstufung T1, Gehzeit knapp 2 Std.

Der Alpsteig beginnt bei **Unterherberig (1)**, zieht über einen Wiesenstreifen aufwärts und gelangt rechts haltend durch Waldareale Richtung **Oberherberig (2)**, ca. 1180 m, wobei man die Hütten selbst rechts liegen lässt. Nach einer längeren Linksdiagonale kommt unsere Route allmählich in freieres Gelände voran, passiert den **Lochstafel (3)**, 1539 m, und windet sich zum Übergang bei den Oberen Scheiterböden hinauf. Jenseits der Schwelle schräg rechts in eine feuchte Hochmulde hinab und

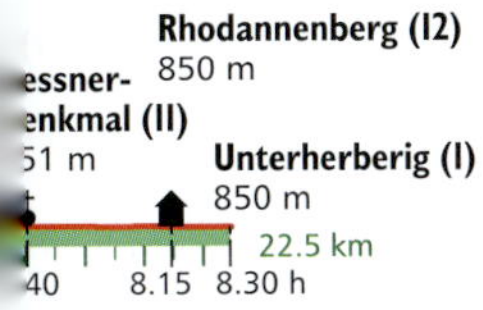

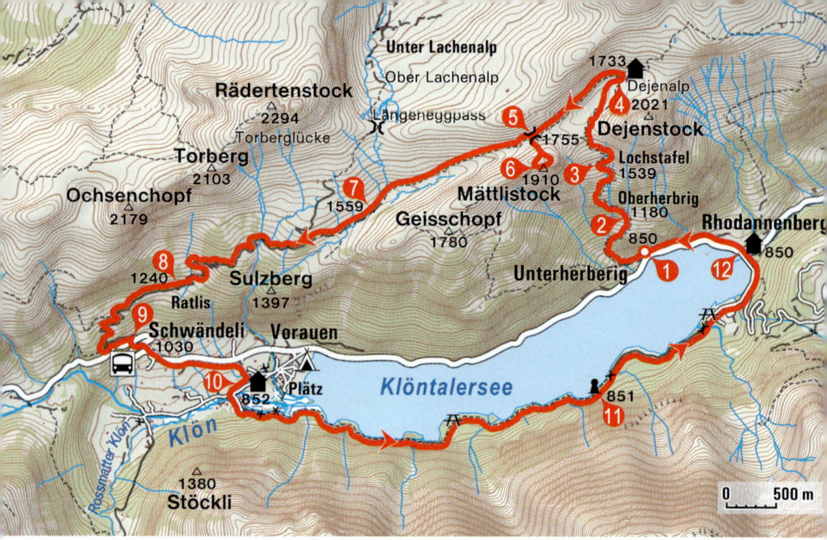


*Aus den Glärnischwänden stieben zahlreiche Wasserfälle.*

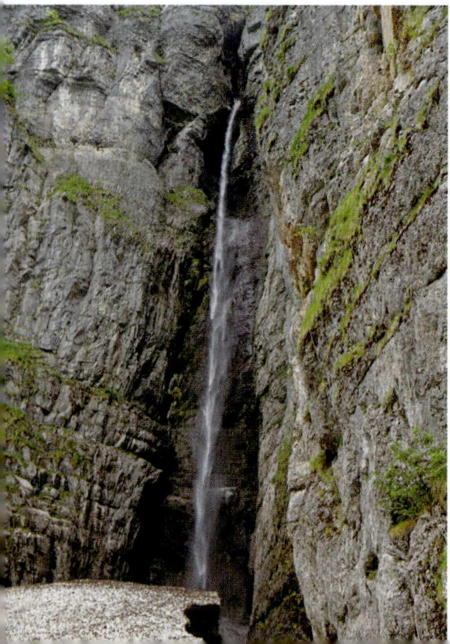

weiter zur etwas höher gelegenen **Dejenalp (4)**, 1733 m.
Der breite, fast horizontale Alpweg Richtung Südwesten vermittelt nach diesem kleinen Abstecher die Fortsetzung. Wir erreichen einen weiten Sattel **(5)**, 1755 m, und wenden uns dort links gegen den Mättlistock hinauf. Nach Augenmaß werden erdige Grashänge erstiegen, wobei sich auch ein kleiner Schrofenriegel in den Weg legt. Dieser wird am besten etwas nach rechts versetzt durchstiegen – es tut sich überraschenderweise sogar eine Mini-Rinne mit stabilisierten Stufen auf, wo ansonsten höchstens mickrige Trittspuren zu erkennen sind. Zuoberst entweder links haltend zum Gipfelkreuz oder weiter rechts zum höchsten Punkt auf dem **Mättlistock (6)**, 1910 m. Dazwischen existiert auch ein spärlicher Kammpfad.
Zurück am Sattel **(5)** nehmen wir

den Karrenweg in westlicher Richtung auf und wandern durch die Eintalung nach **Unterlängenegg (7)**, 1559 m. Auf besserer Trasse geht es via Türliboden nacheinander zu den Alpen Chängel, 1468 m, **Ratlis (8)**, 1240 m, und Ralli, 1179 m, ehe man bei **Schwändeli (9)**, 1030 m, auf die Straße trifft und hier auch das Postauto nutzen könnte. Ansonsten mit einigen Abkürzungen weiter abwärts und rechts haltend nach **Plätz (10)**, 852 m, mit Einkehrmöglichkeit im behaglichen Gasthaus Klöntal.
Anschließend steht noch die lange Traverse entlang des Klöntalersees bevor: Über die Brücke zum Süduferpfad, der sich manchmal ziemlich eingezwängt zwischen Wasser und den mächtigen Glärnischwänden dahinschlängelt. Oft geht es durch Wald, zwischendurch auch an Kiesbuchten entlang. Einige Wasserfälle, die sich auch als winterliche Lawinenstriche offenbaren (nicht selten Schneekegel noch im Sommer), sind zu bestaunen, daneben mancher Felsvorsprung. Hinter dem **Gessner-Denkmal (11)** wird der Weg bald komfortabel breit und führt schließlich zum Campingplatz Güntlenau. Auf der Straße über die Staumauer nach **Rhodannenberg (12)**, 850 m, mit Gasthaus und Bushaltestelle und gegebenenfalls noch weitere 15 Minuten bis zum Ausgangspunkt bei **Unterherberig (1)**.

*2000 Meter schießen die Flanken des Glärnisch über dem Seespiegel in die Höhe.*

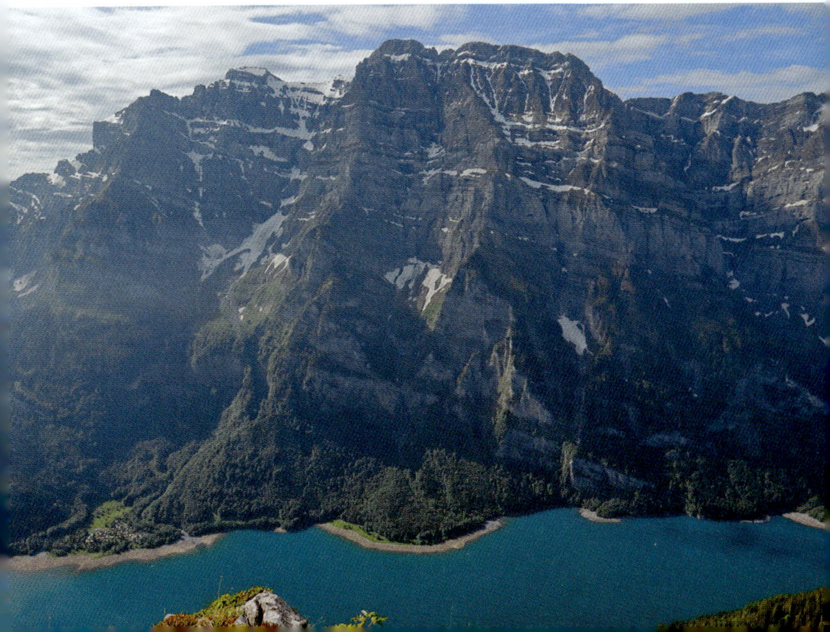

# 6 Vorder Glärnisch, 2328 m

**6.00 Std.**

***Vogelperspektive vom Vorposten des mächtigen Glärnisch***

*Das Massiv des Glärnisch prägt das Glarnerland wie kaum ein zweites, außer dem überragenden Tödi natürlich. Der fast 3000 Meter hohen Hauptmasse nordöstlich vorgelagert stellt der Vorder Glärnisch einen Logenplatz par excellence über dem Tal der Linth dar, mit gewaltigen Tiefblicken auf die Dächer von Glarus. Das Panorama beeindruckt freilich auch Richtung Klöntalersee und nicht zuletzt mit dem vorpreschenden Vrenelisgärtli. Die Normalroute führt durch den eindrucksvollen Geländetrichter namens Gleiter auf der Westseite des Berges, zuweilen fast erdrückt von den umgebenden Felsmassen. Doch der Anschein großer Schwierigkeiten täuscht ein wenig, denn der Pfad findet immer wieder gefinkelte Durchschlupfe.*

**Ausgangspunkt:** Hintersackberg (Hinter Saggberg), 1051 m. Zufahrt über Bergstraßen von Glarus oder vom Klöntalersee. Postautoverkehr nur bis Klöntalersee.
**Anforderungen:** T4. Blau-weiß markierte Alpinroute, durchgängig auf Bergpfad in ziemlich steilem Gelände, mitunter kurze Stellen im I. Grad bzw. Sicherungen, im Detail etwas komplizierte, aber geschickte Routenführung. Gute Trittsicherheit obligatorisch, Ausdauer für eine normale Tagestour.
**Höhenunterschied:** 1280 Hm.
**Einkehr:** Keine.
**Beste Jahreszeit:** Ende Juni bis Mitte Oktober.

Vom Parkplatz **Hintersackberg (1)**, 1051 m, folgen wir dem Fahrweg an der nahen Alp vorbei und nähern uns dem Felsmassiv, wo sich ein mächtiger Geländetrichter öffnet. Links vom Bach geht es an einer ersten Wasserfallstufe vorbei und kurzzeitig durch lichtes Gehölz höher. Wir kommen zu einer Steilstufe, die man aus einer höhlenartigen Felsnische über ausgesetzte Bänder überwindet (Sicherungen). Kurz darauf zweigt scharf rechts ein Pfad zu einer Alphütte ab und stellt über ein imposantes Grasband eine mögliche Verbindung zum Schlattalpli her. Wir halten uns hingegen mehr links und steigen bis unter die nächste Felsbarriere an. Dort ein Stück nach rechts bis zum Beginn des wichtigen **Gleiterbandes (2)** auf ca. 1630 Metern, das anfangs gesichert schräg links aufwärts begangen wird. Bei der folgenden Terrasse wieder scharf rechts und zu einer schrofigen Rinne, die tech-

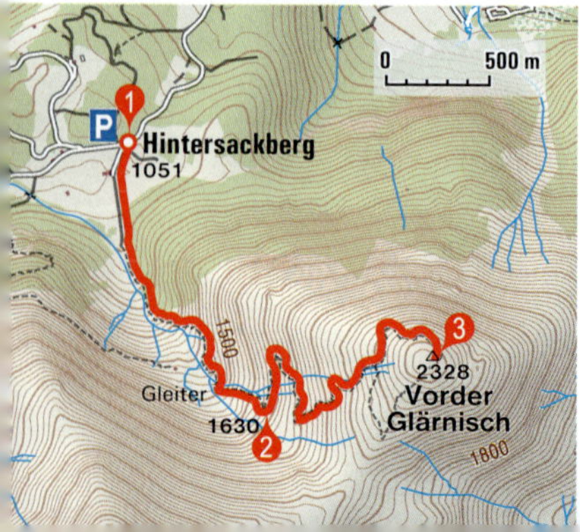

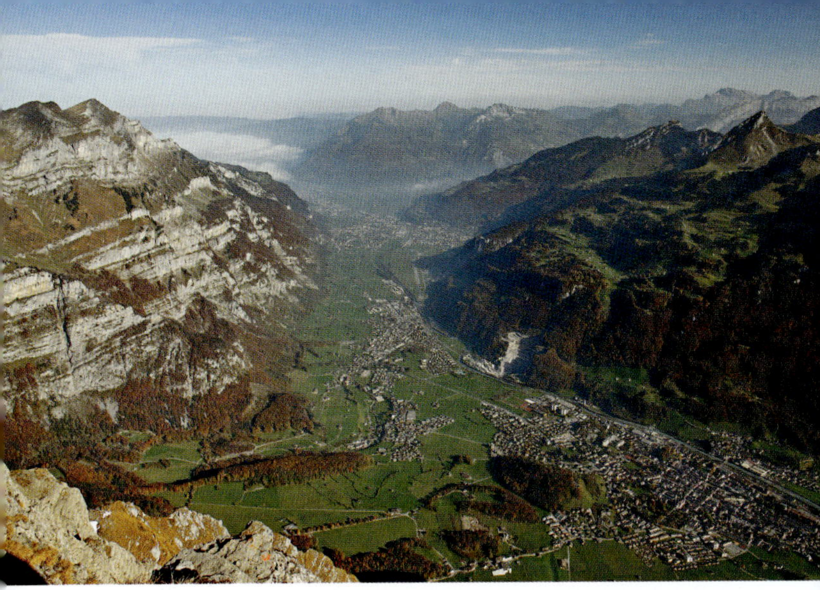

*Eine echte Vogelperspektive: Der gewaltige Tiefblick vom Gipfel wird zur Hauptattraktion.*

nisch die Schlüsselstelle darstellt (Stellen I, durchwegs mit Ketten versehen). Oberhalb quert man nach rechts über eine Geländenase zu einer zweiten und befindet sich damit am unteren Rand der **Glärnischplanggen**. Die alpinen Rasen treten jetzt zugunsten des schuttbedeckten Terrains zurück. Links haltend windet sich der Pfad über einen weiteren Absatz und nähert sich allmählich dem Nordwestgrat, wo sich erstmals der Blick nordwärts öffnet. Von dort verbleiben noch etwa 150 Höhenmeter, die zuerst in der etwas heiklen schuttbedeckten Flanke und zuletzt wieder entlang der Kante gemeistert werden. Nach fast vier Stunden ist der **Vorder Glärnisch (3)**, 2328 m, gewonnen. Den Abstieg vollziehen wir auf derselben Route.

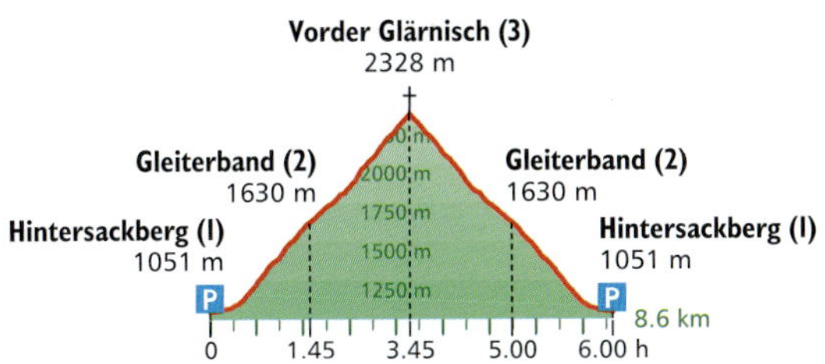

# 7 Glärnischhütte, 1989 m

**6.00 Std.**

***Hüttenziel am Paradeberg***

*Der mehrgipflige Glärnisch ist ein Aushängeschild unserer Region und ruft natürlich viele Hochtourengeher auf den Plan. Die meisten übernachten in der Glärnischhütte, die dem Berg quasi auf den Leib geschrieben ist, und zwar auf seiner »schwachen« Seite, der westlichen. Für normale Wanderer ist es schon ein ordentliches Pensum bis zur Hütte, wenn sie aus dem Klöntal durchs sekundäre Rossmatter Tal aufsteigen. Die Umgebung ist eindrücklich genug, um auch ohne Gipfel zufrieden zu sein.*

**Ausgangspunkt:** Plätz, 852 m, Parkplatz am Westende des Klöntalersees (Stichstraße, auch Postautohalt der Linie Glarus – Richisau). Mit dem Alptaxi kann man von Plätz bis Käsern (Chäseren) fahren, Tel. +41 55 6401177 oder +41 79 6934949.

**Anforderungen:** Maximal T3, oft leichter. Bis Werben breiter Güterweg, danach streckenweise recht steiler und rauer Bergweg mit einer gesicherten Schlüsselstelle. Etwas Trittsicherheit erforderlich, zudem Ausdauer für eine normale Tagestour (mit Alptaxi moderater).

**Höhenunterschied:** 1140 Hm ab Parkplatz, 710 Hm ab Käsern.

**Einkehr/Unterkunft:** Glärnischhütte, 1989 m, Anfang Juni bis Mitte Oktober, Tel. +41 55 6406400. Berggasthaus Käsernalp, 1281 m, Ende Mai bis Ende September. Restaurant Klöntal in Plätz, 853 m.

**Beste Jahreszeit:** Juni bis Oktober.

Von **Plätz (1)**, 852 m, folgen wir dem Sträßchen Richtung Elmerberg, wo es links abknickt und damit ins Rossmatter Tal hineinführt. Nach einer Steigung taucht am ersten Boden die Alp Klönstalden, 1062 m, auf – zwei Kilometer dahinter **Käsern (2)**, 1281 m. Bis hierher

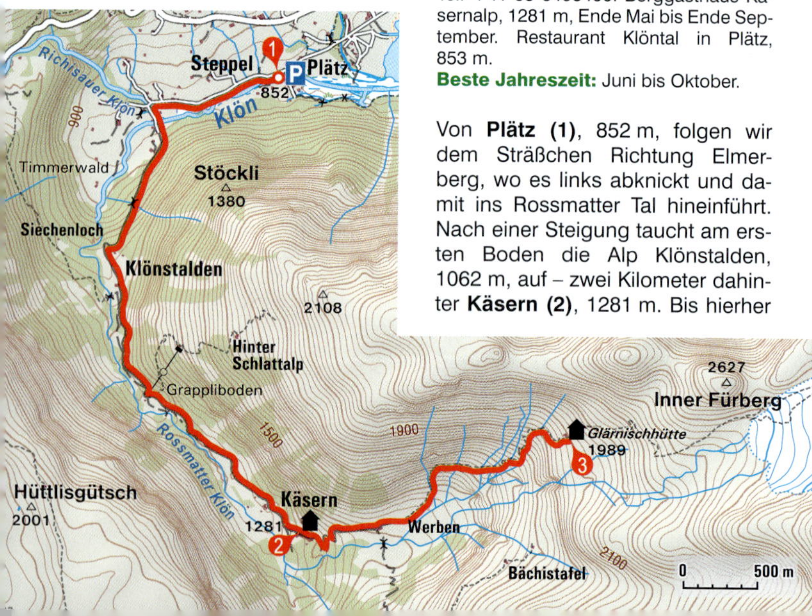

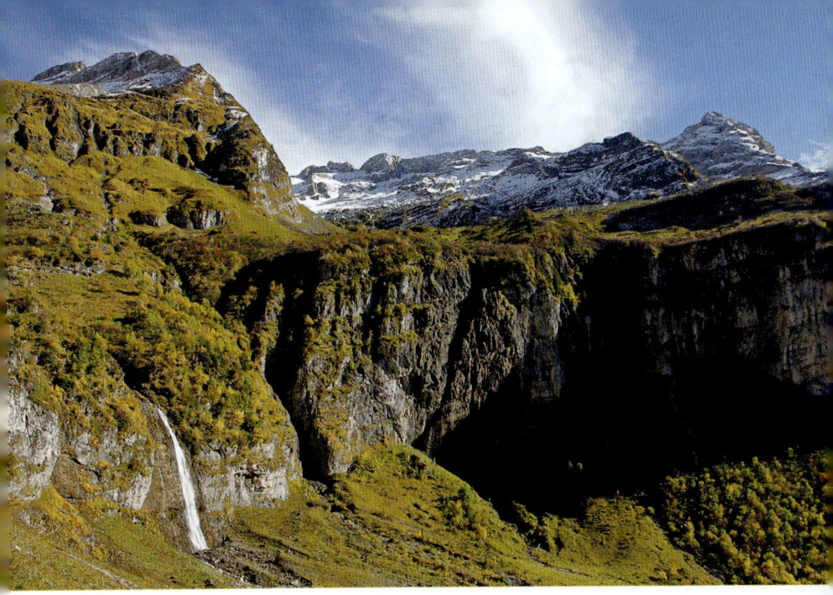

*Abgestuftes Relief mit der Terrasse von Bächi.*

können sich weniger marschfreudige Zeitgenossen mit dem hauseigenen Alptaxi chauffieren lassen. Der breite Wirtschaftsweg vollzieht noch einige Serpentinen Richtung **Werben**, 1383 m, wo wir zunächst geradeaus in den Kessel weitergehen und uns dann vor dem Wasserfall links in die steilen Südflanken wenden. Kehren leiten zu einer kleinen schrofigen Barriere, die mittels Drahtseil überwunden wird. Oberhalb schräg rechts aufwärts, den abzweigenden Pfad nach Bächlistafel ignorierend und mit einer ganzen Anzahl von Kurven und Kehren an den Spitzplanggen empor. Im Übergangsbereich vom grasigen Gelände ins alpine Ödland empfängt uns schließlich die **Glärnischhütte (3)**, 1989 m. Retour auf demselben Weg.

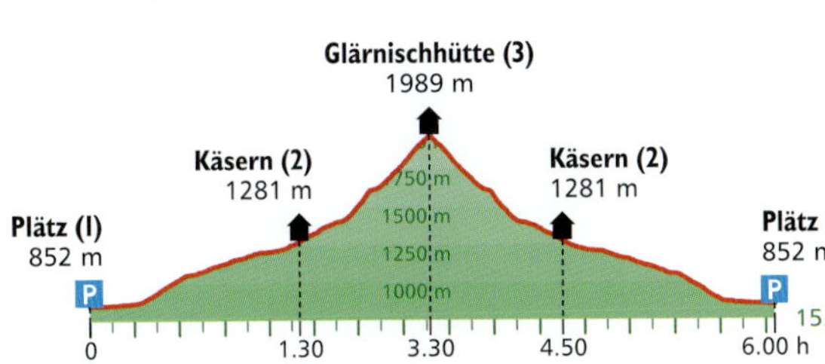

# 8 Über die Silberen, 2318 m

5.45 Std.

### Große Bergkuppel aus wasserzerfressenem Schrattenkalk

*Im Grenzgebiet zwischen Glarus und Schwyz erstrecken sich weitläufig verkarstete Bergareale. Die vom Zahn der Zeit zernagten Karrenfelder aus Schrattenkalk muten an wie ein versteinerter Gletscher und werden auch gern mit einer Mondlandschaft verglichen. Mit derartigen geomorphologischen Merkmalen gehen wir während einer Wanderung über die Silberen auf unmittelbare Tuchfühlung. Allerdings ist nur der oberste Teil so steinern-bleich. Ringsum ist die Silberen umgeben von sattgrünen Weiden, sodass wir auf dieser Tour ganz unterschiedliche Facetten erleben, zu denen auch eine großartige Aussicht gehört, etwa Richtung Glärnisch oder auf die Südfront von Druesberg und Co. Wir steigen über die Nordseite auf und vollziehen später einen großen Bogen auf schönem Panoramaweg hoch über dem Rossmatter Tal.*

**Ausgangspunkt:** Pragelpass, 1548 m. Zufahrt aus dem Glarnerland durchs Klöntal und via Richisau bis zum ersten Parkplatz auf der Passhöhe (Sa./So. nur von Schwyz aus!). Postauto nur bis Richisau.

**Anforderungen:** T3. Wiesenwege und Karrenfelder, letztere vor allem nach oben hin. Elementare Trittsicherheit vorteilhaft. Bei Nebel problematische Orientierung, obwohl ausreichend markiert. Ab

*Blick vom Hochplateau südwärts in die Glarner Hochalpen.*

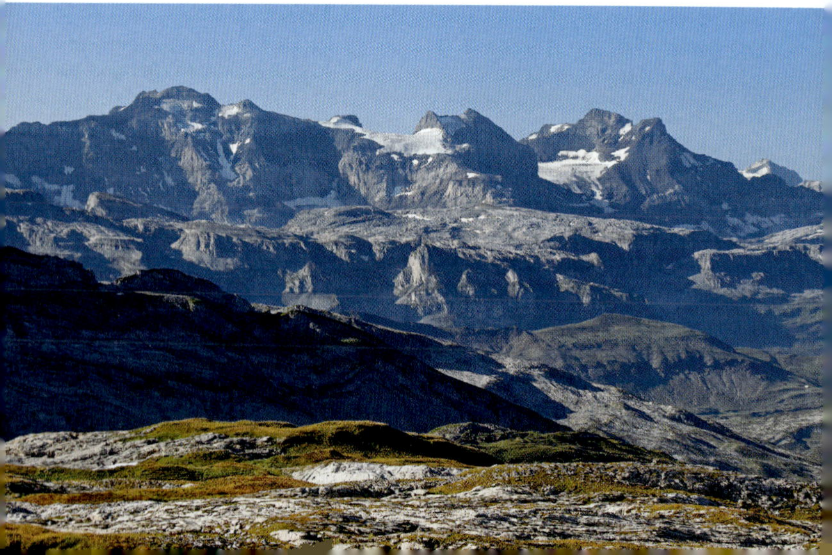

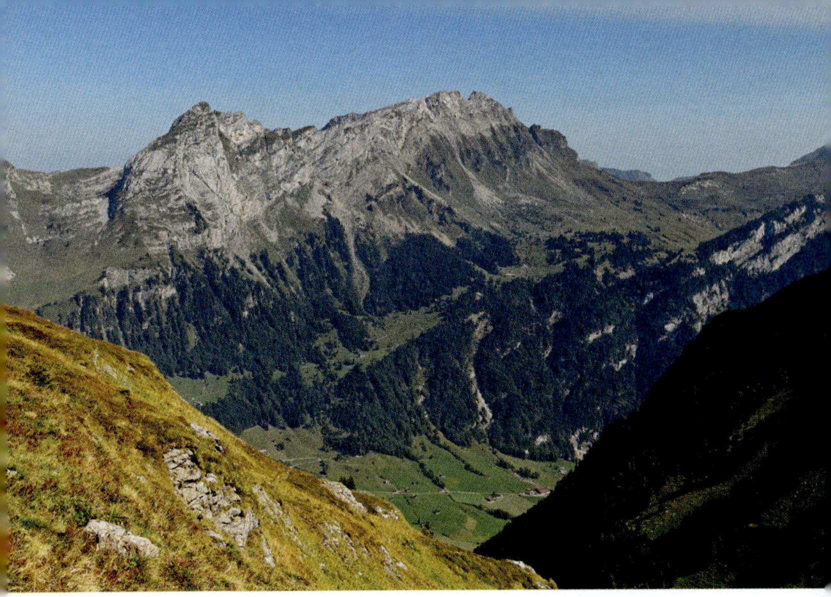

*Herrlich sind die Blicke über das hintere Klöntal.*

Silberenalp einfache, breit ausgebaute Alpwege. Normale Tagestour.
**Höhenunterschied:** Insgesamt rund 1000 Hm, bis zum Gipfel 770 Hm.
**Einkehr:** Keine.
**Beste Jahreszeit:** Ende Juni bis Oktober. Der Schnee sollte weitgehend abgeschmolzen sein.
**Variante:** Man kann das Karstplateau auch in Südrichtung überschreiten, später via Twärenen gen Westen abdrehen und so den Rundkurs zum Pragelpass schließen.

Vom **Pragelpass (1)**, 1548 m, kurz mit dem Alpfahrweg bergauf, dann rechts haltend auf die Wiesenhänge des Langbodens und zur Alp **Butzen (2)**, 1777 m, die versteckt in einer Geländemulde oberhalb des ersten Steilriegels liegt. Nun in Grundrichtung Südost weiter gegen die Silberen hinan. Der Steig ist erdig und teilweise schon von Karren durchsetzt. Diese über-

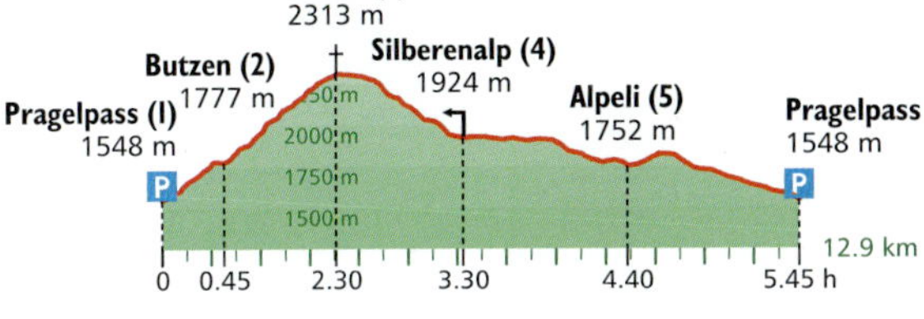

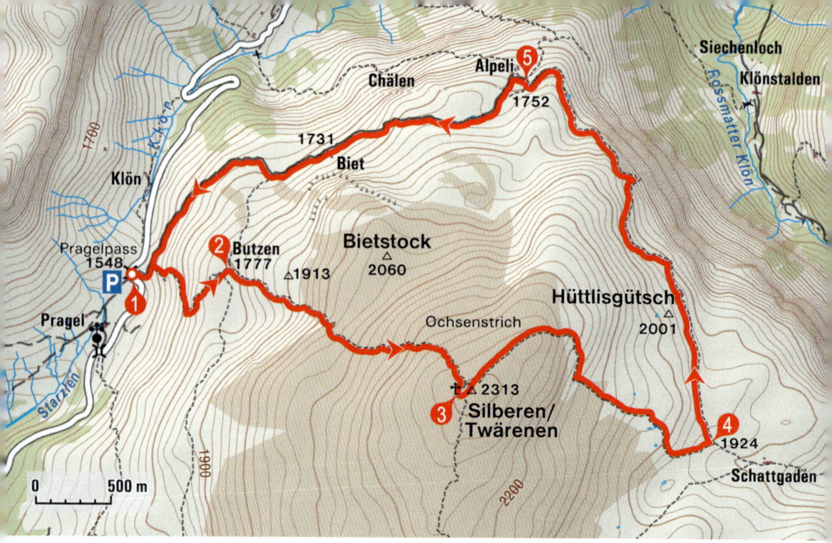


nehmen oberhalb der 2000-Meter-Marke zunehmend das Regiment, was für den Trittsicheren bei der Begehung des rauen Gesteins durchaus Vorteile bringt. Am Ochsenstrich legen sich aber nochmals Schafweiden dazwischen, ehe wir in den höchsten Bereich des Bergstocks vorstoßen und zuletzt mit einem Rechtsknick das Gipfelsignal auf der **Silberen (3)** erreichen (P. 2313). Über den nahen Kulminationspunkt (P. 2318) holen wir anschließend zunächst ein Stück nach Nordosten aus, wandern über flache Hochböden und abermals die typischen Karrenfelder, die allmählich steiler abfallen. Südostwärts abdrehend kommt man bald mehrheitlich in grasbewachsenes und zunehmend welliges Terrain. Ein guter Pfad windet sich hinunter ins Gebiet der **Silberenalp (4)**, wo wir bei P. 1924 links weitergehen. In Nordrichtung finden wir uns auf einem komfortabel breit ausgebauten Alpweg wieder, passieren die Vordere Silberenalp sowie mehrere Geländevorsprünge bzw. die Einbuchtungen dazwischen und gelangen allmählich abwärts nach **Alpeli (5)**, 1752 m (Alpprodukte erhältlich). Bis Schönenbüel wird nochmals eine Gegensteigung von fast 100 Höhenmetern fällig, ehe die Tour an der Alp Biet vorbei im sachten Bergab zum **Pragelpass (1)** ausläuft.

*Abrupter Wechsel von Vegetation zu nacktem Karstgestein.*

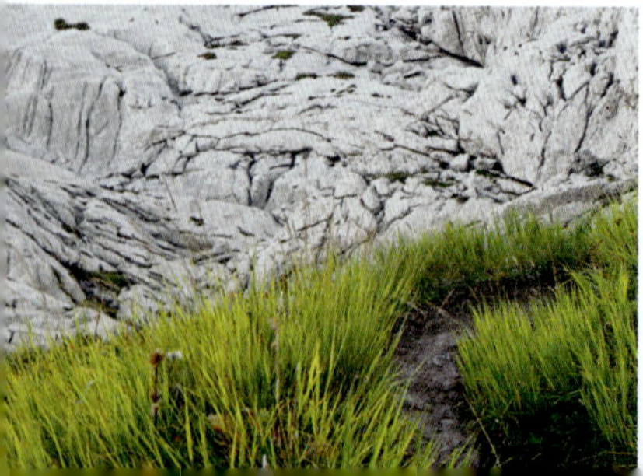

6.00 Std.

# Oberblegisee und Guppenalp, 1648 m

9 TOP

## Kleinode zu Füßen des Glärnisch

*Braunwald heißt ein Glarner Vorzeigedorf, wie es bilderbuchmäßig der Sonne zugewandt auf einem Geländebalkon 600 Meter über dem Tal der Linth seine Einladung ausspricht. Diese älplerisch geprägten Terrassen ziehen sich noch weithin unter dem Glärnisch-Massiv entlang und bergen so manches idyllische Fleckchen. Zum Beispiel die Bächialp mit ihrer Hochtalumrahmung, die Verebnung unterhalb der Firstnase oder den mit Spannung erwarteten Oberblegisee. Nicht zuletzt tragen auch die Gipfelkulissen ihren Teil dazu bei, wenn man an so prägnante Profile wie Ortstock, Tödi oder Kärpf denkt. Die zweite Hälfte der Tour von Braunwald nach Schwanden fällt in puncto Wegbeschaffenheit eine Nummer holpriger aus, büßt aber optisch nicht im Geringsten ein. Wir lassen die Blicke durch die mächtig aufschießenden Kalkfluchten des Glärnisch gleiten und sind mit unserem Wanderbalkon auf halber Höhe vollauf zufrieden.*

**Ausgangspunkt:** Braunwald, 1256 m, autofreier Höhenort, erreichbar mit der Standseilbahn von Linthal (Anschluss von der SBB-Linie, die bei der Talstation einen Haltepunkt hat).
**Endpunkt:** Schwanden, 518 m, eben-

*Hautnah begleiten uns die dräuenden Abstürze des Glärnisch.*

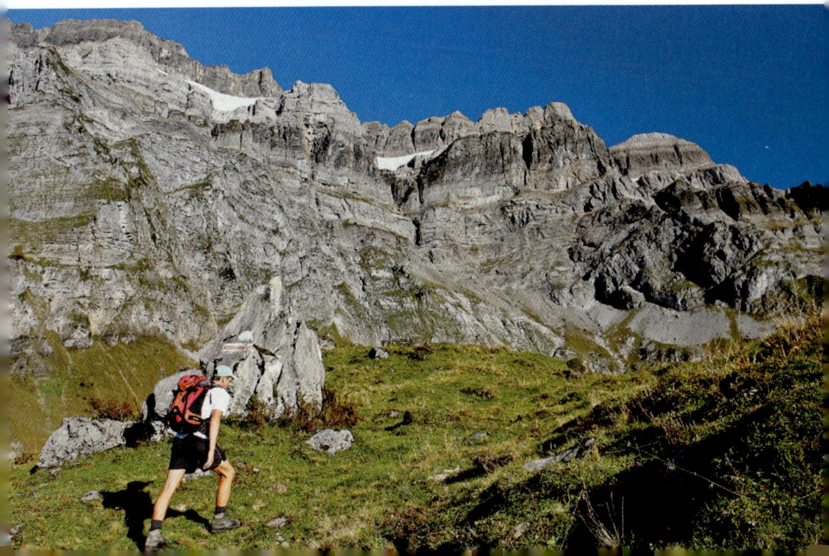

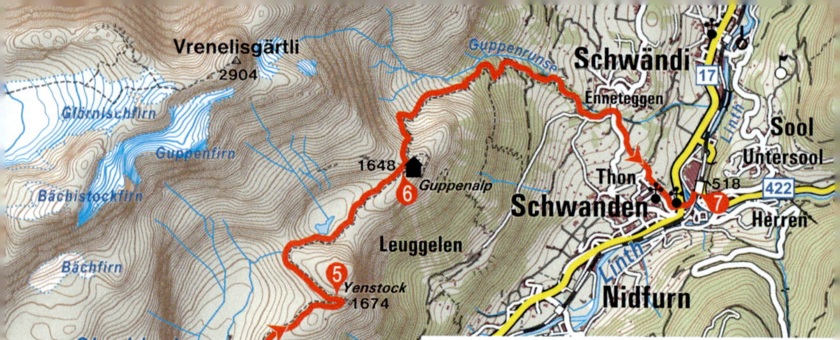
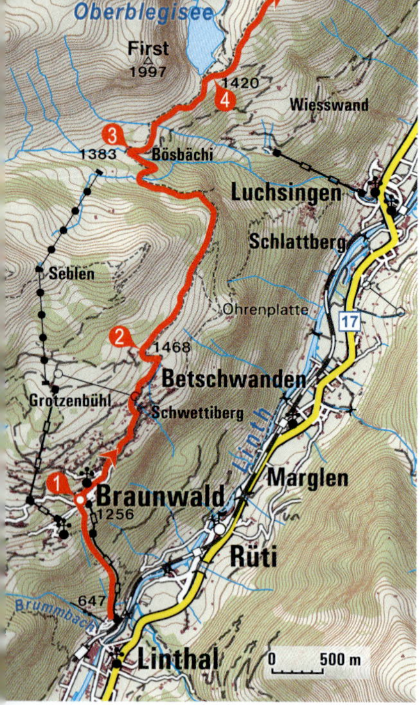


falls Bahnstation an der Linie ins Glarnerland (Ziegelbrücke – Linthal).

**Anforderungen:** T2+. Im Allgemeinen wenig schwierige Alpwanderung auf nicht immer tadellosen Wegen. Speziell ab Oberblegisee wird's öfters holprig; die Abwärtspassage beim Guppensee kann bei Nässe auch heikel sein. Etwas Trittsicherheit vorteilhaft, Ausdauer für eine durchschnittliche Tagestour.

**Höhenunterschied:** 700 Hm Aufstieg, 1440 Hm Abstieg bis Schwanden.

**Einkehr:** Bächistübli, 1409 m, Tel. +41 55 6431787. Guppenalp, 1648 m, Tel. +41 78 7442184.

**Beste Jahreszeit:** Juni bis Oktober.

**Variante:** Die Seilbahn von Luchsingen nach Brunnenberg, ca. 1100 m, ermöglicht ebenfalls einen erschwernisarmen Zugang zum Höhenweg.

Bei der Standseilbahn in **Braunwald (1)**, 1256 m, ist der Oberblegisee bereits ausgeschildert. Man folgt einem leicht ansteigenden Weg durch die verstreute Höhensiedlung gen Norden und kommt zum **Braunwaldalp Unterstafel (2)**, 1468 m, wo man rechts abzweigt. Höhengleich über den Wiesenbalkon weiter, dann durch ein Waldstück links eindrehend in den Einschnitt des Bächibachs und zum **Bosbächi Mittelstafel (3)**, 1383 m, gleich hinter der Brücke. Wenige Meter oberhalb lädt mit dem Bächistübli eine kleine Beiz zur Einkehr. Man quert über den urwüchsigen Absatz am Fuße des First und erreicht bald darauf den **Ober-**

**blegisee (4)**, 1420 m. Auf der Ostseite geht es an einer Alphütte vorbei, während wir auf schlechterem Weg am seichten Geländerücken aufwärtswandern. Dabei wendet man sich gegen den **Yenstock** respektive **Ijenstock (5)**, 1674 m, hinauf und schwenkt kurz davor nach links, um mit einer Traverse den Sattel P. 1676 zu erreichen. Dieser vermittelt den Übergang in die sommers oft trockenfallende Guppensee-Mulde, wobei der Zwischenabstieg bei glitschigen Verhältnissen etwas Aufmerksamkeit erheischt. Man verliert also etwa 100 Höhenmeter und gleicht diese beim letzten Gegenanstieg zum **Guppenalp Oberstafel (6)**, 1648 m, wieder aus. Wenige Schritte weiter befindet sich der Übergang in den nächsten Kessel, wo der Alpweg in Kehren bergab zieht. Wir steuern die auf einem kleinen Rücken gelegene Alp **Mittler Guppen**, 1233 m, an und setzen den Abstieg in Schleifen durch den Bergwald fort. Später durch eine Wiesenschneise rechts von der Guppenrunse bis in die Nähe von Schwändi. Anstatt auf das Postauto zu warten, kann man jetzt auf der Straße und einigen Abkürzern gänzlich bis **Schwanden (7)**, 518 m, absteigen, wo man der Beschilderung zum Bahnhof folgt.

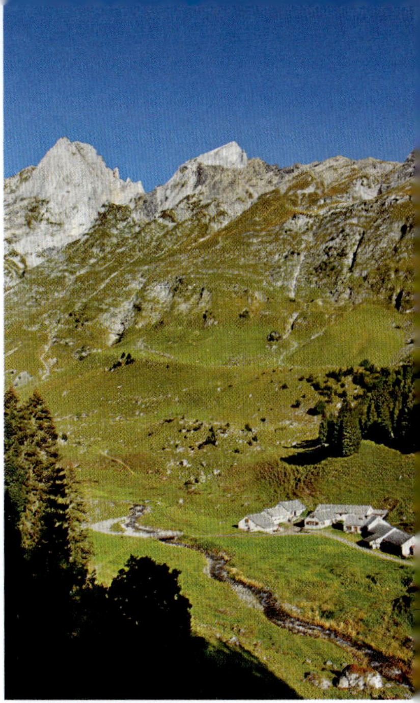

*Die Alp Bösbächi – mitunter auch Bächialp genannt – liegt auf dem typischen Geländebalkon.*

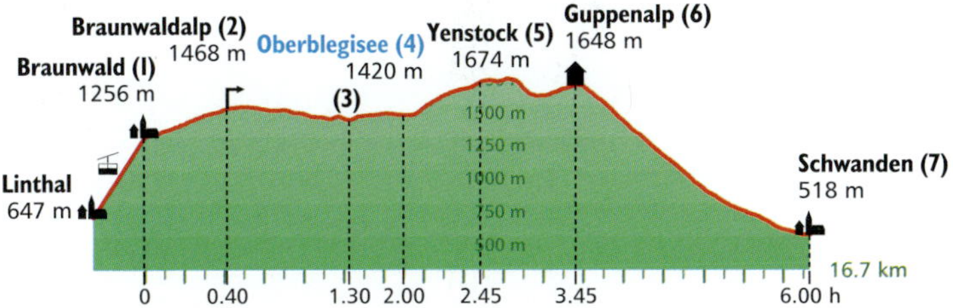

# 10 Rietstöckli, 1848 m

**5.15 Std.**

### *Aussichtsbalkon vor den Glarner Hochalpen*

*Von Braunwald aus haben wir schon die Höhenwanderung Richtung Oberblegisee kennengelernt. Nicht minder schön geht es entlang der Hangterrassen in die andere Richtung, wobei das Rietstöckli unter den Ortstock-Südabstürzen ein lohnenswerter Anlaufpunkt ist. Durch den tiefen Taleinschnitt der jungen Linth sowie dem Trog beim Urnerboden setzen sich die Hochgipfel der Glarner Alpen besonders stark in Szene. Die wenig anspruchsvolle Wanderung kann als abwechslungsreicher Rundkurs gestaltet werden.*

**Ausgangspunkt:** Braunwald, 1256 m, autofreies Bergdorf mit Standseilbahn von Linthal.
**Anforderungen:** T2. Meist gute Wander- und Bergwege, ein Abschnitt vor Rieter Ortstafel kann etwas von Vegetation behindert sein. Durchschnittliche Tagestour ohne besondere Schwierigkeiten.
**Höhenunterschied:** Rund 800 Hm.
**Einkehr:** Nussbüel, 1263 m, Tel. +41 55 6431140. Außerdem diverse Möglichkeiten in Braunwald.
**Beste Jahreszeit:** Ende Mai bis zum Spätherbst, solange schneefrei.
**Varianten:**
1. Zur Brächalp gibt es noch einen etwas

*Panoramablick vom Rietstöckli ins hintere Glarnerland.*

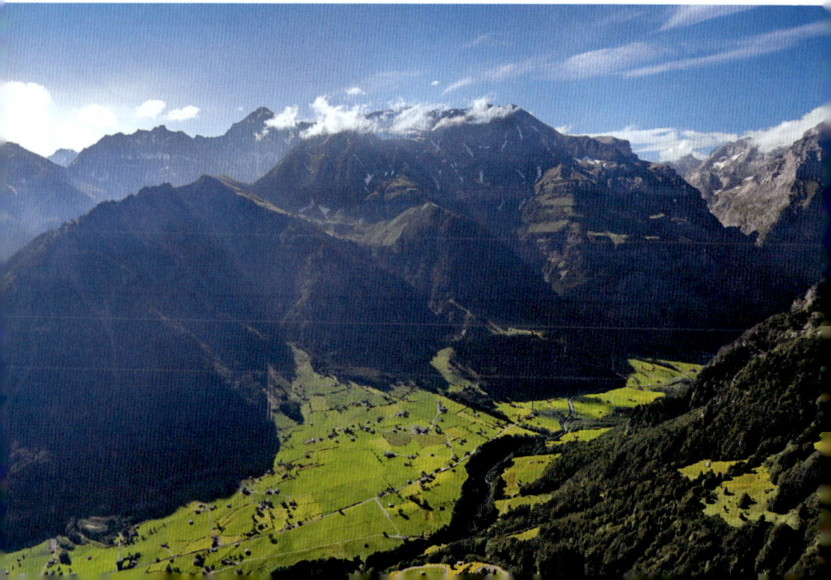

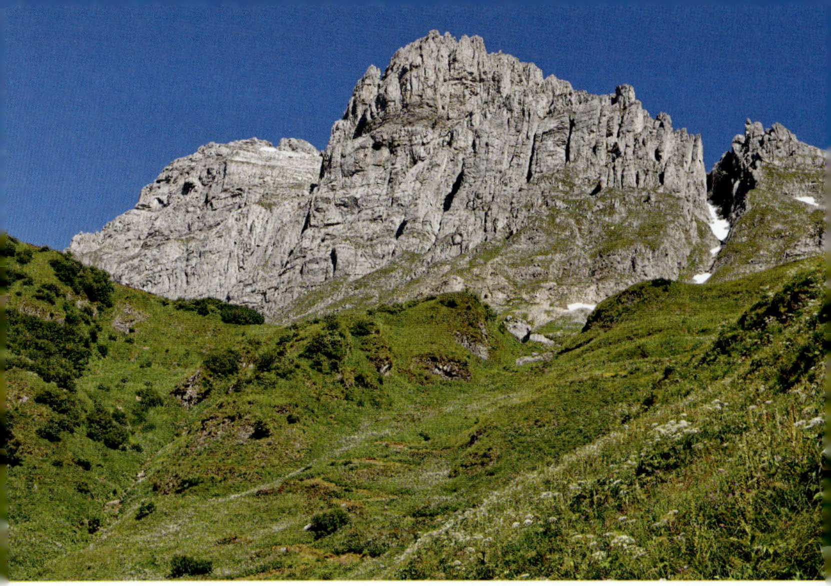

*Stotzig: die Südabstürze des Ortstocks.*

schnelleren Zugang, der bei Tour 11 beschrieben ist (15 Min. Ersparnis).
2. Statt über Friteren kann man sich auch links kurz aufwärts Richtung Burstegg wenden und via Rietalp Unterstafel nach Nussbüel gelangen (etwa gleiche Zeit).

Von der Station **Braunwald (1)**, 1256 m, folgen wir den Hinweisen nach Grotzenbüel, Gumen bzw. Ortstockhaus. In Schleifen aufwärts und bei P. 1447 links haltend auf einen Forstweg, der Richtung **Matt (2)**, 1531 m, führt. Wer zuvor den Lift nach Grotzenbüel nutzt, gelangt hierher in wenigen Minuten. Linker Hand schließt sich ein Steig an, der uns durch eine Felsenenge zu einem höher verlaufenden Fahrweg bringt. Bei **Chängelplangge**, 1675 m, verlassen wir die Route zum Ortstockhaus und queren stattdessen leicht ab-

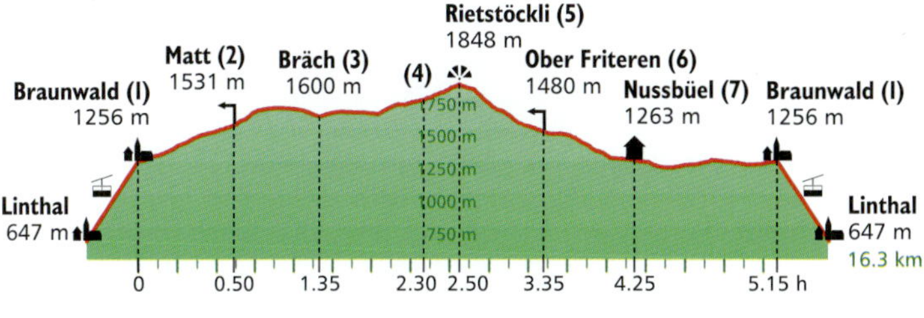

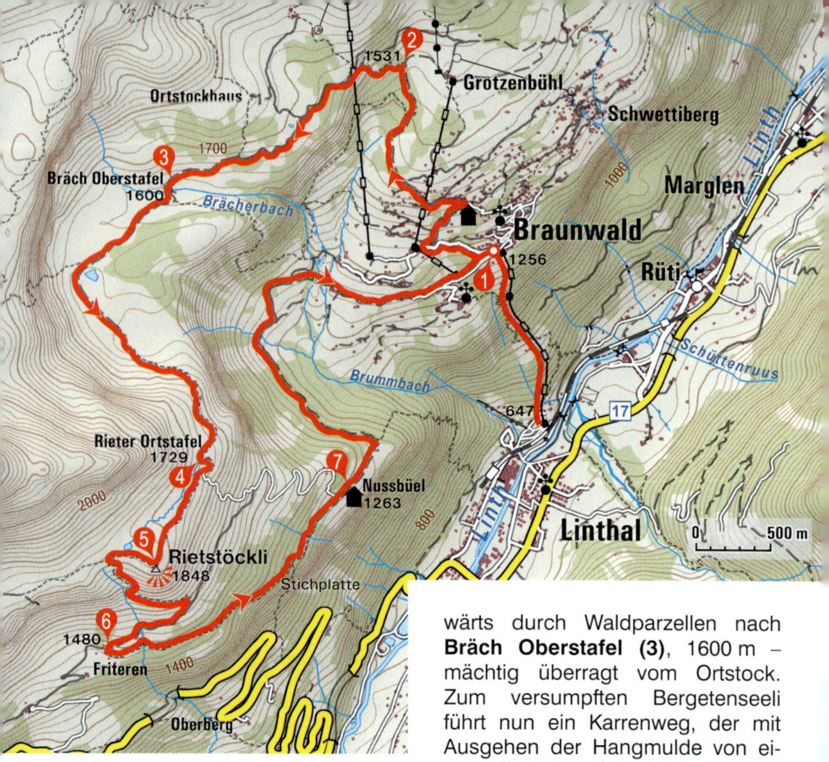


wärts durch Waldparzellen nach **Bräch Oberstafel (3)**, 1600 m – mächtig überragt vom Ortstock. Zum versumpften Bergetenseeli führt nun ein Karrenweg, der mit Ausgehen der Hangmulde von einem Pfad abgelöst wird. Etwas verwachsen leicht aufwärts um zwei Geländeecken herum, dabei unterhalb des kecken Tüfels Chilchli entlang und zum **Rieter Ortstafel (4)**, 1729 m. Am grasigen Rücken erfolgt dann der Schlussanstieg zum aussichtsreichen **Rietstöckli (5)**, 1848 m.

Ein Stück weit bleiben wir anschließend noch auf der ausgeprägten Geländeterrasse zu Füßen der Ortstockwände, bis sich eine Abstiegsmöglichkeit ergibt. Der Steig ist geschickt geführt und gut ausgebaut – so fällt die beachtliche Neigung des Abhangs gar nicht sehr ins Gewicht. Weiter unten stößt man auf einen Güterweg und kann die Tour links wie rechts fortsetzen. Rechts geht es leicht bergab Richtung **Ober Friteren (6)**, 1480 m, wo wir auf den scharfen Linksabzweig nach Nussbüel achten. Dieser schöne Naturpfad quert die bewaldeten Flanken insgesamt leicht abwärts und kommt kurz vor **Nussbüel (7)**, 1263 m, wieder ins Freie. Hier empfängt uns ein nettes Beizli. Auf breiter Trasse wandern wir anschließend noch eine knappe Stunde via Schleimen, Laui und Rietberg zurück nach **Braunwald (1)**.

**7.20 Std.**

# Ortstock, 2717 m

**11**

## Der Hausberg von Braunwald – mit Übergang zur Glattalp

*Wie ein Wächter erhebt sich der Ortstock über der schmucken Höhensiedlung Braunwald und verleiht der »Sonnenterrasse des Glarnerlandes« damit ein unverwechselbares Kulissenbild. Eine solch schillernde Gipfelpersönlichkeit wird natürlich auch gern bestiegen, obwohl es sich schon um eine ausgewachsene Bergtour handelt. Das mehrfach abgestufte Gelände bietet dabei viel Abwechslung, und die Aussicht verdient bei klarem Wetter gewiss alle Sterne. Wer nicht auf gleichem Weg nach Braunwald zurückkehren möchte, kann auch Richtung Glattalp absteigen und tags darauf den Übergang über das Märenplateau zum Urnerboden absolvieren (siehe Tour 12).*

**Ausgangspunkt:** Braunwald, 1256 m, autofreies Bergdorf mit Standseilbahn von Linthal.

**Anforderungen:** T4. Viel Steilschutt beidseits des Furggele und auch am Gipfelsteig; dort zudem eine kleine Felsbarriere als Schlüsselstelle. Trittsicherheit unbedingt notwendig, auch schon am ausgesetzten Bärentritt (Sicherungen). Bei Firnfeldern zusätzliche Gefahrenmomente, daher besser erst ab Hochsommer und ggf. Steigeisen verwenden. Gute Kondition obligatorisch.

**Höhenunterschied:** Etwa 1600 Hm ab

*Wie aus dem Bilderbuch: die Alp Bräch mit dem Ortstock als Hintergrundkulisse.*

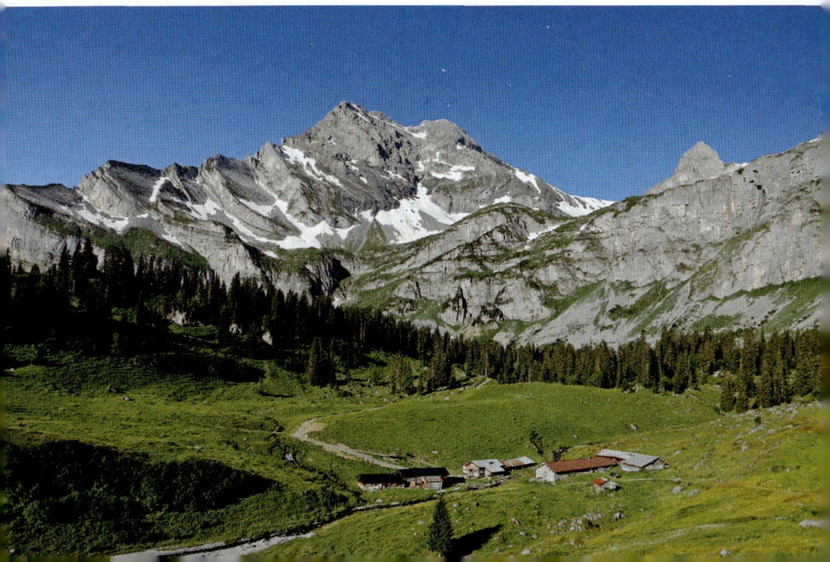

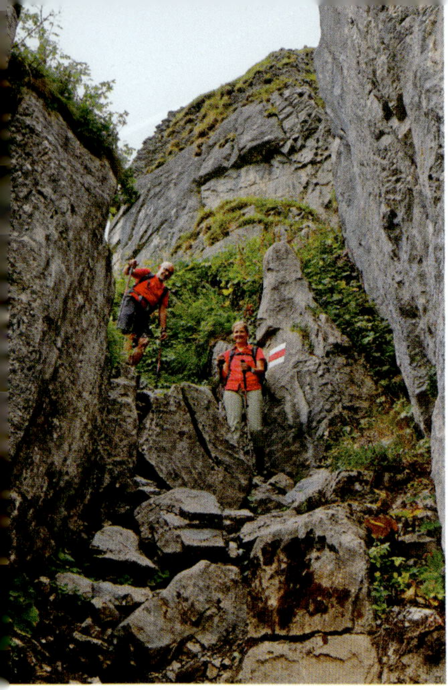

*Die Passage am Bärentritt verlangt Trittsicherheit.*

Braunwald, 960 Hm Abstieg zur Glattalp.
**Einkehr/Unterkunft:** Glattalphütte, 1895 m, Anfang Juni bis Ende Oktober, Tel. +41 41 8301939. In der Nähe das Berggasthaus Glattalp, Tel. +41 41 8301204.
**Beste Jahreszeit:** Juli bis September, bei guten Verhältnissen eventuell noch Oktober.
**Variante:** Beim Abstieg auf derselben Route nach Braunwald ergibt sich eine Gesamtgehzeit von 8 Std.

Aus dem Zentrum von **Braunwald (1)**, 1256 m, zunächst in Richtung der Bergbahn zum Grotzenbüel und weiter auf der hangparellelen, breiten Trasse bis **Guflen (2)**, wo bei P. 1278 ein Bergweg abzweigt. Bald in den Waldgürtel hinein, vorerst schräg links, dann mit einer Reihe von Kehren bis auf den Alpbalkon von **Bräch (3)**, 1600 m, wo man den Oberstafel wenige Meter rechts liegen lässt. Den Karrenweg zum Bergetenseeli verlassen wir in Bälde und nähern uns auf Schuttpfad dem linken Teil der Legerwand. Diese wird jetzt mit einem Linksknick über ein schrofiges Band sowie durch eine Art Rinne (Sicherungen) überwunden – der sogenannte **»Bärentritt«**. Nach einigem Hin und Her über grasige Absätze gelangen wir zum Ausstieg am **Lauchboden (4)**, 2010 m, und haben damit die erste größere Hürde genommen. Es öffnet sich ein ganz ebener Weidegrund, der zuhinterst ins oft bis in den Sommer hinein schneebedeckte Euloch aufschließt. Die Firn- bzw. Schuttfelder leiten zu einer hohen Flanke aus bröseligem Material, die auf Steigspuren bis ins **Furggele (5)**, 2394 m, erstiegen wird. Hier setzen wir den Gipfelaufstieg am ebenfalls schuttreichen Nordwestrücken fort. Die Spuren sind nun recht gut begehbar, werden allerdings einmal kurz durch eine felsige Schichtstufe unterbrochen (ein paar Meter Kletterei an einer Kette). Anschließend wie gehabt weiter und zuletzt

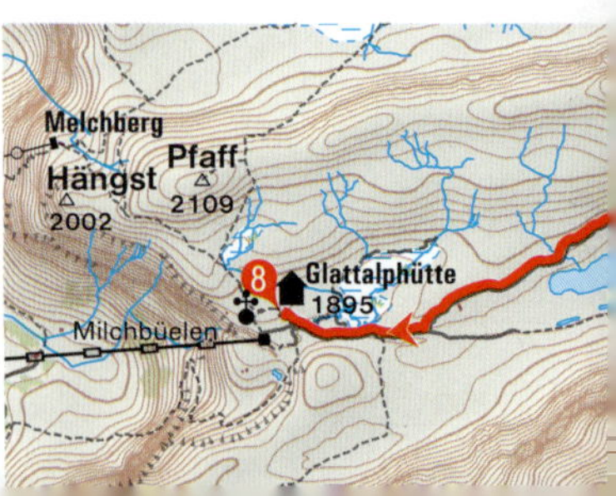

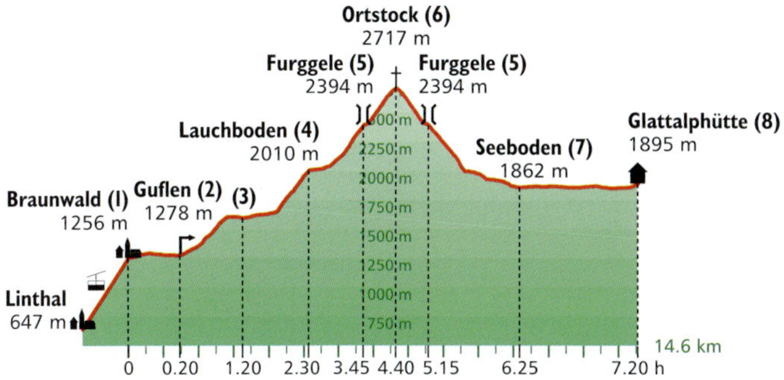


deutlich abflachend zum Gipfel des **Ortstocks (6)**, 2717 m.
Zurück am **Furggele (5)** besteht die Möglichkeit eines westseitigen Abstiegs zur Glattalp. Auch dabei tritt eine Weile steiler Grus auf – im Abstieg für den Trittsicheren allerdings kein übermäßiges Problem. Später geraten wir vorübergehend in etwas gröberen Blockschutt und kommen über eine Geländeschwelle allmählich in den begrünten Teil des Hochtals. Die Route flacht deutlich ab und führt zum **Seeboden (7)**, 1862 m. Der große Glattalpsee kann nun beidseitig passiert werden – normalerweise geht man rechts entlang und erreicht auf breitem Weg zunächst das Berggasthaus und 10 Minuten später die etwas erhöht auf einem Buckel gelegene **Glattalphütte (8)**, 1895 m, des SAC.

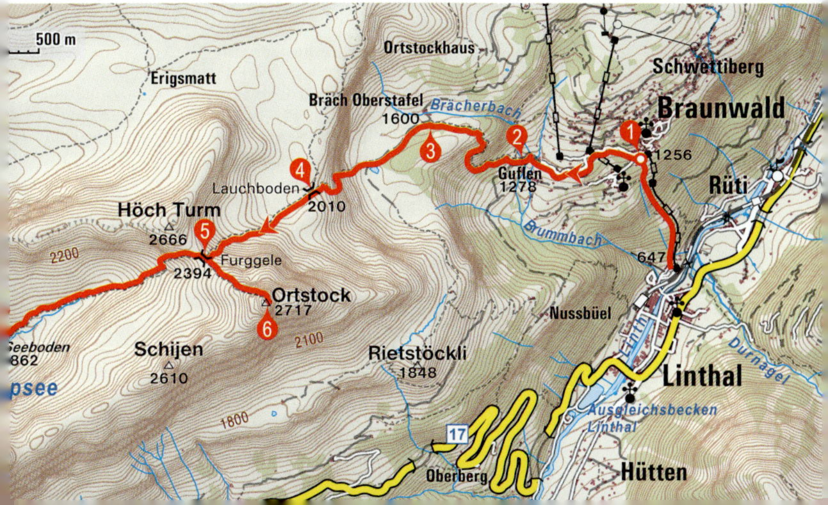

# 12 Über die Mären, 2304 m

4.15 Std.

### Von der Glattalp zum Urner Boden

*Die Glattalp befindet sich im Kanton Schwyz und gehört damit eigentlich nicht mehr ganz zum Einzugsgebiet dieses Führers. Aber so streng wollen wir es nicht halten, denn nach einer Ortstock-Überschreitung lernen wir hier einen wunderschönen Bergwinkel kennen und haben anschließend die Möglichkeit eines spannenden Übergangs Richtung Urner Boden. Dabei liegt das Plateau der Mären im Weg – ein typischer Karststock, der mit interessanten Detailstrukturen und einem seltsam melancholischen Flair aufwartet. Gute Sichtbedingungen sollten allerdings herrschen.*

**Ausgangspunkt:** Glattalphütte, 1895 m. Erreichbar in wenigen Minuten von der Bergstation der Luftseilbahn aus dem hinteren Bisistal (Zufahrt von Schwyz via Muothatal). Oder wie in Kapitel 11 beschrieben als Etappenziel der Ortstock-Tour.

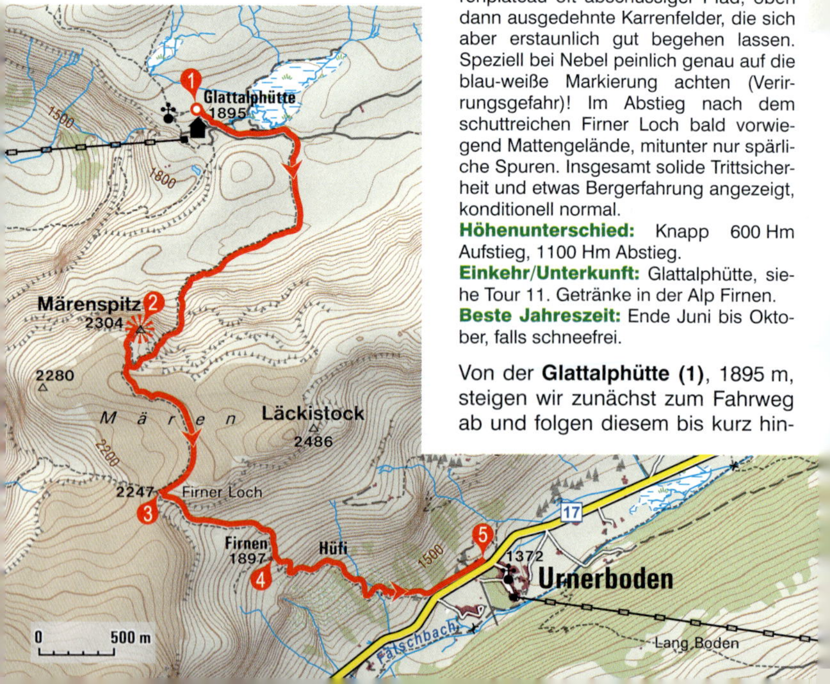


**Endpunkt:** Urnerboden, 1372 m, an der Klausenpassstraße. Von dort verkehrt das Postauto nach Linthal.

**Anforderungen:** T3+. Hinauf zum Märenplateau oft abschüssiger Pfad, oben dann ausgedehnte Karrenfelder, die sich aber erstaunlich gut begehen lassen. Speziell bei Nebel peinlich genau auf die blau-weiße Markierung achten (Verirrungsgefahr)! Im Abstieg nach dem schuttreichen Firner Loch bald vorwiegend Mattengelände, mitunter nur spärliche Spuren. Insgesamt solide Trittsicherheit und etwas Bergerfahrung angezeigt, konditionell normal.

**Höhenunterschied:** Knapp 600 Hm Aufstieg, 1100 Hm Abstieg.

**Einkehr/Unterkunft:** Glattalphütte, siehe Tour 11. Getränke in der Alp Firnen.

**Beste Jahreszeit:** Ende Juni bis Oktober, falls schneefrei.

Von der **Glattalphütte (1)**, 1895 m, steigen wir zunächst zum Fahrweg ab und folgen diesem bis kurz hin-

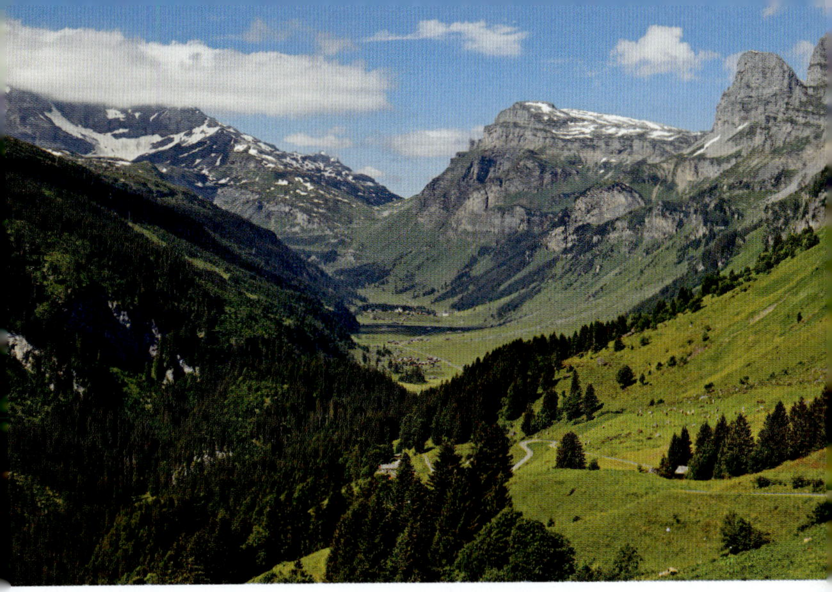

*Das Hochtal des Urner Bodens schließt Richtung Klausenpass auf.*

ter das Berggasthaus, um dort nach rechts auszuscheren. Über einen seichten Geländeriegel auf den lang gestreckten Schafboden, den wir in Westrichtung beschreiten, ehe es links haltend in die Stränzenbänder hinaufgeht. Das schrofige Terrain kann bei Nässe etwas heikel sein. Die Route zieht in den düsteren Geländetrichter der Inner Brüelchälen, wo nun grober Schotter auftritt, weiter oben eventuell auch Schneefelder, die schattseitig lange überdauern. Eine Kraxelpassage leitet rechtsseitig schließlich zum Ausstieg auf das Märenplateau. Es lohnt sich der fünfminütige Abstecher zum Aussichtspunkt **Märenspitz (2)**, 2304 m, bevor wir die Überschreitung in die andere Richtung fortsetzen. Die zuverlässige blau-weiße Markierung leitet über eine Anhöhe hinweg und in geschickter Linienführung über die ausgedehnten,

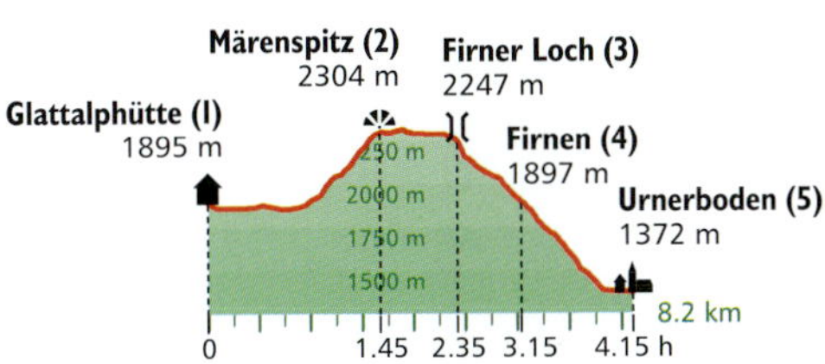

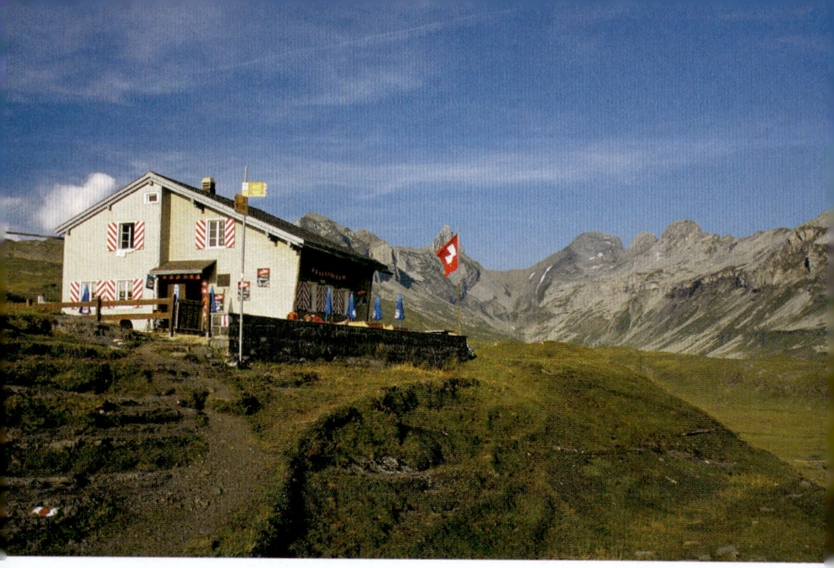

*In der Glattalphütte beziehen wir Quartier.*

wasserzerfressenen Schratten der Hochfläche. Dabei vollzieht man ohne größere Höhenunterschiede einen deutlichen Bogen. Später zeigt sich der steinige Untergrund zunehmend von Grasflecken durchsetzt. Wir kommen zum Einstieg ins **Firner Loch (3)**, 2247 m, einer ähnlichen Geländekehle wie zuvor in der Inner Brüelchälen, wenn auch nicht ganz so ruppig. Die Schuttspur läuft zu einem Boden aus, schlängelt sich an einigen Blöcken vorbei und geht dann vollends in grasiges Terrain über. Obwohl es hier ein wenig undeutlich wird, kommt man ohne besondere Hindernisse hinab nach **Firnen (4)**, 1897 m. Unterhalb durch eine Engstelle auf gutem Weg tiefer und dann schräg links zum Absatz mit der Alp Hüfi, 1713 m. Durch eine offene Wiesenschneise schraubt sich der Steig in vielen kleinen Kehren talwärts, ehe wir schließlich an der Klausenpassstraße bei einem Wirtschaftsgebäude herauskommen. Bis ins Dorf **Urnerboden (5)**, 1372 m, verbleiben dann noch wenige Gehminuten.

*Wasserzerfressener Kalk prägt das Hochplateau der Mären.*

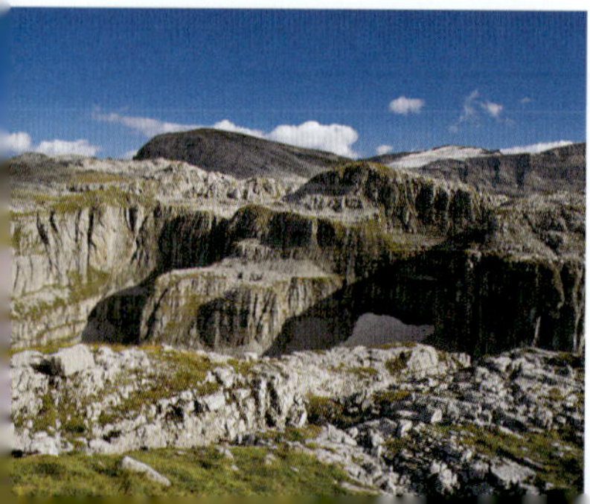

7.15 Std.

# Gemsfairenstock, 2971 m

13

## *Auf einen Fast-Dreitausender vor Tödi, Clariden und Co.*

*Dank der Seilbahn von Urnerboden zum Fisetengrat avanciert der Gemsfairenstock zu einem der meistbestiegenen Gipfel der Glarner Hochalpen. Es gibt zwar keinen offiziell bezeichneten Weg, aber doch steigähnliche Verhältnisse. Mit dem Eis des Langfirns kommt man heutzutage nicht mehr in Berührung, was aus dem einstigen Hochtourenziel eher einen Wanderberg gemacht hat. Wer allerdings der großzügigen Abstiegsoption folgt, traversiert immerhin noch ein Stück weit den flachen Claridenfirn. Man schlägt dann einen großen Bogen um das Massiv, von dessen Scheitel man zuvor imposante Landschaften geschaut hat, kehrt zwischendrin in der Claridenhütte ein und vergnügt sich noch die eine oder andere Stunde am Höhenweg zurück zum Fisetengrat.*

**Ausgangspunkt:** Bergstation Fisetengrat, 2010 m, der Luftseilbahn von Urnerboden. Betriebszeiten von 7 bis 18 Uhr (Juni bis September) bzw. 8 bis 17 Uhr (Oktober bis Mai), Tel. +41 55 6431505.
**Anforderungen:** Maximal T4. Nur mit Steinmännchen signalisierte Normalroute, hauptsächlich im Schuttgelände (im Frühsommer meist noch Schneefelder), ohne Kletterstellen. Auf der Abstiegsroute steiler Bröselhang und spaltenlose Gletschertraverse, danach Blockschuttpfad und schließlich normaler Bergweg. Trittsicherheit und grundlegende Alpinerfahrung nötig, für Geübte mit ausreichender Kondition aber gut beherrschbar.
**Höhenunterschied:** 970 Hm bis Gipfel, etwa 250 Hm Gegenanstiege via Claridenhütte; insgesamt gut 1200 Hm.
**Einkehr/Unterkunft:** Claridenhütte, 2453 m, Mitte Juni bis Anfang Oktober, Tel. +41 55 6433121.
**Beste Jahreszeit:** Juli bis September.

Nachdem uns die kleine Gondel zur Bergstation **Fisetengrat (1)**, 2010 m, hinaufgetragen hat, erreichen wir mit wenigen Schritten den **Fisetenpass**, 2033 m, und orientieren uns dort nach rechts. Der Weg zum Klausenpass wird allerdings bereits direkt hinter dem Gatter verlassen. Stattdessen folgen wir einem unbezeichneten, aber deutlich ausgeprägten Pfad, der knapp unterhalb der Gratlinie durch die grasigen und später schrofigen Hänge schräg aufwärtszieht. Nach einer Weile kennzeichnen Steinmannli die Route. Ab etwa 2400 Meter Höhe wandelt sich der Untergrund allmählich zugunsten von Schutt. Eine Felsbarriere wird

*Lockeren Schrittes geht es am Fisetenpass los.*

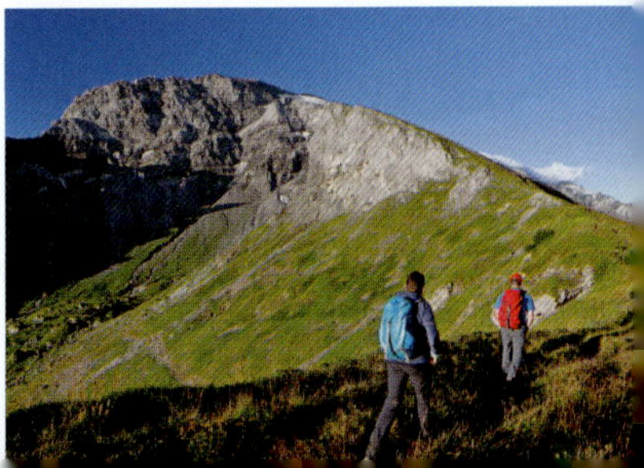

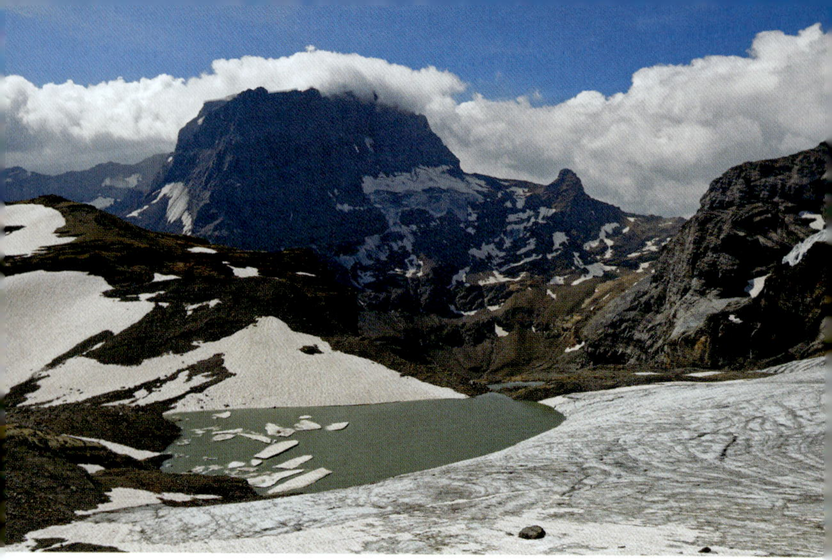

*Mit dem Tödi im Blick queren wir ein Stück weit den Claridenfirn.*

geschickt über einen bandartigen Durchschlupf ausgetrickst – anschließend weiter in typischen Blockschuttfluren diagonal gen Südwesten. Man nähert sich dem Langfirn, ohne allerdings das Eis selbst zu betreten. In den felsdurchsetzten Zonen rechts davon existieren teilweise verzweigte Durchstiegsmöglichkeiten. Am besten schließen wir dann zur Kammhöhe beim **Gemsfairenjoch (2)**, 2846 m, auf und gehen von dort den Westgrat an. Dieser präsentiert sich eher als gutmütiger Schuttrücken, sodass man weiterhin steigähnlich bis zum höchsten Punkt am **Gemsfairenstock (3)**, 2971 m, vorankommt.

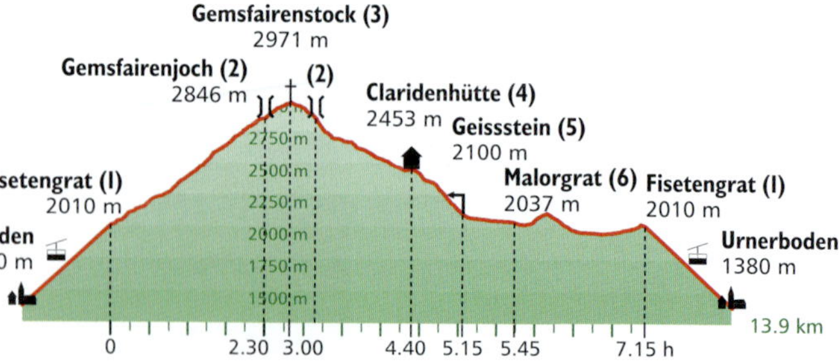

Für die Abstiegsvariante zunächst zurück zum Gemsfairenjoch, wo wir uns in die Südseite wenden. Steig- und Rutschspuren leiten im abschüssigen Bröselgelände (Vorsicht!) hinab zum Ansatz des Claridenfirns. Aus dessen nördlicher Bucht erfolgt die Traverse nach links auf relativ hoher Linie. Wir müssen dann auf den Beginn der blau-weißen Markierung im aperen Gelände achten. Dort nimmt uns bald eine passable Pfadspur auf, die ohne größere Hindernisse durch die Blockschuttfluren bergab führt. Erst später wird ein kleiner Felsriegel bewältigt (Bügel), um in die Mulde vor der **Claridenhütte (4)**, 2453 m, zu gelangen.
Vom Standort auf dem Altenorenstock geht es über ein diagonales Band in den nächsttieferen Kessel und über die Schwelle weiter abwärts. Es folgen zahlreiche Kehren, ehe sich bei P. 2100 nahe der Flurbezeichnung **»Geissstein« (5)** der Weg gabelt. Wir wählen linker Hand den quer durch die Flanken des Rotstocks ziehenden Höhenweg und übersteigen später die markante Rippe des **Malorgrates (6)**, 2037 m, an einer unschwierigen Stelle. Nun ein Stück weit durch üppig bewachsene Hänge. Um über die Abbrüche der Fritterhoren hinwegzukommen, muss nochmals kräftig angestiegen werden. Schließlich gilt es den ganzen Fisetenkessel im Bogen auszugehen, bevor die letzte kleine Gegensteigung zum **Fisetenpass** leitet. Wenige Schritte dahinter befindet sich die Seilbahnstation **(1)**.

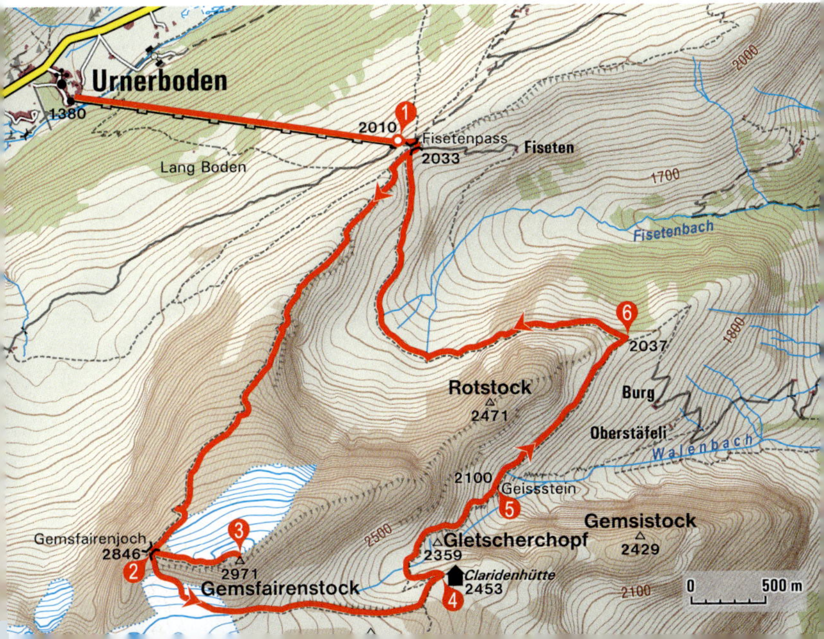

# 14 Chamerstock, 2149 m, und Clariden-Höhenweg

**4.30 Std.**

### Warum der Urner Boden nicht zu Glarus gehört

*Als äußerster nordöstlicher Ausläufer springt der Chamerstock wie ein mächtiger Bug gegen das hintere Glarner Tal vor und bietet entsprechend fulminante Ausblicke. Dabei ist die Wanderung über den harmlosen, grasigen Fisetengrat mit Seilbahnunterstützung nicht mehr als eine Spritztour und entsprechend beliebt. Wer den Tag noch halbwegs füllen möchte, kann im Anschluss den Clariden-Höhenweg Richtung Klausenpass unter die Sohlen nehmen. Dieser führt über die Hanglagen von Gemsfairen bis unter die ehedem eisgepanzerte Nordwand des Clariden und setzt die gegenüberliegende Kette der Jegistöcke sowie den wuchtigen Plateaustock der Glatten in Szene. Interessant, dass die Talschaft des Urner Bodens, übrigens die größte Alp der Schweiz, topografisch zwar dem Glarnerland zugewandt ist, politisch aber, wie der Name schon sagt, zu Uri gehört. Bereits 1315 wurde die Grenze nach anhaltenden Streitigkeiten festgelegt. Eine Sage erzählt, dass ein Wettlauf zur Entscheidung ausgerufen wurde. Beim ersten Hahnenschrei sollte jeweils ein Läufer von Altdorf sowie von Linthal aus starten, und wo sie sich träfen, käme fortan der Grenzstein zu liegen. Während die Glarner ihr Federvieh am Vorabend mit allerlei Köstlichkeiten mästeten, ließen die Urner ihren auserwählten Hahn darben. Und so begann dieser vor Hunger bereits kurz nach Mitternacht zu krähen, während der satte Glarner Güggel bis in die Morgenstunden schlief. Der Urner Läufer vermochte seinen Vorsprung zu nutzen und traf seinen Glarner Rivalen schließlich erst weit östlich der Passhöhe.*

**Ausgangspunkt:** Bergstation Fisetengrat, 2010 m, der Luftseilbahn von Urnerboden. Betriebszeiten von 7 bis 18 Uhr (Juni bis September) bzw. 8 bis 17 Uhr (Oktober bis Mai), Tel. +41 55 6431505.

**Endpunkt:** Klausenpass, 1948 m. Mit dem Postauto zurück nach Urnerboden.

**Anforderungen:** T1–2 am Chamerstock, bis T2–3 zum Klausenpass. Zumeist leichte Bergwanderwege, am Clariden-Höhenweg jedoch vereinzelte abschüssigere Passagen, die elementare Trittsicherheit erfordern. Gemäßigtes Tagesprogramm.

*Der Fisetengrat am Chamerstock gilt als Genusswanderung.*

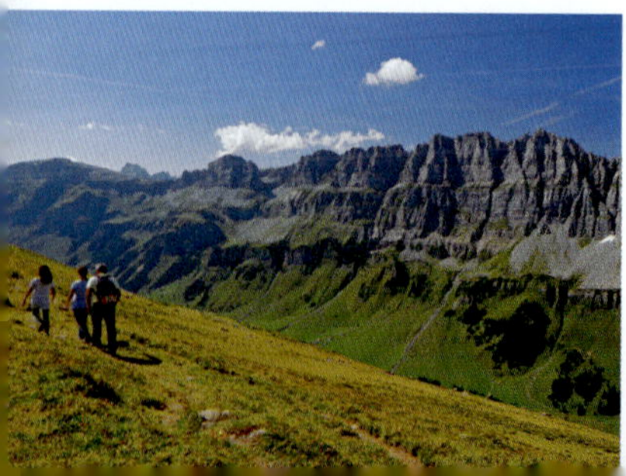

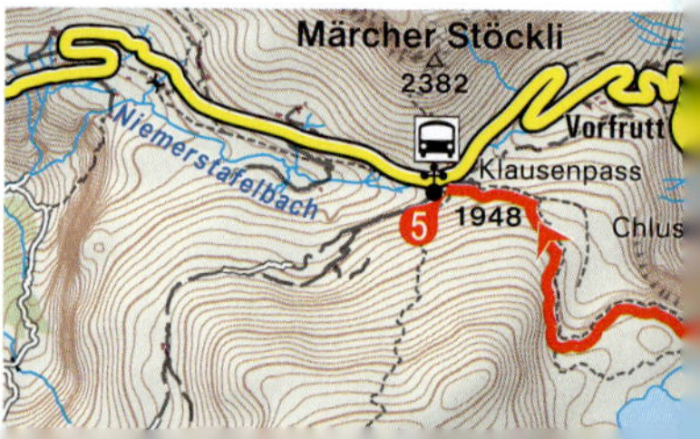

**Höhenunterschied:** Etwa 500 Hm Aufstieg, 560 Hm Abstieg. Nur Chamerstock ca. 150 Hm.
**Einkehr:** Kiosk-Restaurant Klausenpass.
**Beste Jahreszeit:** Juni bis Oktober.

Von der **Bergstation (1)** steigen wir kurz zum **Fisetenpass (2)**, 2033 m, auf und folgen dann leicht ansteigend dem gesamten Fisetengrat. Dabei bewegen wir uns auf der zahmeren, grasbewachsenen Nordabdachung, während uns zum Abbruch hin ein Weidezaun begleitet. Ab und zu stehen Rastbänke – die letzte unweit von P. 2149 **(3)**, wo ein Steig in den Nordhang abdreht. Wer mag, kann auch noch den vorgeschobenen P. 2123 am **Chamerstock** aufsuchen, um dort den besten Tiefblick zu genießen.
Zurück am **Fisetenpass (2)** nehmen wir in Grundrichtung West den Clariden-Höhenweg auf. Die Route gewinnt bei der folgenden Traverse zunächst ein paar Meter und fällt dann beim Hasentrittli kurzzeitig

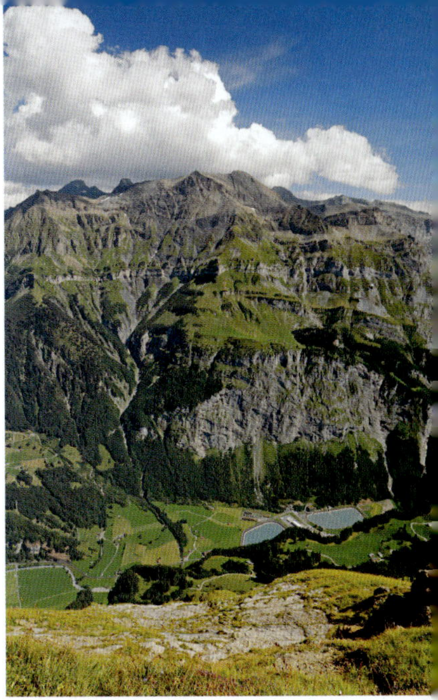

*Am Chamerstock ergibt sich ein Tiefblick in den Glarner Talschluss bei Tierfehd.*

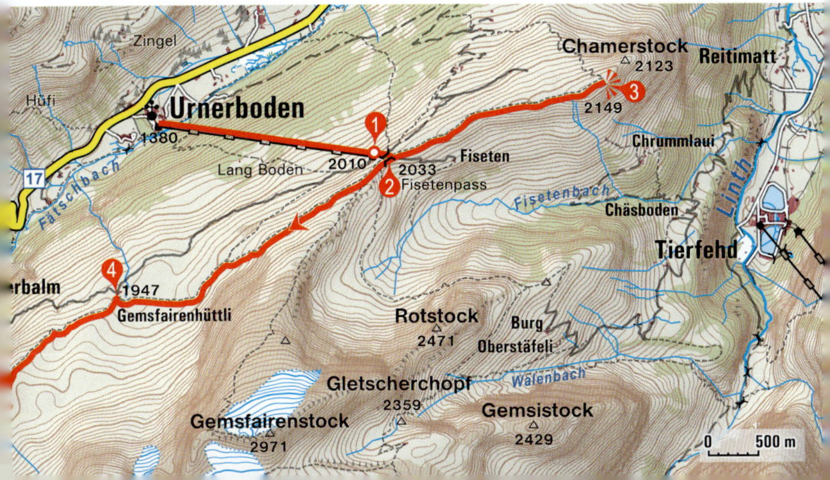

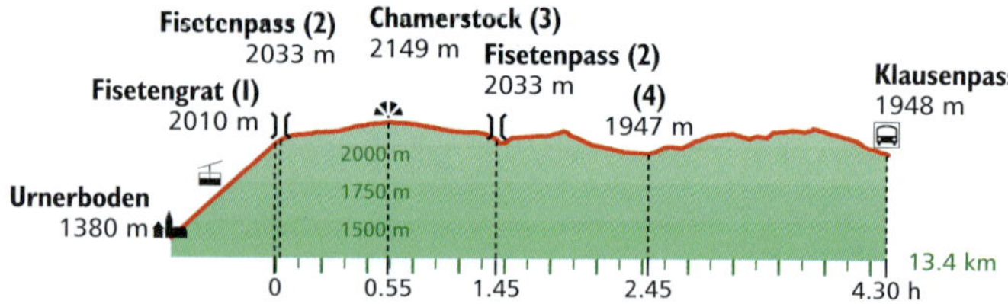


steiler ab (Ketten). Man kommt in die Geröll- und Schwemmebene des Gemsfairenbodens voran und wendet sich beim **Gemsfairenhüttli (4)**, 1947 m, mit dem oberen Weg wieder etwas bergauf. Im Bereich des Griessbödemli um diverse Buckel herum und oberhalb einer Felsfluh vorbei, die im Halbrund in die Chlus abbricht. Das Ausgehen des Schuttkessels in Falllinie der Clariden-Nordwand, wo auch ein stattlicher Gletschersee eingebettet liegt, bringt uns mit einer Bachkreuzung zum sogenannten Firnband. Dahinter dreht die Route nordwärts ab, führt knapp oberhalb des Claridenbödemli entlang und senkt sich schließlich über Weidegelände zum **Klausenpass (5)**, 1948 m, ab.

*Steilpassage am Clariden-Höhenweg.*

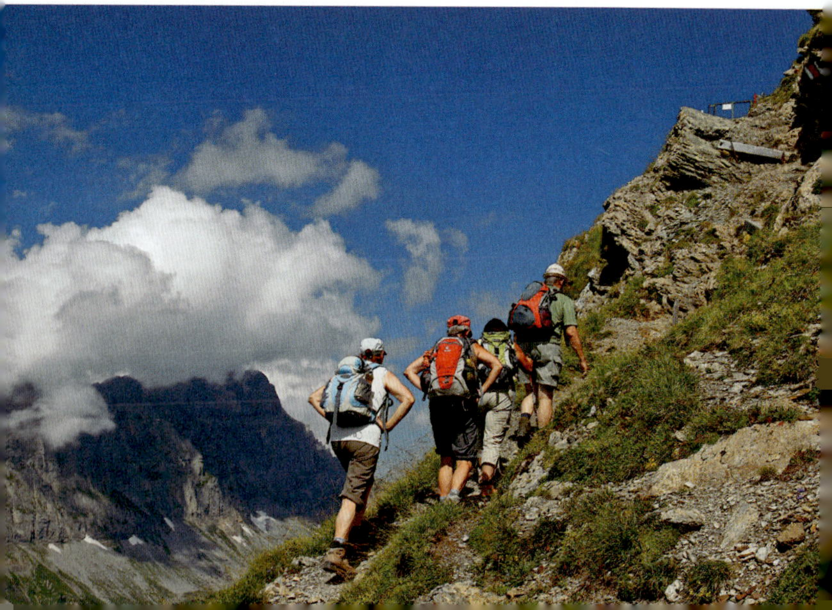

8.45 Std.

# Fridolinshütte, 2109 m, und Planurahütte, 2940 m

15 TOP

## Zwei Hütten im Bannkreis des Tödi

*Mit dieser Bergwanderung dringen wir ins Herz der Glarner Hochalpen vor. Die Fridolinshütte geht schon voll auf Tuchfühlung mit dem Tödi, dem ganzen Stolz der Glarner, wie man beim Anmarsch durch das trogartig eingeschnittene Hochtal Sand bestens nachvollziehen kann. Noch viel weiter oben hat die Planurahütte ihren Platz, umgeben von Gletschern und Graten: das entlegenste Schutzhaus der gesamten Glarner Alpen und ein echtes Bergsteigernest!*

**Ausgangspunkt:** Tierfehd, 806 m, im Talschluss der Linth. Zufahrt von der Ortschaft Linthal, ohne Postautoanschluss. Es verkehrt aber ein Wandertaxi bis Hinter Sand, Tel. +41 79 2975555.
**Anforderungen:** T2 bis Fridolinshütte, fast T4 zur Planurahütte. Bis Hinter Sand Fahrweg, anschließend normaler, hindernisloser Bergweg zur Fridolinshütte. Fortsetzung zur Planurahütte nach oben hin hochalpiner Charakter mit Schutt und Felsschliffen, je nach Verhältnissen auch Schneefeldern. Entsprechende Erfahrung, Trittsicherheit und gute Kondition erforderlich.
**Höhenunterschied:** Bis Fridolinshütte 1300 Hm Aufstieg. Weitere 1100 Hm bei etwas Zwischenabstieg zur Planurahütte.
**Einkehr/Unterkunft:** Fridolinshütte, 2109 m, Juli und August durchgehend, Juni und September auf Anfrage, Tel. +41 55 6433434. Planurahütte, 2940 m, Ende Juni bis Mitte September, Tel. +41 55 8851665 oder +41 79 4055112.
**Beste Jahreszeit:** Juli bis Mitte September.
**Tipp:** Wer im Schweiße seines Angesichts schon die Höhe der Planurahütte gewonnen hat, sollte schließlich auch den Abstecher auf den Hausberg namens Piz Cazarauls, 3061 m, nicht verpassen. Nach der ersten ausgesetzten Traverse begeht man einen harmlosen Schuttrücken bzw. -grat und hat nach 40 Min. einen Dreitausender mit großartigem 360-Grad-Panorama eingeheimst.
**Hinweis:** Wegen akuter Felssturzgefahr ist der direkte Weg zwischen Hinter Sand und Ober Sand bis auf Weiteres gesperrt!

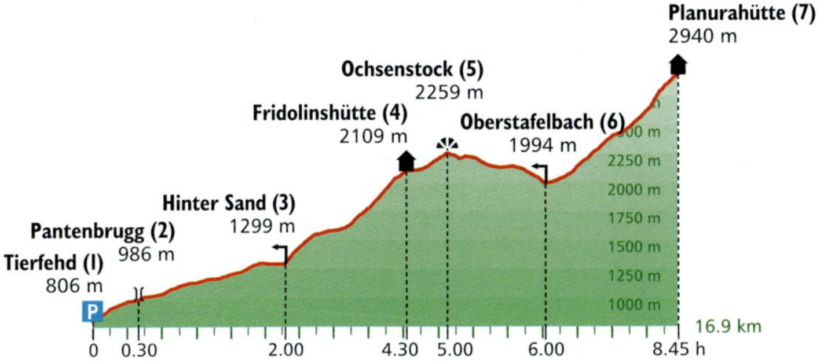

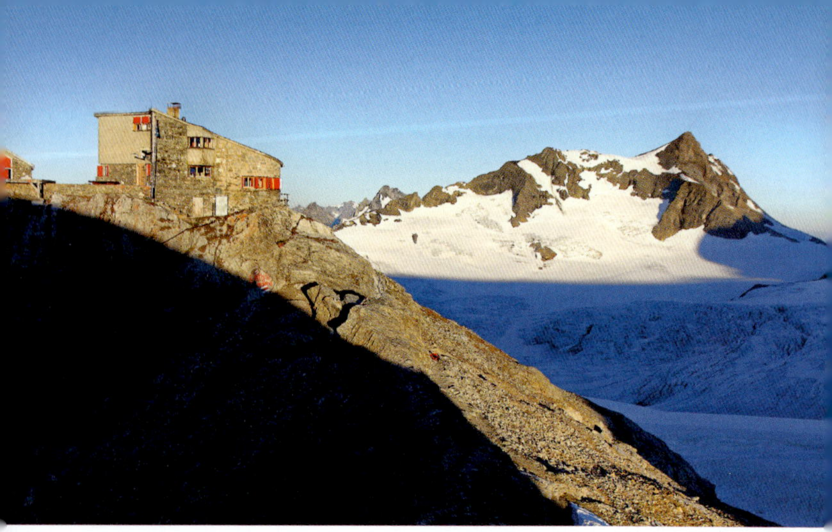

*Auf der Planurahütte erleben wir einen verheißungsvollen Tagesanbruch.*

Von **Tierfehd (1)**, 806 m, laufen wir uns auf der anfangs steilen Schottertrasse taleinwärts warm. Über die historisch bedeutsame **Pantenbrugg (2)**, 986 m, die eine tiefe Klamm überspannt, auf die linke Seite, kurz vor dem Abzweig zur Claridenhütte im Sandwald wieder nach rechts und später nochmals die Seite wechselnd. Mittlerweile ist auch der Tödi ins Blickfeld gelangt, während wir uns Vorder Sand nähern. Die Route führt ein Stück durch das jüngere Bergsturzareal und zum Beginn des eigentlichen Bergweges bei **Hinter Sand (3)**, 1299 m. Dieser windet sich über vegetationsreiche Hänge aufwärts und kreuzt bei P. 1556 die Klamm des Bifertenbachs. Weiter in den Kessel der Tentiwang und auf der rechten Seite an einer alten Moräne höher. Unser Weg dreht rechts in die Hangmulde der Ölplanggen ab, absolviert zahlreiche Kehren und erreicht linker Hand einen Absatz. Nach einer Bachtraverse treffen wir bei der **Fridolinshütte (4)**, 2109 m, ein.

Von hier zieht die Route im Bogen durch die Hänge des Bifertenalpeli und hinauf zur Kanzel am **Ochsenstock (5)**, 2259 m. Vorsicht beim Vortreten – zum Abbruch hin herrschen geologische Instabilitäten! Wir schwenken in die Nordseite ein,

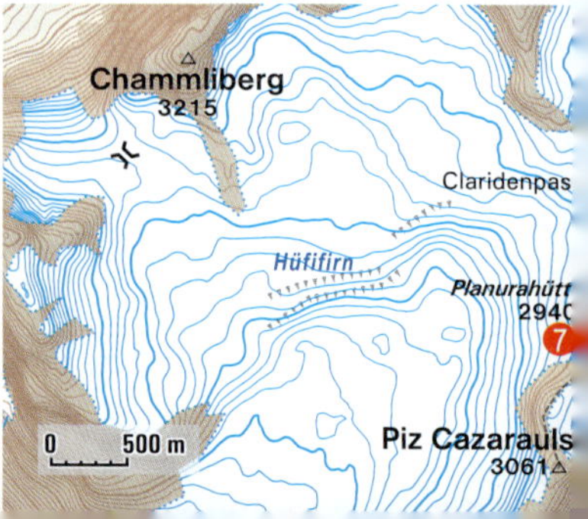

kommen zu einem kleinen Bachboden und überschreiten dessen Riegel schräg abwärts nach **Unter Röti**, wo sich bei P. 2151 die Verbindung zur hoch gelegenen Planurahütte abtrennt. Wir traversieren die teils von Geröllzungen bedeckten Hänge und verlieren bis zum Oberstafelbach **(6)**, 1994 m, noch etwas an Höhe. Am Sandpassweidli fädelt man dann in den alten Normalweg ein und nutzt diesen für das verbleibende, freilich noch sehr lange Bergauf. Die Hauptsteigung beginnt jetzt überhaupt erst. Wir lassen die grünen Alpgründe allmählich unter uns zurück und gelangen über zwei deutliche Abstufungen immer höher. Man orientiert sich auf die rechte Seite des Sandfirns und begeht damit quasi eine Rampe an den Flanken des Hinteren Spitzalpelistocks. Schuttpassagen, kompaktere Felsen und meist auch einige Schneefelder wechseln; Letztere können vor allem zu Beginn des Sommers noch ausgedehnt sein und den Hochtourencharakter unterstreichen. Schließlich nähern wir uns dem Hüttenfelsen und steigen die letzten Meter gesichert zur exponierten **Planurahütte (7)**, 2940 m, auf.

Der Rückweg muss ebenfalls wieder über die Fridolinshütte erfolgen (rund 6.30 Std. Gehzeit!), sofern man nicht bis zu den Alpmatten von Ober Sand wandert und dort bergwärts zur Beggilücke respektive Claridenhütte abdreht (siehe Tour 16). Ein Abstieg auf dem alten Hüttenweg von Ober Sand nach Hinter Sand wird derzeit als potenziell lebensgefährlich eingestuft und sollte unterlassen werden.

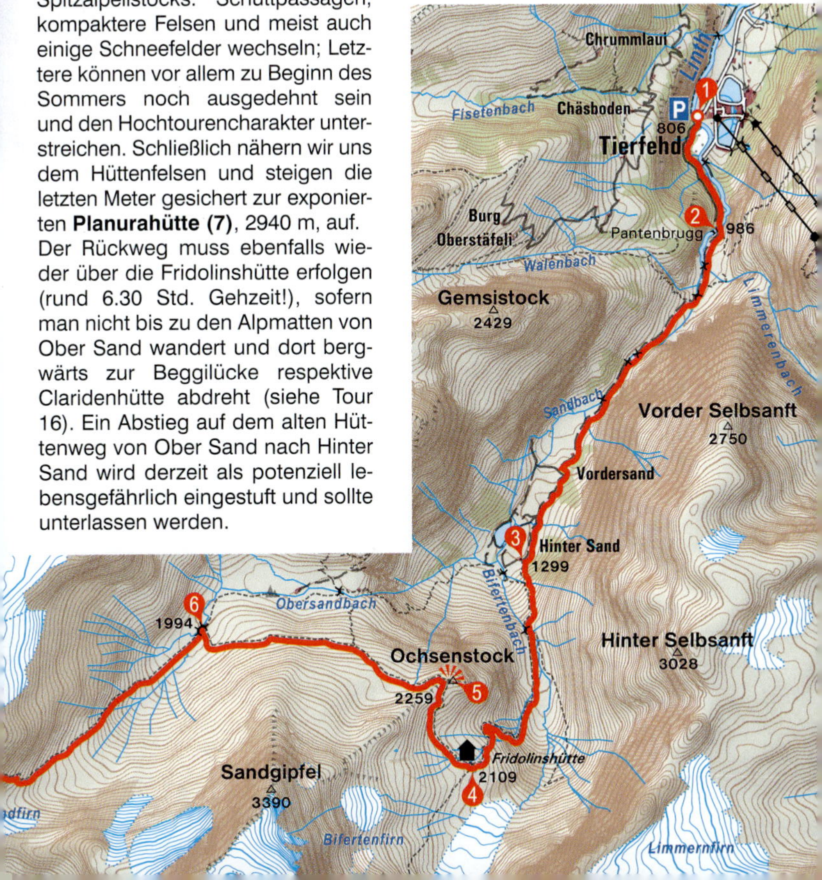

TOP **16**

# Von der Fridolinshütte zur Claridenhütte, 2453 m

**7.15 Std.**

## Über Ochsenstock und Beggilücke

*Die kürzlich sanierte und erweiterte Claridenhütte ist zwar mehr zu ihrem namengebenden Hausberg als zum Tödi ausgerichtet und erhält vor allem vom Fisetengrat her regelmäßig Besuch (vgl. Tour 13), doch für erlebnishungrige Wanderer bietet sich auch und gerade eine Kombination mit der im vorherigen Kapitel beschriebenen Tour zur Fridolinshütte an. Von dort lässt sich nämlich die bald liebliche, bald herbe Verbindung via Ochsenstock, Ober Sand und Beggilücke begehen und dabei reiche Eindrücke aus den Gefilden um Tödi und Trabanten sammeln. Wer auch die Planurahütte einbezieht, kann sogar ein viertägiges Hüttentrekking im Herzen der Glarner Alpen planen!*

**Ausgangspunkt:** Fridolinshütte, 2109 m. Erreichbar von Tierfehd bzw. Hinter Sand wie bei Tour 15 beschrieben.
**Endpunkt:** Tierfehd, 806 m, dementsprechend Ausgangspunkt bei Tour 15.
**Anforderungen:** T3. Normale Bergwege wechselnder Steilheit, manchmal etwas holprig oder bei Nässe auch glitschige Passagen, vor allem im Umfeld der Claridenhütte bis in den Sommer hinein Schneefelder. Schwierige Stellen sind bei elementarer Trittsicherheit nicht zu erwarten. Das Programm inklusive Zustieg zur Fridolinshütte kann in zwei oder mit mehr Muße auch in drei Tagen absolviert werden.
**Höhenunterschied:** 780 Hm Aufstieg und 440 Hm Abstieg von Hütte zu Hütte, anschließend noch 1650 Hm Abstieg ins Tal.
**Einkehr/Unterkunft:** Fridolinshütte, 2109 m, Juli und August durchgehend, Juni und September auf Anfrage, Tel. +41 55 6433434. Claridenhütte, 2453 m, Mitte Juni bis Anfang Oktober, Tel. +41 55 6433121.
**Beste Jahreszeit:** Ende Juni bis Mitte/Ende September.
**Variante:** Von der Beggilücke kann ein wegloser Abstecher zum Beggistock, 2635 m, erwogen werden.
**Hinweis:** Der direkte Weg zwischen Hinter Sand und Ober Sand ist aufgrund akuter Steinschlaggefahr bis auf Weiteres gesperrt!

Von der **Fridolinshütte (1)**, 2109 m, zieht die Route im Bogen durch die Hänge des Bifertenalpeli und hinauf zur Kanzel am **Ochsenstock (2)**,

*Die Claridenhütte wurde vor einigen Jahren erweitert.*

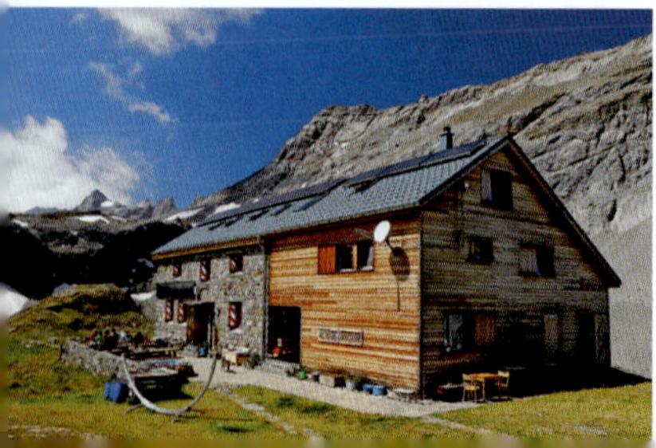

*Der Boden bei Ober Sand zählt zu den idyllischsten Winkeln der Tour.*

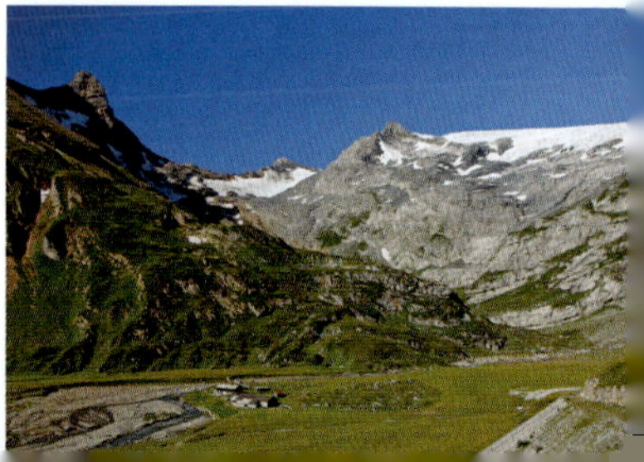

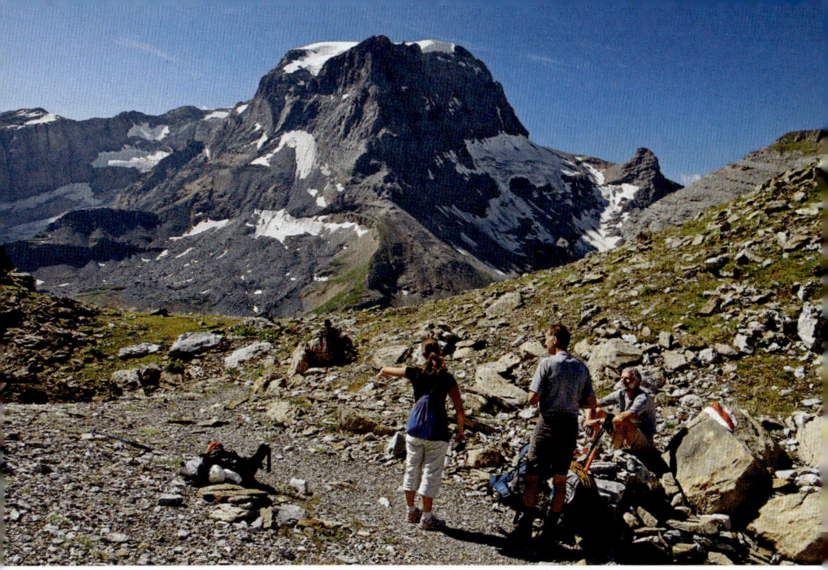

*Bei der Beggilücke können wir uns vom Traumblick auf den Tödi kaum losreißen.*

2259 m. Wir schwenken in die Nordseite ein, kommen zu einem kleinen Bachboden und überschreiten dessen Riegel schräg abwärts nach Unter Röti, wo sich bei P. 2151 die Verbindung zur hoch gelegenen Planurahütte abtrennt. Im Zickzack setzt sich der Zwischenabstieg bis in die Hochtalsohle von **Ober Sand (3)** fort. Bei P. 1927 überschreiten wir den starken Bach. Dahinter hält man sich halb links und steigt in die grasige, von einigen Felsen durchbrochene Flanke ein. Über die erste Schwelle zu einer Hochweide, ehe es durch den Kessel der Beggenen noch weit aufwärts geht bis in die zuletzt schuttbedeckte **Beggilücke (4)**, 2536 m. Jenseits in welligem Ödgelände

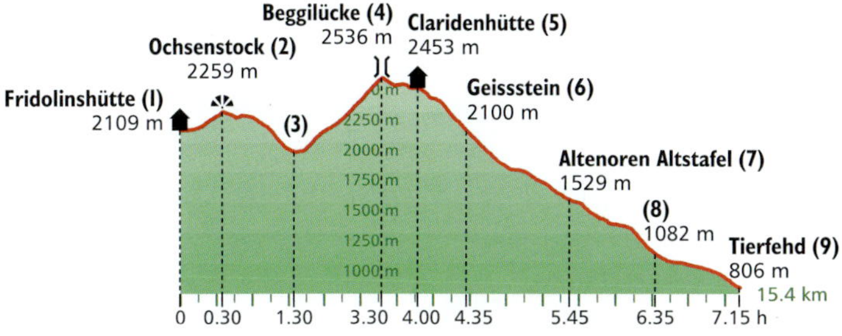

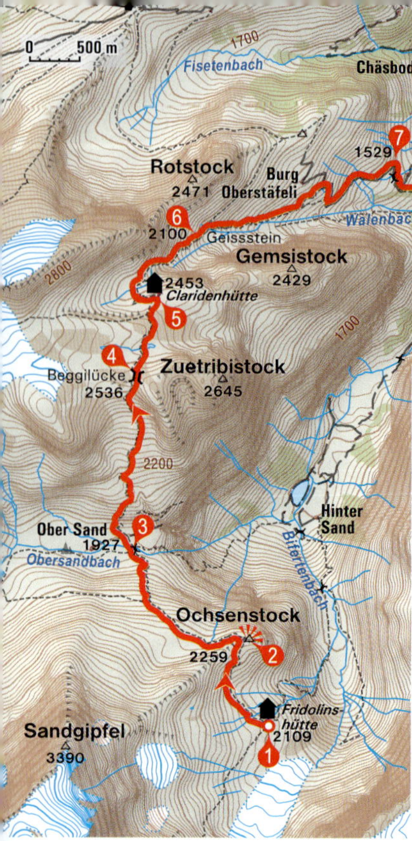


über Geröll und Schneefelder, zwischendurch ein paar Schratten, hinüber zur **Claridenhütte (5)**, 2453 m. Von dort treten wir die Rückkehr talwärts an und begeben uns in den nordseitig gelegenen Hangtrichter hinab (anfangs einzelne Drahtseile an einem Band). In Kehren tiefer zum sogenannten **Geissstein (6)**, 2100 m, wo eine Verbindung zur Seilbahn am Urnerboden abzweigt (vgl. Tour 13). Bei P. 1837 trennen sich die Direktroute, die auf der anderen Seite des Walenbachs abwärts zieht, und der bequemere Alpweg via Oberstäfeli und **Altenoren Altstafel (7)**, 1529 m. Dort nicht nach Linthal abdriften, sondern scharf rechts zu einem bewaldeten Rücken, wo wir in der Kehre P. 1501 den Fahrweg verlassen. Der dürftig ausgeprägte Pfad verlangt jetzt etwas Aufmerksamkeit. Er vollzieht später einen markanten Bogen und vereinigt sich bei der Walenbachbrücke wieder mit der Direktroute. Durch den Sandwald kehrenreich bis auf die Schotterstraße im Talgrund **(8)**, die uns ab P. 1082 schließlich zurück nach **Tierfehd (9)**, 806 m, bringt.

*Markante Zacken oberhalb der Claridenhütte.*

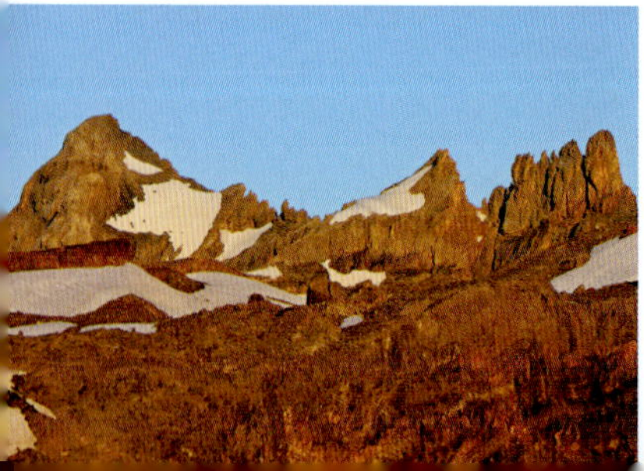

4.30 Std.

# Muttseehütte, 2499 m

17

## *Wo die »weiße Kohle« gefördert wird*

*Reliefenergie – dieser Begriff aus der Geografie wird im hinteren Glarnerland offenkundig, auch im Zusammenhang, was der Mensch damit anstellen kann. Eine langjährige Großbaustelle der Kraftwerke Linth-Limmern, die den Muttsee auf fast dreifaches Volumen ausgebaut und so die Leistungsfähigkeit des Pumpspeicherkraftwerks auf 1000 Megawatt gesteigert haben, bestimmte für etliche Jahre (bis 2015) das »Flair« dieser Tour zur Muttseehütte. Die beschriebene Abstiegsroute durch den Limmerenstollen war währenddessen sogar gesperrt. Nun sind die Arbeiter abgezogen und die Wanderer wieder unter sich. Scheinbar ungerührt stehen Selbsanft und Hausstock Kulisse.*

**Ausgangspunkt:** Bergstation Kalktrittli, 1860 m, der modernisierten Werkseilbahn von Tierfehd. Betriebszeiten zwischen Mitte Juni und Mitte Oktober täglich von 7 bis 18 Uhr, Tel. +41 55 2852408. Zufahrt zur Talstation von Linthal; Taxi unter Tel. + 41 79 4316666 oder +41 79 2975555.

**Anforderungen:** T3. Weitgehend gut angelegte, aber schon ziemlich alpine Bergwege. Im ausgesetzten Steilgelände am Kalktrittli einige Kettensicherungen; Trittsicherheit wichtig.

*Die Muttseehütte: eigenständiges Wanderziel und Durchgangsstation für einen Übergang via Kistenpass ins Bündnerland.*

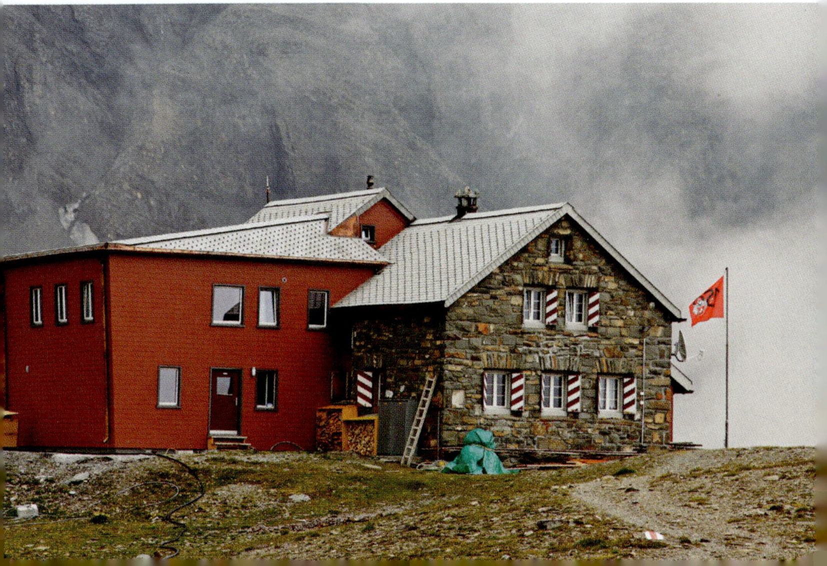

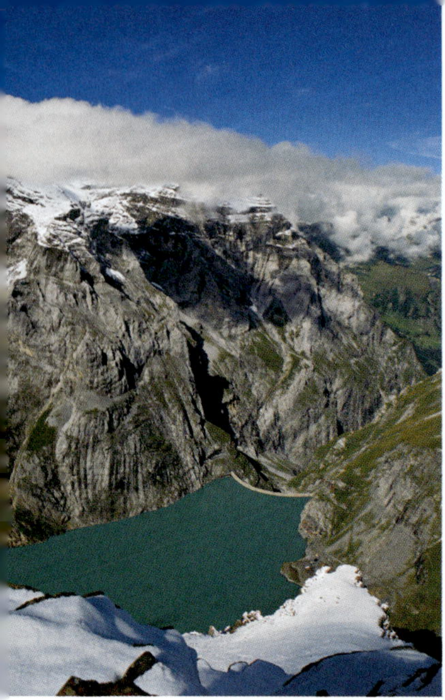

*Im tief eingeschnittenen Trog speichert der Limmerensee Energie.*

**Höhenunterschied:** Hin und zurück etwa 750 Hm. Optionaler Talabstieg zusätzlich 1060 Hm.

**Einkehr/Unterkunft:** Muttseehütte, 2499 m, Mitte Juni bis Mitte Oktober, Tel. +41 55 6433212.

**Beste Jahreszeit:** Zur Hüttenöffnungszeit.

**Varianten:**

1. Wer die Tour erweitern möchte, kann binnen 1.30 Std. Richtung Kistenpass aufsteigen: Von der Muttseehütte allerdings erst einmal über Schutt und Felsplatten leicht bergab in die östlich gelegene Hangmulde, dann durch die Halden der Latten schräg bergauf, später recht abschüssig (Vorsicht bei Schneefeldern). Man gelangt schließlich auf das Kistenband, wo sich die kleine Kistenpasshütte, 2714 m, unter einen Felsen duckt.
2. Talabstieg nach Tierfehd (2 Std.): Von Kalktrittli Richtung Ober Baumgraten, einen Graben queren und anschließend auf teilweise ausgesetzten Bändern in die Wiesenhangmulde bei Unter Baumgarten. Allmählich in den Wald, den Tobel des Wildwüestibachs nochmals kreuzen und hinunter zur Pantenbrugg. Schließlich auf Fahrweg talauswärts.

Zumal alle Zustiege aus den Tälern lang und beschwerlich ausfallen, liegt der obligatorische Start bei der Bergstation **Kalktrittli (1)**, 1860 m, erreichbar mit der Werksseilbahn der Linth-Limmern-Kraftwerke, die auch für den Wanderer zur Nutzung bereitsteht. Zunächst queren wir leicht auf und ab gen Süden, bevor es an felsdurchbrochenen Steilhängen windungsreich um einige Ecken aufwärtsgeht. Der Steig ist hier sehr gut ausgebaut, aber exponiert, weshalb die Kettensicherungen ihre Berechtigung haben. Nach einer Weile kommen wir auf einen Grasrücken und wandern nun durch sanfteres Gelände zur **Nüschenegg (2)**, 2230 m, mit Abzweig eines spärlichen Pfades nach Baumgarten, der zuletzt gesperrt war. Weiter in die zunehmend schuttig-karge Hangmulde des Nüschentäli hinein und im Hintergrund des Kars mit einem markanten Bogen nach rechts. Man ersteigt auf festgefügter Schuttspur die Flanken des Muttenwändli und erreicht im Zickzack eine Schulter auf rund 2570 Meter Höhe. Beeindruckend erhebt sich der Selbsanft auf der anderen Seite des abgrundtiefen Troges. Bis zur **Muttseehütte (3)**, 2499 m, verbleibt jetzt nur noch ein sanftes Abwärtsstück.

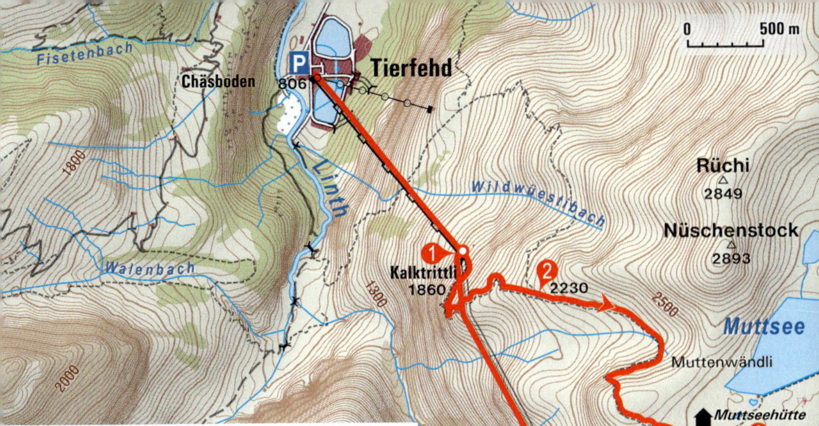


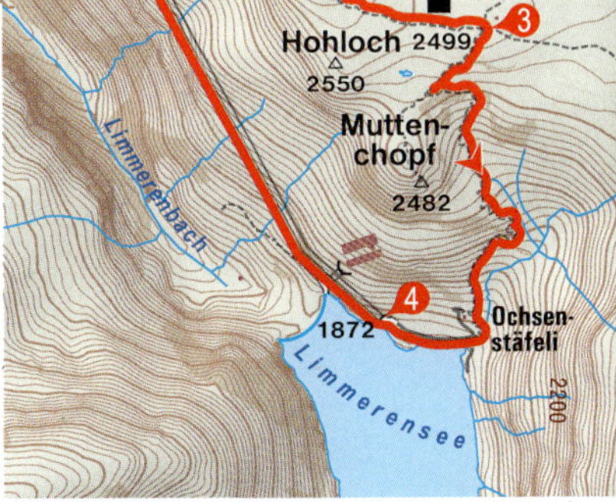

Für den Rückweg beginnen wir den Abstieg südwärts zur Abbruchkante in den Kessel von Mörtel. Der Durchstieg in der Fluh gelingt über ein nach links führendes felsiges Band. Im Kessel selbst windet sich der sanierte und verbreiterte Steig durch teils schuttreiches, teils erdiges Gelände weit hinab, steileren Hangpartien jeweils ausweichend. Wir kommen zur Örtlichkeit **»Ochsenstäfeli« (4)**, ca. 1872 m, in der Nähe des riesigen Limmerensees und treten nun in den langen Kraftwerkstollen ein. Rund drei Kilometer legt man im Innern des Berges zurück, ehe man bei **Kalktrittli (1)** wieder ans Tageslicht gelangt.

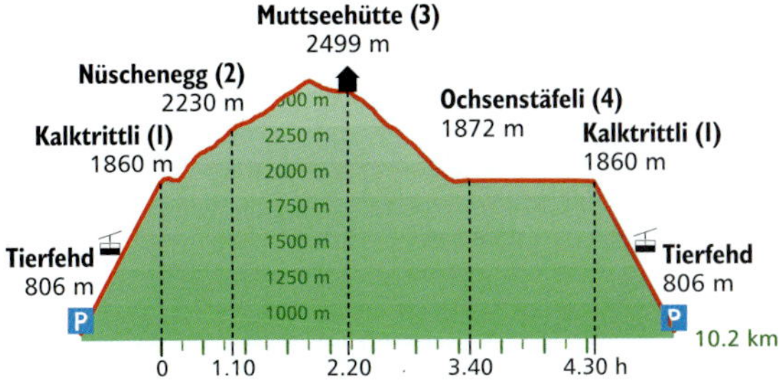

# 18 Gandstock, 2314 m

**5.00 Std.**

## *Stille Gipfeltour mit Umrundung im Freiberg Kärpf*

*Im nördlichsten Teil des Kärpfgebiets erheben sich die Gandstöck, deren höchster Punkt von Wanderern mit ein wenig Kraxeltalent durchaus erreichbar ist. Wer sich den unbezeichneten Gipfelabstecher nicht zutraut, darf aber auch mit der Umrundung schon hochzufrieden sein. Denn die Route führt abwechslungsreich durch diverse Alpgebiete und wartet sowohl mit interessanten Nahimpressionen auf (etwa die seltenen Vulkanite) als auch mit herrlichen Ausblicken auf die Glarner Bergwelt insgesamt.*

**Ausgangspunkt:** Bergstation Mettmen, ca. 1600 m, der Luftseilbahn von Kies. Zufahrt von Schwanden auf guter Bergstraße durchs Niderental bis zur Talstation im Talschluss; von Mitte Mai bis Ende Oktober auch Busverkehr. Saisonal gestaffelter Seilbahn-Fahrplan ab frühestens 7 Uhr bis mindestens 18 Uhr, Tel. +41 55 6442010.

**Anforderungen:** T3–4 am Gipfelaufbau, T2–3 für die Rundtour. Meist solide Bergwege, abschnittsweise etwas spärlicher gepfadet. Die Umrundung ist durchgängig markiert und unschwierig, erhöhte Trittsicherheit braucht man beim Gipfelabstecher. Dort nur kleine, nicht bezeichnete Spur und am Gipfelaufbau Blockgelände (leichte Händeunterstützung). Normale Tagestour.

**Höhenunterschied:** Rund 900 Hm.

**Einkehr/Unterkunft:** Berghotel Mettmen, 1610 m, fast ganzjährig, Tel. +41 55 6441515. Naturfreundehaus Mettmen, ca. 1580 m, Mai bis Oktober, Tel. +41 55 6441412 oder +41 79 2166774.

**Beste Jahreszeit:** Ende Juni bis in den Oktober.

**Variante:** Vom Naturfreundehaus in knapp 1 Std. auf gutem Bergweg hinab nach Kies.

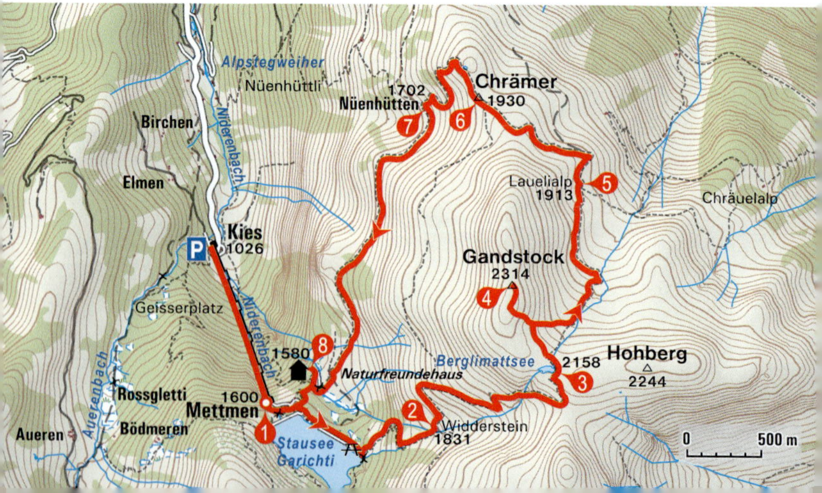

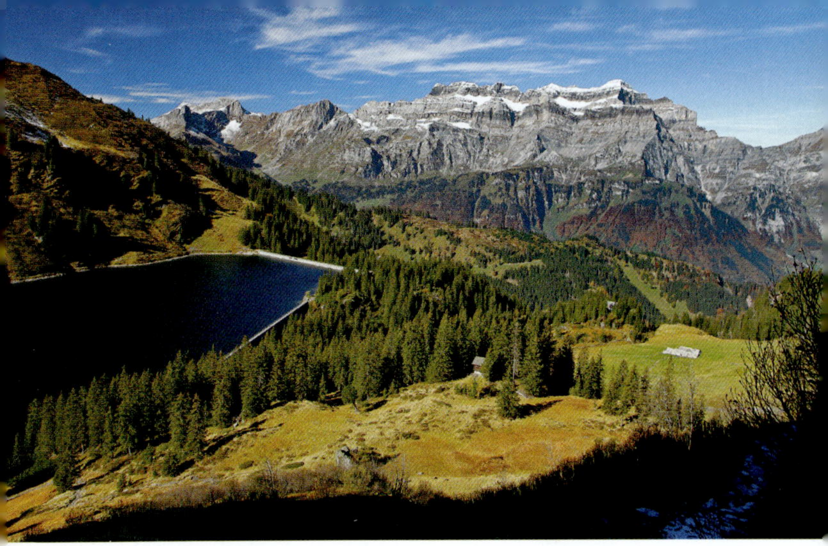

*Wir lassen den Garichti-Stausee unterhalb zurück und genießen die zunehmend prächtige Aussicht zum Glärnisch.*

Von der **Bergstation Mettmen (1)** links haltend zum nahen **Garichti-Stausee**, 1622 m, und am Ostufer über die Nebenmauer hinweg, bis links ein Bergweg abzweigt. Dieser windet sich zu den Felsblöcken hinauf, die den Klettergarten **Widderstein** bilden. Bei der Gabelung P. 1831 **(2)** ein gutes Stück nach links, mit einer Spitzkehre aber im Bereich des Hangeinschnitts bleiben und noch recht weit hinauf zu einem Sattel, in dessen Nähe sich das **Berglimattseeli (3)**, 2158 m, befindet. Ein zweiter Grassattel nördlich davon, Vorderes Gandfurggele genannt, vermittelt den Übergang. Zum Gandstock folgen wir nun allerdings der unbezeichneten Spur weiter links. Unter dem Sockel des südlichen Nebengipfels entlang zu einer etwas mürben

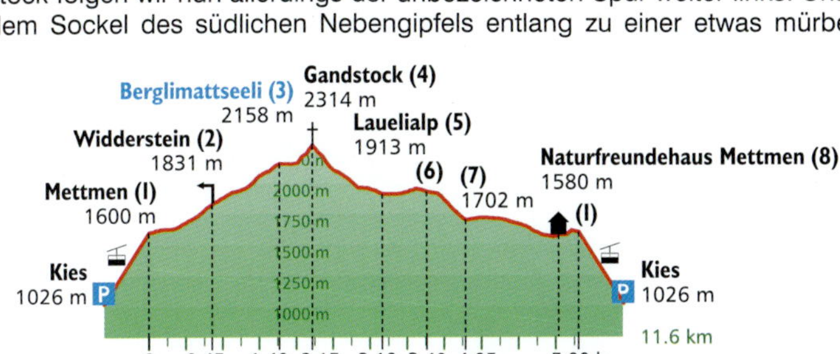

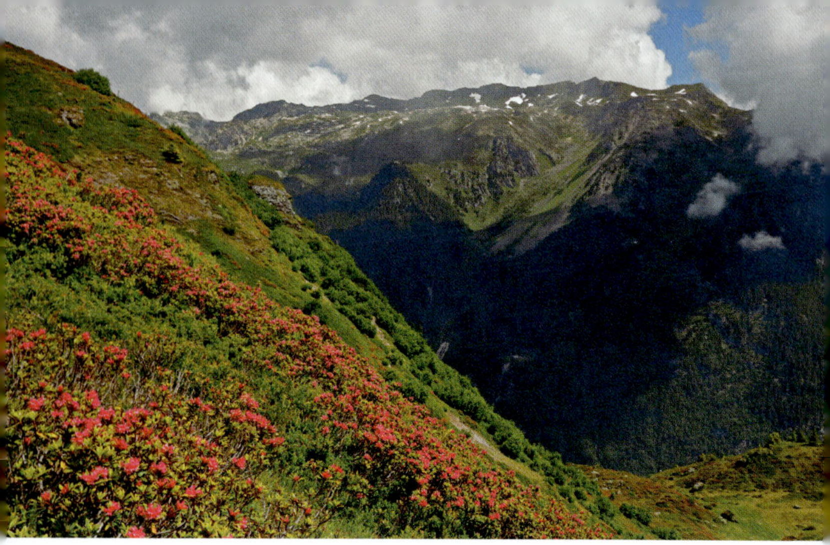

*Ende Juni stehen die Alpenrosen in voller Blüte.*

Steilpassage, die in die Lücke P. 2238 leitet. Weiterhin auf erkennbaren Pfadspuren an den Hauptgipfel heran und im Block- und Schrofengelände bis zum höchsten Punkt am **Gandstock (4)**, 2314 m.
Beim Abstieg muss man nicht unbedingt zum Vorderen Gandfurggele zurück, sondern kann bei trockenem Untergrund mit Vorsicht pfadlos in die Mulde abkürzen. Unsere Route holt anschließend in nördlicher Richtung etwas nach rechts aus, um einem Blockfeld auszuweichen und führt dann weiter Richtung **Lauelialp (5)**, 1913 m. In leichtem Auf und Ab geht es um die Nordausläufer der Gandstöck herum. Bei P. 1930 **(6)**, der vor Ort als **»Chrämer«** ausgeschildert ist, zweigt ein Querweg ab, doch halten wir uns Richtung Seebödeli, passieren die kleine Lacke und steigen danach kräftig Richtung **Mittlist Nüenhütten (7)**, 1702 m, ab. Jetzt auf den Flankensteig gen Süden – rechter Hand bricht von einem Buckel die Schwirrwand ab – und allmählich ins Gebiet der Mettmenalp. Etwas versteckt zwischen Bäumen befindet sich das rustikale **Naturfreundehaus Mettmen (8)**, ca. 1580 m. Zurück zur Seilbahnstation **(1)** verbleibt am Ende noch ein kurzer Gegenanstieg.

*Mitten im Glarnerland gelegen, verspricht der Gandstock ein vielseitiges Panorama.*

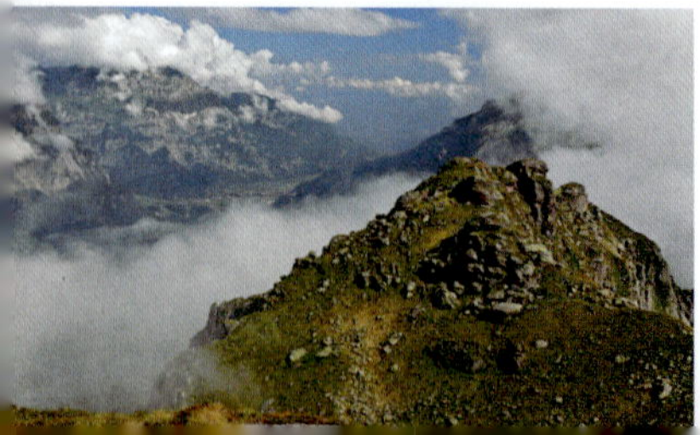

4.50 Std.

# Leglerhütte, 2273 m

19

## Von Mettmen zur SAC-Hütte am Kärpf

*Vergegenwärtigen wir uns die Topografie des Glarnerlandes mit den zwei großen Talschlüssen, so bildet das Kärpfgebiet im Zwickel dazwischen quasi das Herz der Region. Wichtigster Tourenstützpunkt ist hier die Leglerhütte, die seit über 100 Jahren von der Kanzel am Rotstock herabschaut. Da hockt man auf der südwärts ausgerichteten Hüttenterrasse und beäugt die im Sonnenglast strahlende Bergwelt der Glarner Alpen mit dem alles überragenden Tödi. Der Rotstock bildet ein richtiges Podest, auf dem neben der Hütte auch ein paar Gletscherschliffe sowie ein hübscher kleiner See Platz haben. Abends wird die Stimmung natürlich besonders romantisch: Tödi und Co. schimmern nun ganz subtil, und das Lichtermeer der Glarner Talachse mit ihren vielen Ortschaften funkelt gleichsam wie die Milchstraße. Vielleicht spannt sich ja tatsächlich auch ein Sternenhimmel darüber …*

**Ausgangspunkt:** Bergstation Mettmen, ca. 1600 m, der Luftseilbahn von Kies. Zufahrt von Schwanden auf guter Bergstraße durchs Niderental bis in den Talschluss; von Mitte Mai bis Ende Oktober auch Busverkehr. Saisonal gestaffelter Seilbahn-Fahrplan ab frühestens 7 Uhr bis mindestens 18 Uhr, Tel. +41 55 6442010.

**Endpunkt:** Bei der Talstation in Kies, 1026 m.

*Die Leglerhütte zählt zu den beliebtesten Hüttenzielen im Glarnerland.*

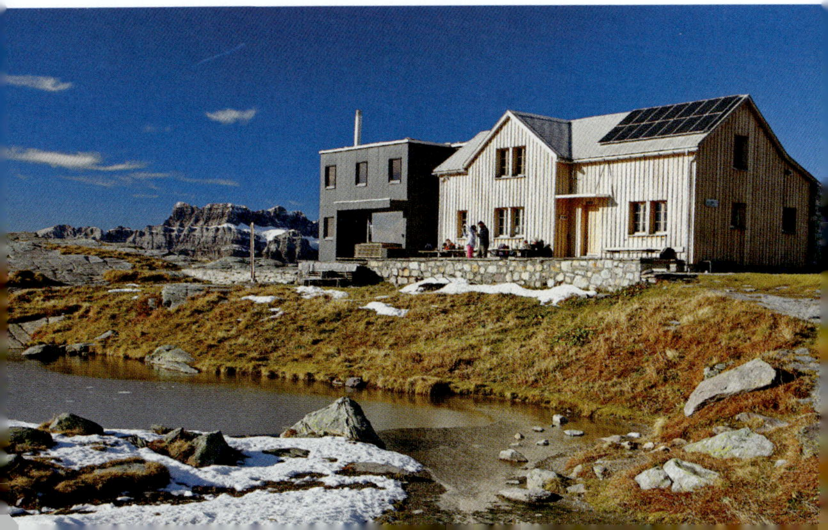

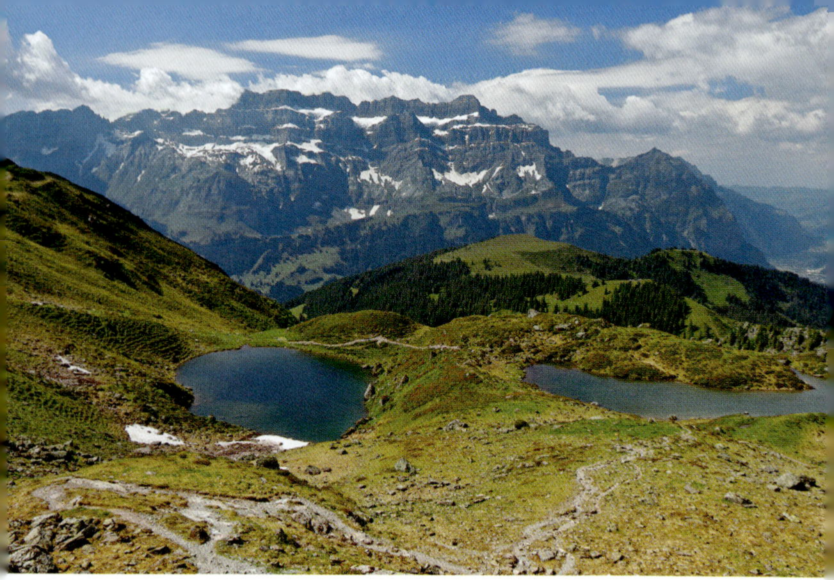

*Glarner Bilderbuchlandschaft: die Ängiseen mit dem Glärnisch-Massiv im Hintergrund.*

**Anforderungen:** T2. Auf beiden Routen gute Bergwege, streckenweise etwas steinig, aber ohne schwierige Stellen und oft nur mäßig steiler Verlauf. Im Frühsommer allfällige Schneefelder. Normale Tagestour.
**Höhenunterschied:** 700 Hm Aufstieg ab Bergstation, 1270 Hm Abstieg bis Kies.
**Einkehr/Unterkunft:** Leglerhütte, 2273 m, Mitte Juni bis Mitte Oktober, Tel. +41 55 6408177.
**Beste Jahreszeit:** Zur Hüttenöffnungszeit.
**Variante:** Ab Ratzmatt im Schräganstieg zur Matzlenfurgglen, 1913 m, und jenseits hinab zum Stausee Garichti bzw. zur Seilbahnstation. Gehzeit ähnlich wie ins Tal.

Nach der Seilbahnfahrt von Kies zur **Bergstation Mettmen (1)** rasch zur Staumauer und auf der linken Seite um den Garichtisee herum. Die Fortsetzung des Karrenwegs steigt oberhalb der Sumpfebene Matt sachte an und führt zum Oberstafel von **Niederen (2)**, 1788 m, wo man traditionellen Glarner Alpkäse kosten und erwerben kann. Unmittelbar dahinter beeindruckt die Chärpfbrugg mit dem durchrauschenden Bach, ein Phänomen der Glarner Hauptüberschiebung. Wir wandern weiter durch das Hochtal zum **Unteren**

*Geologisches Phänomen: die Chärpfbrugg.*

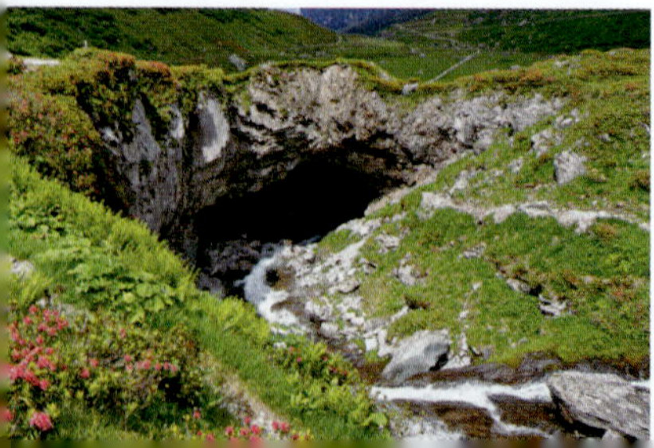

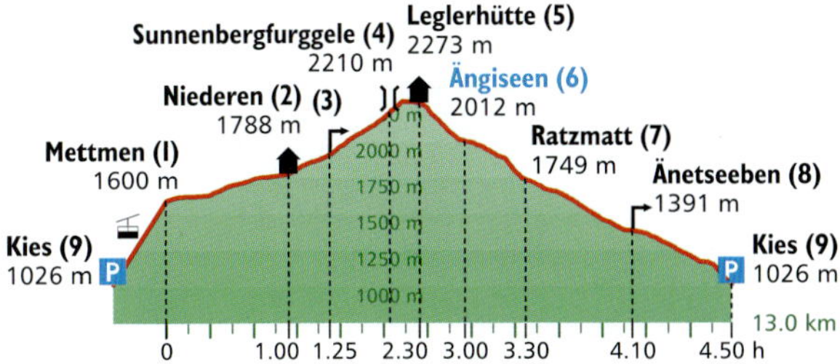


**Hübschboden (3)**, 1923 m, und halten uns bei der Gabelung rechts. Das Gelände steigt sukzessive zum **Sunnenbergfurggele (4)**, 2210 m, an und wird dort steiniger. Nachdem ein nordexponierter Hang gequert ist, erreichen wir zuletzt wieder minimal abwärts die **Leglerhütte (5)**, 2273 m, am Rotstock.

Für den Abstieg schlagen wir den Weg Richtung **Ängiseen** ein, anfangs kehrenreich am Steilhang. Bei der Gabelung rechts haltend, wird eines der Seeufer ziemlich nah passiert **(6)**, 2012 m. Danach an der Alp Chamm vorbei und über eine steilere Geländestufe nach **Ratzmatt (7)**. Bei P. 1749 unweit der Ställe zweigt die Variante ab. Wir gehen indes über die Wiese abwärts und erhalten Anschluss zum breiten Güterweg, der mit ein paar Schleifen ins Gebiet von **Änetseeben** hinunterleitet. Vor seiner Gegensteigung nach Aueren scheren wir bei P. 1391 **(8)** rechts aus, begleiten ein Stück weit den Auerenbach via Rossgletti und achten schließlich auf den Abzweig nach Kies (Chis). Leicht verschlungen und am Ende noch recht steil geht es hinab zur Talstation **Kies (9)**, 1026 m.

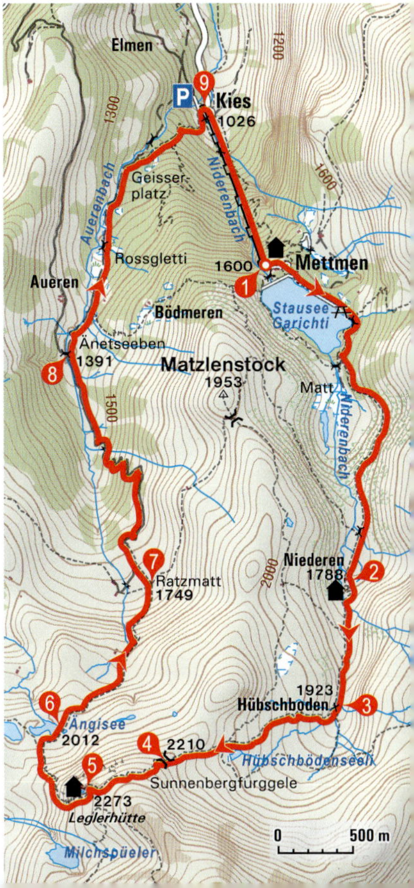

TOP **20** 

# Rund um den Kärpf

**10.00 Std.**

**Zweitägige Paradetour über die Leglerhütte**

*Das Kärpfgebiet, schon vor Jahrhunderten zum ersten Jagdbanngebiet der Schweiz ausgerufen, befindet sich im Zentrum des Glarnerlandes, eingefasst zwischen den inneren Talfurchen von Sernf und Linth. Wanderer dürfen hier ein faszinierendes Ambiente zwischen Vor- und Hochalpen entdecken. Immerhin stehen Paradeberge wie Glärnisch, Tödi, Hausstock oder Piz Sardona Kulisse, während der dunkelfelsige Kärpf (Chärpf) selbst auch schon eine imposante Figur abgibt. Wir können ihn auf einem großzügigen Rundkurs einmal vollständig umwandern und zwischendrin in der Leglerhütte Quartier beziehen. Mit vier bzw. sechs Stunden werden die Etappen in verträglichen Häppchen genossen. Nachdem wir uns der Seilbahn von Elm nach Empächli bedient haben, wandern wir am ersten Tag über das nordisch herb anmutende Wildmadfurggeli. Von der Leglerhütte aus steht anderntags über das Chalchstöckli der alpinste Abschnitt auf dem Programm – eine pfiffige, nur spärlich gepfadete Route bis unter die Nordfront des Hausstocks mit Anschluss über den aussichtsreichen Erbser Stock hinunter nach Obererbs und Empächli. Da kommt wirklich ein ganzer Rucksack voll herrlichster Eindrücke zusammen …*

*Bergidylle pur: Hengstboden mit dem Segnas-Sardona-Massiv im Hintergrund.*

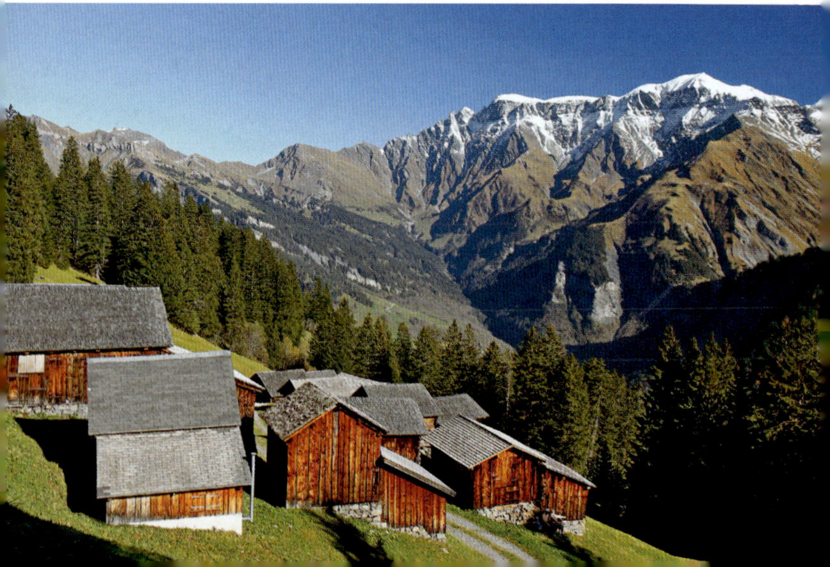

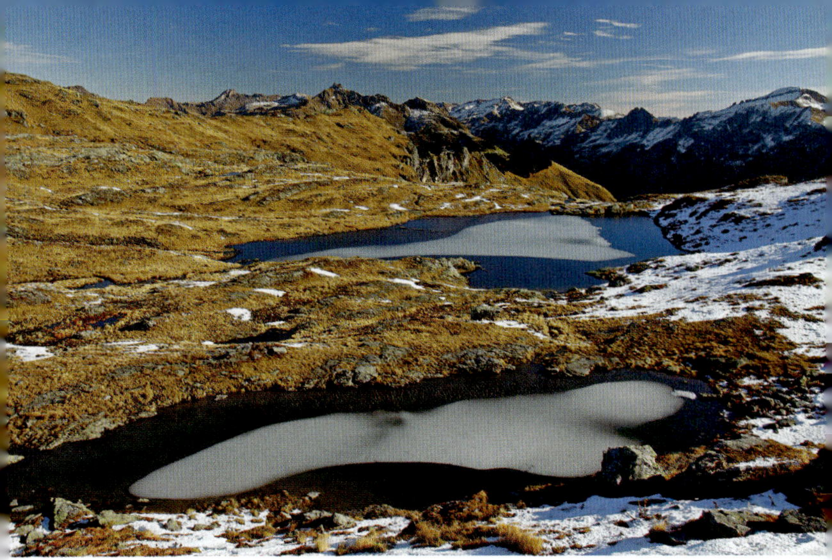

*Seenplatte auf der Wildmad.*

**Ausgangspunkt:** Empächli, 1475 m, Bergstation der Elmer Sportbahnen. Betriebszeiten zwischen Anfang Juni und Anfang November täglich von 8.30 bis 17 Uhr. Tel. +41 55 6426161. Busverkehr bis zur Talstation vom Bahnhof Schwanden.
**Anforderungen:** T3. Die meiste Zeit ordentliche Bergwege, nur zwischen Leglerhütte und Richetlipass eine spärlicher ausgetretene alpine Route (blau-weiß markiert), die mit solider Trittsicherheit aber ebenfalls keine übermäßigen Schwierigkeiten aufwirft. Am Chalchstöckli kurze Drahtseilstelle. Als Tagestour kaum zu schaffen, empfehlenswert mit Übernachtung in der Leglerhütte.
**Höhenunterschied:** Bis zur Leglerhütte ca. 1100 Hm Aufstieg und 300 Hm Abstieg. Auf der 2. Etappe 550 Hm Aufstieg und 1350 Hm Abstieg. In Summe rund 1650 Hm.
**Einkehr/Unterkunft:** Leglerhütte, 2273 m, Mitte Juni bis Mitte Oktober, Tel. + 41 55 6408177. Skihütte Obererbs, 1690 m, Anfang Juni bis Ende Oktober, Tel. +41 55 6425053. Restaurants in Empächli.
**Beste Jahreszeit:** Ende Juni bis Mitte Oktober, sofern weitgehend schneefrei.

Nach der Bergfahrt nehmen wir bei **Empächli (1)**, 1475 m, den Güterweg auf, absolvieren zwei Schleifen nach **Ober Empächli (2)**, 1739 m, und kommen in dem Kessel später auf einem gewöhnlichen Bergweg weiter voran. Zeitweise geht es unter einer Skilifttrasse entlang und weiter oben mit einigen Kehren zum Sattel P. 2116 am **Gelbchopf (3)**. Wir wenden uns nach links, passieren einen Felsaufbau und finden kurz darauf den Durchschlupf auf die Wildmad. Über flache, steindurchsetzte und mit einigen Seeaugen geschmückte Böden hinüber zum **Wildmadfurggeli (4)**, 2292 m, wo wir den

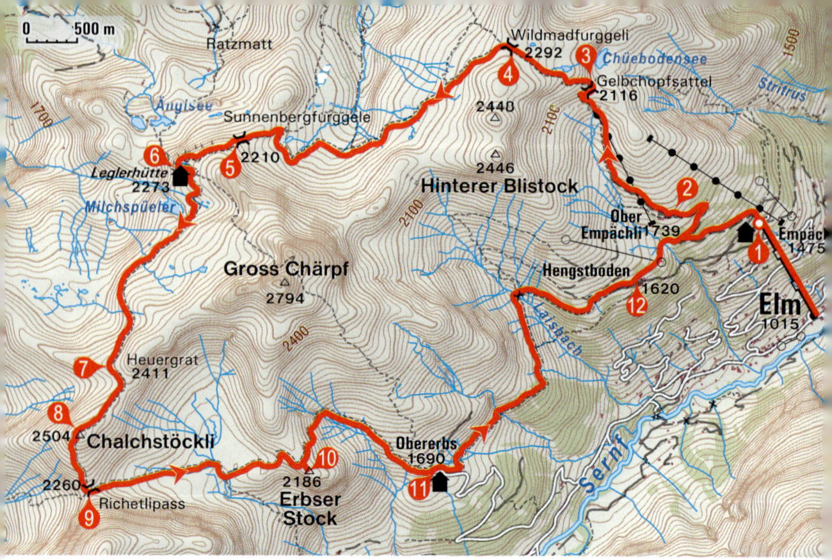


halb links leicht abwärtsführenden Steig wählen. Damit wird die Hinter Matt durchquert. Im Riegel der Schwarzchöpf findet die Route eine Schwachstelle, muss damit aber bis auf gut 2000 Meter Höhe absteigen, ehe die geröllige Kärpfrisi traversiert und mit einem markanten Rechtsbogen um eine Seemulde Anschluss zum Leglerhüttenweg gewonnen wird. Nächster markanter Punkt ist nun das **Sunnenbergfurggele (5)**, 2210 m. Nach Querung eines steinigen Hanges erreichen wir zuletzt wieder leicht abwärts die **Leglerhütte (6)**, 2273 m, am Rotstock.

Unweit der Hütte verzweigen sich die blau-weißen Alpinrouten zum Kärpf und Richetlipass. Letztere führt im Wesentlichen horizontal weiter und verliert dann sogar ein paar Meter in einen grabenartigen Einschnitt. Oberhalb des Milchspüelersees vorbei wird die schöne Geländeterrasse der Schafalp in Grundrichtung Südwest beschritten. Im Bereich einer vorspringenden Nase steigt man über eine kleine schrofige Stufe zur nächsten Terrasse empor und quert weiter in einen Graben. Aus diesem heraus etwas ansteigend, führt die Traverse durch die abschüssigere Nordwestflanke des Hanenstocks

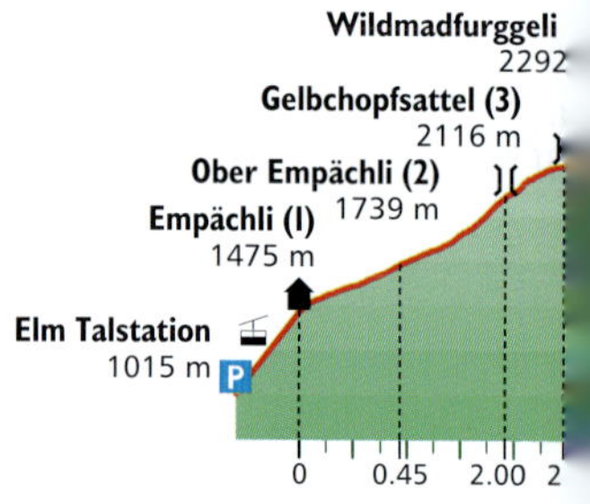

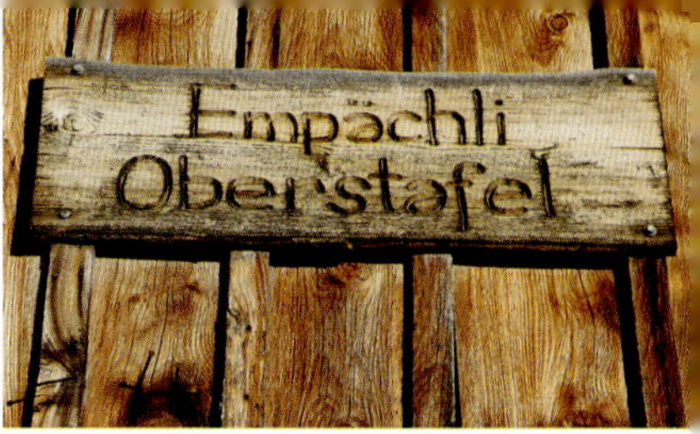


und schließt damit zum **Heuergrat (7)** auf, den man nahe P. 2411 überschreitet. Wir drehen links ein und gelangen im Bogen auf den ostseitig steil abbrechenden Verbindungsgrat zum Chalchstöckli. Dessen Gipfelaufbau wird nun aber nicht frontal angegangen. Vielmehr weichen wir rechts aus und peilen den Überstieg am oberen Westgrat an. Gleichwohl lohnt sich der kurze Abstecher auf die Gipfelfelsen des **Chalchstöckli (8)**, 2504 m, wo wir den höchsten Punkt der gesamten Tour erreichen. Südseitig vermittelt eine kurze Steilrinne (Drahtseil) den Durchschlupf, bevor wir uns rechts zum Schuttrücken orientieren und auf Steigspuren ohne Hindernisse zum **Richetlipass (9)**, 2260 m, hinuntergelangen.
Hier treffen wir auf den rot-weiß bezeichneten Passübergang und begeben uns in die ostseitige Hangmulde, welche sanft auf die Böden der Wichlenmatt ausläuft. Über kleinere Bäche geht es zur **Matthütte**, 2036 m, am Dürenbüel vorbei und im Gegenanstieg zur Lücke P. 2160 neben dem **Erbser Stock (10)**, 2186 m, der nach Gusto rasch mitgenommen werden kann. Jenseits windet sich ein recht guter Bergweg durch einen typischen Mattenkessel abwärts. Wir gelangen zu den Alpgebäuden und der **Skihütte Obererbs (11)**, 1690 m, einer gemütlichen Beiz mit Übernachtungsmöglichkeit. Ganz kurz auf dem Alpsträßchen weiter, bis wir scharf links auf den Höhenweg nach Empächli abbiegen können. Dieser führt mit geringen Höhenunterschieden – meist als breiter Karrenweg – durch die oft freien, teils auch bewaldeten Flanken, kreuzt zwischendurch den Erbsbach sowie den größeren Bischofbach und kommt zum malerischen Alpdorf **Hengstboden (12)**, 1620 m. Auf bequemer Trasse schließt sich der Kreis nach **Empächli (1)**, wo man wieder die Seilbahn nutzen kann (ansonsten binnen einer knappen Stunde zu Fuß ins Tal).

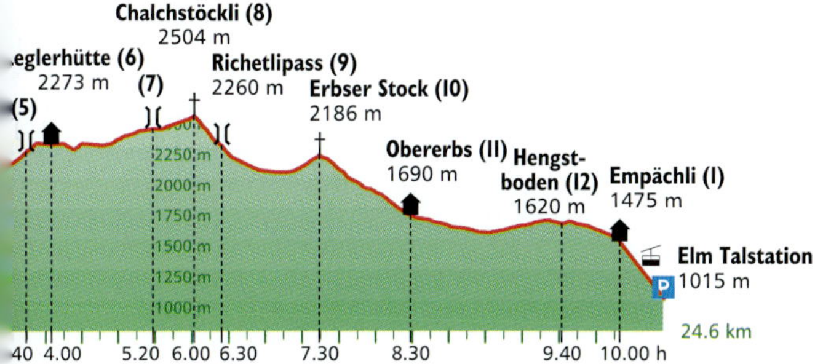

# 21 Suworow-Weg durchs Sernftal

**4.00 Std.**

## Auf historischen Spuren von Elm nach Schwanden

*Das Auftreten der russischen Armee, die 1799 von den Franzosen hart bedrängt, über den Panixerpass zog, hat das Geschichtsempfinden der Glarner nachhaltig bewegt. Nach einer Niederlage der österreichischen Verbündeten im Muothatal sah sich General Suworow in der Defensive, erkämpfte sich den Weg über den Pragelpass ins Glarnerland, wo er sich mit seinen fast 20.000 Soldaten nach Elm zurückzog und von dort den Ausweg aus der feindlichen Umzingelung über den Panixerpass suchte. Es gelang unter beträchtlichen Verlusten. Heute ist die Route Suworows durchs Sernftal zwischen Schwanden und Elm als historischer Wanderweg beschildert. Etwas bequemer erscheint die Gehrichtung talauswärts.*

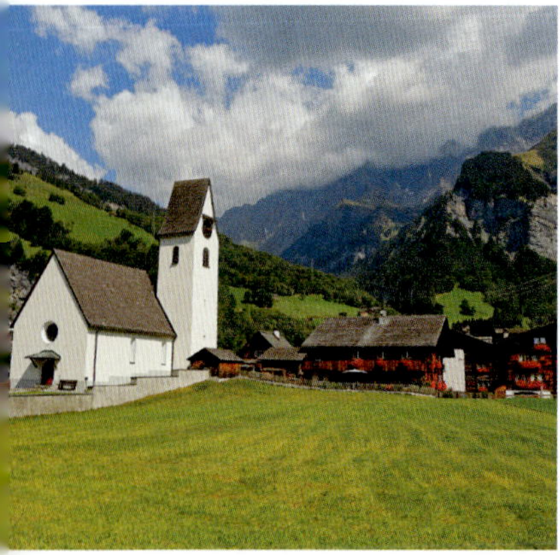

*Von Elm aus wandern wir bequem talauswärts.*

**Ausgangspunkt:** Elm, 978 m, Haltestelle »Dorf« bei der Kirche oder »Tschinglenbahn«.
**Endpunkt:** Bahnhof Schwanden, 518 m. Von hier verkehren auch die Busse nach Elm.
**Anforderungen:** T1. Vollkommen leichte Talwanderung, die meiste Zeit auf Flurwegen leicht bergab. Durchgängige Wegbezeichnung Nr. 55. Auch bei unsicherem Wetter möglich, aber mit gut 15 km nicht wirklich kurz, daher passable Ausdauer angezeigt.
**Höhenunterschied:** 120 Hm Aufstieg, 580 Hm Abstieg.
**Einkehr:** In den Ortschaften.
**Beste Jahreszeit:** Fast ganzjährig.

In **Elm (1)**, 978 m, am historischen Suworowhaus vorbei abwärts zur Haltestelle »Tschinglenbahn« und rechts über die Brücke in den Orts-

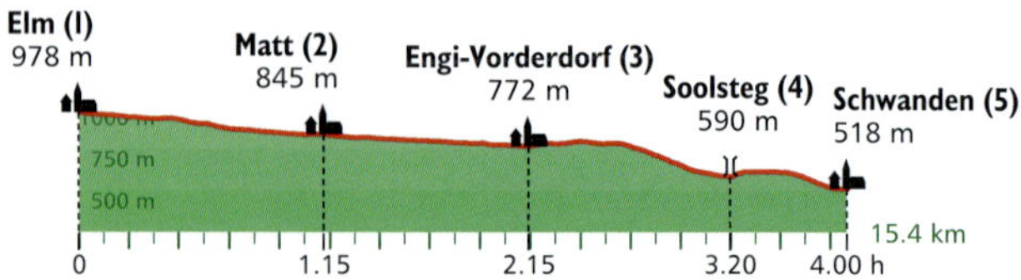

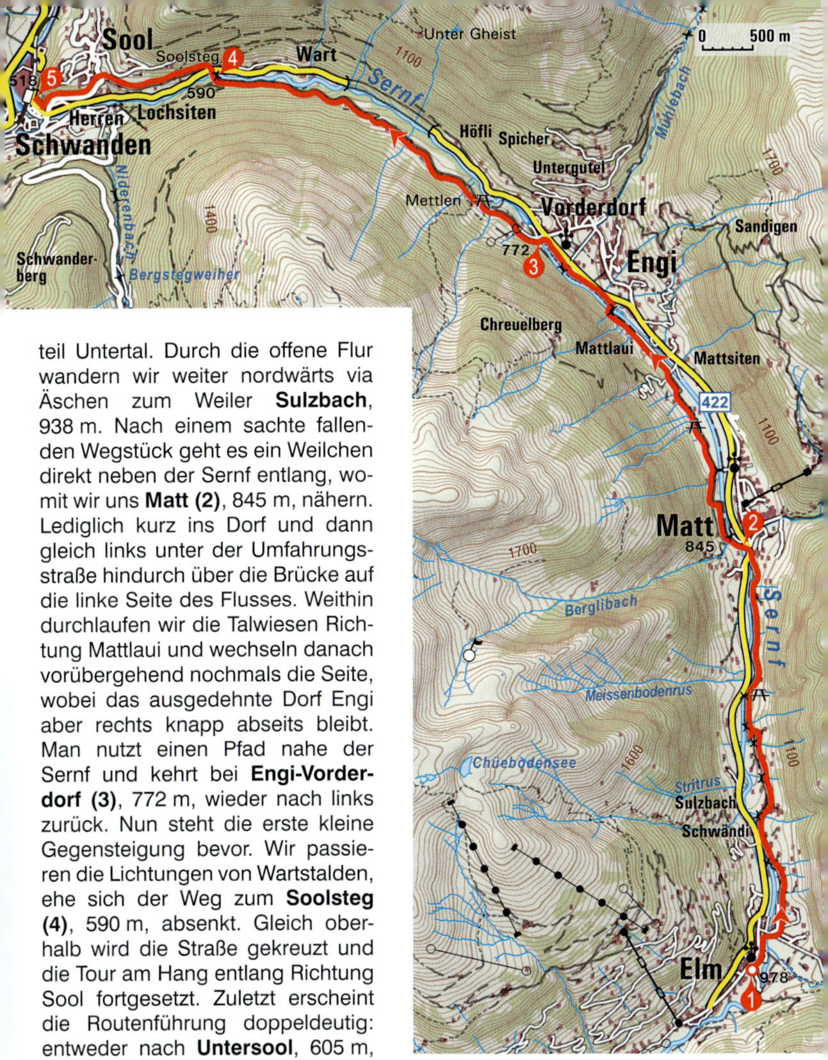


teil Untertal. Durch die offene Flur wandern wir weiter nordwärts via Äschen zum Weiler **Sulzbach**, 938 m. Nach einem sachte fallenden Wegstück geht es ein Weilchen direkt neben der Sernf entlang, womit wir uns **Matt (2)**, 845 m, nähern. Lediglich kurz ins Dorf und dann gleich links unter der Umfahrungsstraße hindurch über die Brücke auf die linke Seite des Flusses. Weithin durchlaufen wir die Talwiesen Richtung Mattlaui und wechseln danach vorübergehend nochmals die Seite, wobei das ausgedehnte Dorf Engi aber rechts knapp abseits bleibt. Man nutzt einen Pfad nahe der Sernf und kehrt bei **Engi-Vorderdorf (3)**, 772 m, wieder nach links zurück. Nun steht die erste kleine Gegensteigung bevor. Wir passieren die Lichtungen von Wartstalden, ehe sich der Weg zum **Soolsteg (4)**, 590 m, absenkt. Gleich oberhalb wird die Straße gekreuzt und die Tour am Hang entlang Richtung Sool fortgesetzt. Zuletzt erscheint die Routenführung doppeldeutig: entweder nach **Untersool**, 605 m, und mit der Straße hinab nach Schwanden oder bereits zuvor auf einem Kehrenweg in den Talgrund und dort an den Gewerbebetrieben vorbei. Der Endpunkt liegt auf jeden Fall beim Bahnhof in **Schwanden (5)**, 518 m.

# 22 Panixerpass und Rotstock, 2624 m

7.15 Std.

## Zur Schwelle ins Bündnerland

*Der Panixerpass zählt zu den klassischen Passwanderungen der Schweiz, zumal die Route einen bekannten historischen Hintergrund besitzt. Im Herbst 1799 führte General Suworow die russische Armee unter großen Verlusten vom Glarner- ins Bündnerland hinüber, nachdem die feindlichen Franzosen im Norden den Weg versperrt hatten. Da für uns eine Rückkehr zum Ausgangspunkt mit öffentlichen Verkehrsmitteln allerdings sehr umständlich ist, beschränken wir uns hier auf die strenger anmutende Glarner Nordseite und peppen das Ganze noch mit dem flankierenden Rotstock (Crap Tgietschen) auf. Die Aussicht zeigt sich deutlich erweitert.*

**Ausgangspunkt:** Walenbrugg, 1291 m, beim Panzerschießplatz Wichlen hinter Elm. Ein Bus kann bis zum Abzweig Obererbs, ca. 1 km davor, genutzt werden.
**Anforderungen:** Maximal T3 (am Rotstock), bis Panixerpass kaum schwieriger als T2. Gut angelegter, meist nur mäßig steiler Saumweg bis zur Passhöhe. Stellenweise können vermurte Bereiche und bis in den Sommer hinein auch noch Schneefelder auftreten, ansonsten leicht, aber lang. Zum Rotstock nur Steigspuren und blasse Farbzeichen bzw. Steinmännchen, daher Orientierungsvermögen angezeigt (wird

*Unsere Route durchquert den Geländeeinschnitt von Jetz. Hier der Blick talaus.*

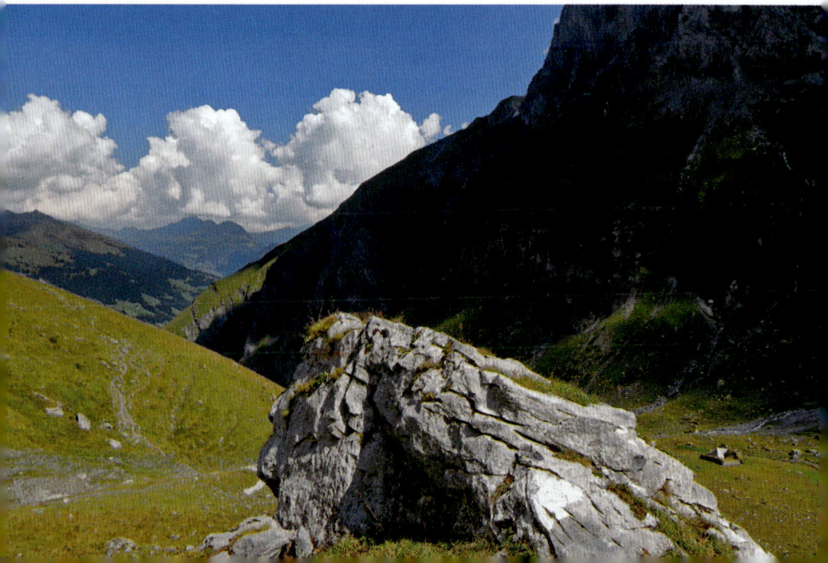

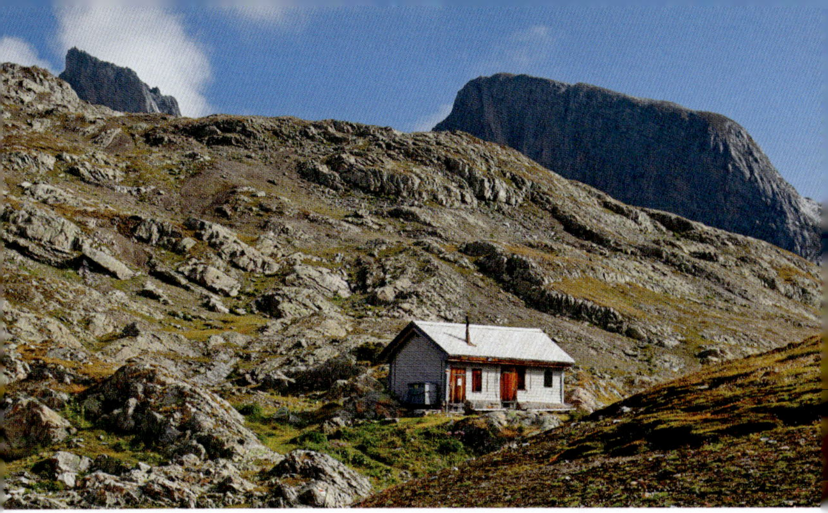

*Am Panixerpass steht eine kleine, unbewartete Schutzhütte.*

demnächst wahrscheinlich blau-weiß markiert). Wichtig ist eine solide Kondition.
**Höhenunterschied:** Hin und zurück gut 1400 Hm (ohne Rotstock 220 Hm weniger).
**Einkehr/Unterkunft:** Nur das Panixerstübli am Ausgangspunkt (Sa Ruhetag). Die Panixerpasshütte dient als eine unbewartete Unterkunft für Selbstversorger.
**Beste Jahreszeit:** Ende Juni bis in den Oktober, solange schneefrei.
**Varianten:**
1. Vom Talort Elm steigt man auf der linken Seite der Sernf über Jetzberg auf und stößt beim Jetzloch, 1384 m, auf die beschriebene Route.
2. Übergang ins bündnerische Dorf Panix/Pigniu in rund 2.30 Std. ab Panixerpass möglich.

Hinter der **Walenbrugg (1)**, 1291 m, verlässt man das Militärareal und wandert auf der Fahrpiste zum Beginn des **Jetzlochs**, 1384 m. Auf der anderen

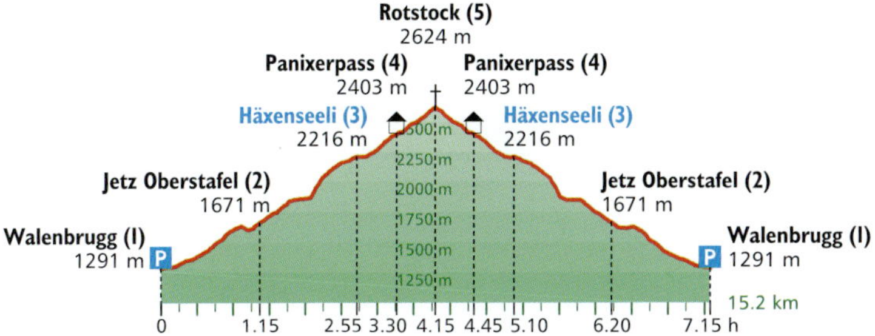

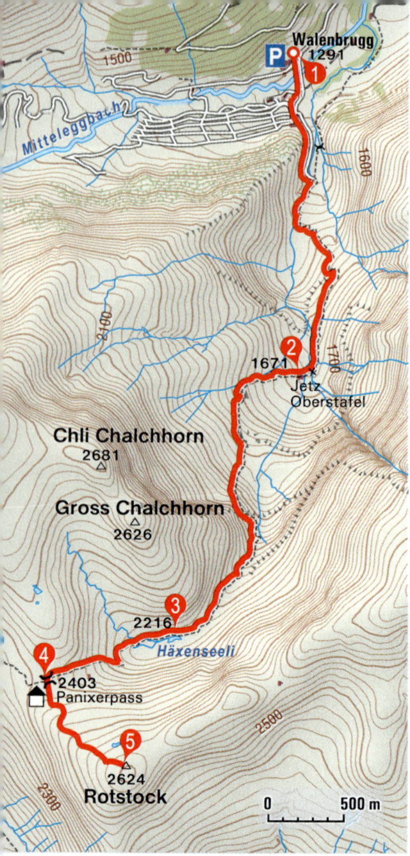


*Der Rotstock bildet eher eine Art Plateau als einen richtigen Gipfel.*

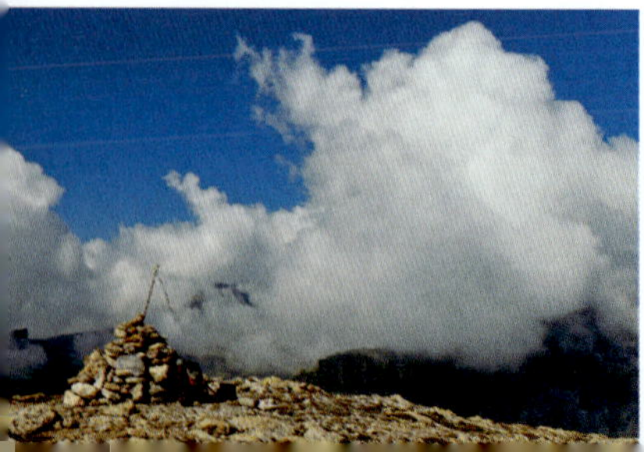

Seite der Bachbrücke gemeinsam mit dem Bergweg von Elm weiter aufwärts. Der ersten sperrenden Felsbarriere wird an den linksseitigen Hängen ausgewichen. Eine längere Traverse führt dann einwärts zum **Jetz Oberstafel (2)**, 1671 m, eingekesselt zwischen imposanten Felsflühen. Hier kreuzen wir den Bach nach rechts, um auf dieser Seite am nächsten großen Riegel vorbeizukommen. Über die Ringenplanggen zum Rand des Walenbodens und über eine Art Band in den Einschnitt der Gurgel hinein. Hier ist der Steig eventuell leicht vermurt – nennenswerte Hindernisse sollten sich aber nicht auftun. Hinter einer seichten Schwelle versteckt sich das **Häxenseeli (3)**, 2216 m, vor dem Schlussanstieg zur Passhöhe. Wir gehen rechts vorbei und folgen den wenigen Schleifen des alten Saumweges, ehe uns am weitläufigen **Panixerpass (4)**, 2403 m, die kleine Schutzhütte empfängt.

Zum Rotstock geht es dürftig markiert und ausgetreten südostwärts hinan. Eine kurze Steilpassage leitet auf welliges Terrain mit Karsterscheinungen, aber auch noch durchzogen von Rasenflecken. Am besten orientiert man sich hier an den Steinmannli – solange die Farbzeichen noch blass und schwer erkennbar sind, was jedoch in Zukunft verbessert werden soll. Links taucht ein kleiner See auf. Schon davor idealerweise rechts haltend weiter und ohne besondere Hürden auf das geräumige Gipfelplateau am **Rotstock (5)**, 2624 m. Der Abstieg folgt derselben Route.

8.40 Std.

# Ofen, 2872 m, und Laaxer Stöckli, 2898 m

23

## *Expertentour im wilden Martinsmadkessel*

*In der Dreitausender-Skyline des Glarner Hauptkamms scheinen unsere beiden Gipfel kaum erwähnenswert, doch die Tour im Kessel von Martinsmad dürfte gestandene Bergwanderer mit Hang zum Ausgefallenen begeistern. Nachdem man über mehrere mit Wasserfällen geschmückte Geländestufen die Martinsmadhütte erreicht hat, leiten zwei Routen durch wildes Geschröf bis auf die Grenzhöhen zu Graubünden, wo sich plötzlich ausgedehnte Plateauflächen und ein weiter Horizont öffnen. Für den Aufstieg wählen wir den morgens lange schattigen Pfad durch die Ofenrus und machen anschließend dem Aussichtspunkt am Ofen unsere Aufwartung. Hier verblüfft vor allem der Einblick in die Tschingelhörner, den man sonst verpassen würde: Herzstück im UNESCO-Weltnaturerbe »Geopark Sardona«. Diesbezüglich kann das höhere Laaxer Stöckli (Piz Grisch) nicht mal ganz mithalten, vielleicht auch unterschwellig ein wenig gestört durch das sommers trostlose Skiareal auf der Südseite. Wir drehen freilich nach der Überschreitung auf dem zerklüfteten Vorabplateau wieder gen Norden ab. Wo früher ein Gletscher alle Unebenheiten verdeckte, müssen wir heutzutage einen veritablen Slalomkurs um zahllose kleine Barrieren laufen und schließlich mit sicherem Instinkt den einzig möglichen Einstieg in den Steilabbruch aufspüren. Dort hinunter wird es nochmals richtig knifflig; vor allem der letzte Durchstieg in der Fluh über der Martinsmad verlangt Routine und Entschlossenheit. Umso entspannter fällt die Rast bei der gemütlichen SAC-Hütte aus …*

**Ausgangspunkt:** Bergstation der Tschinglenbahn, 1514 m, vom Elmer Ortsteil Töniberg. Buslinie von Schwanden Richtung Elm, von der Haltestelle »Tschinglenbahn« 15 Min. zu Fuß zur Talstation. Betriebszeiten von 7.20 bis 18.20

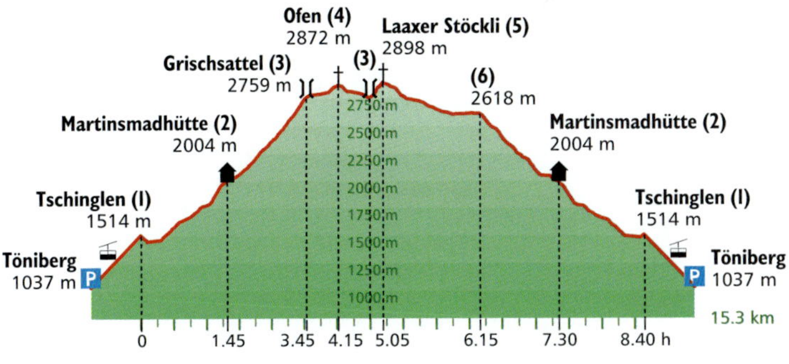

Uhr, in der Hauptsaison schon ab 6.50 Uhr. Tel. +41 79 8861303.

**Anforderungen:** T5, bis Martinsmadhütte T3. Über weite Strecken anspruchsvolle Bergtour, oft auf blau-weiß markierten Alpinrouten und weil nordexponiert, stark von den Bedingungen abhängig. Schon beim Hüttenzustieg Trittsicherheit erforderlich. Zum Grischsattel durchwegs steiles bis sehr steiles Schuttgelände mit eingelagertem Felsriegel. Abstecher zum Ofen leicht, Überschreitung des Laaxer Stöckli wieder anspruchsvoller. Besonders schwierig ist der Abstieg vom unübersichtlichen Vorabplateau zurück in den Martinsmadkessel, gespickt mit Schutt, Felsschliffen und einer exponierten Schrofenbarriere (trotz Sicherungen Kletterfähigkeiten nötig). Nur für erfahrene Bergsteiger, nicht bei Schnee oder schlechter Sicht. Klettersteigsicherung kann nützlich sein.

**Höhenunterschied:** Insgesamt fast 1600 Hm, davon gut 1000 Hm ab Martinsmadhütte.

**Einkehr/Unterkunft:** Tschinglen-Wirtschaft, 1481 m, Tel. +41 79 5055953. Martinsmadhütte, 2004 m, Juli und August durchgehend, Juni und September an Wochenenden, Tel. +41 55 6421212 oder +41 79 8916399.

**Beste Jahreszeit:** Mitte Juli bis Mitte September, keinesfalls bei Schneelage und möglichst auch nicht nach Nachtfrösten.

**Varianten:**

1. Wer vom Tal aus aufsteigt, muss hin und zurück 2 Std. mehr einkalkulieren. Der Weg am Rande der wildromantischen Tschinglenschlucht ist freilich sehr reizvoll und speziell lohnend, falls in der Hütte übernachtet werden soll oder diese selbst das reduzierte Ziel darstellt.

2. Für Normalwanderer ist auch das Mittaghorn, 2415 m, lohnend. Zwischen Runsen und Blaiken windet sich ein ziemlich steiler, blau-weiß bezeichneter Pfad über Grasflecken in die Höhe und führt zuletzt auf der schmalen Krete zum Gipfelpunkt. Einstufung T3+ (rot), hin und zurück 2 Std.

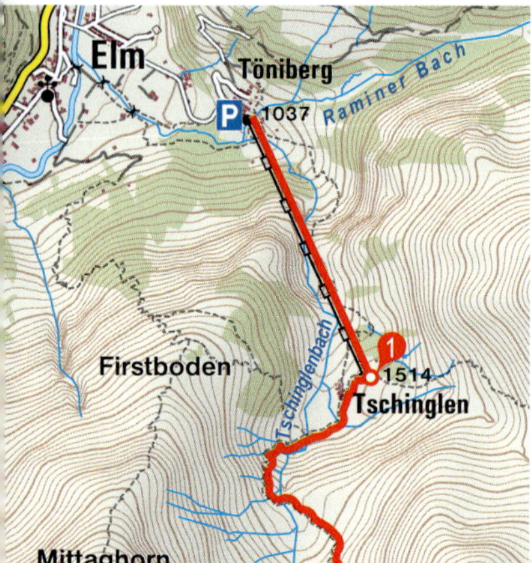


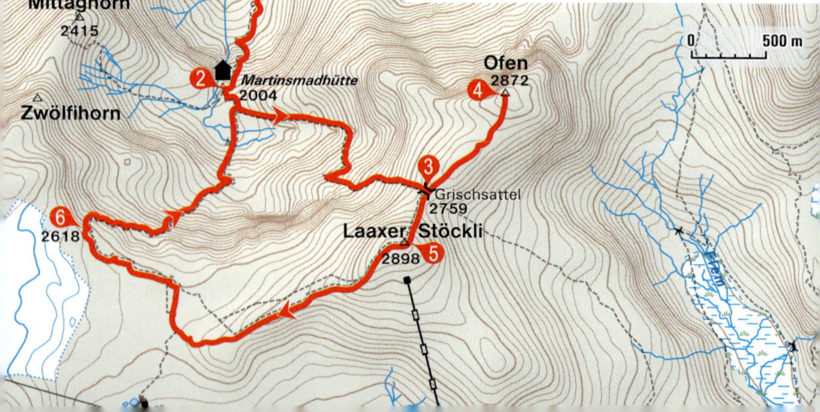

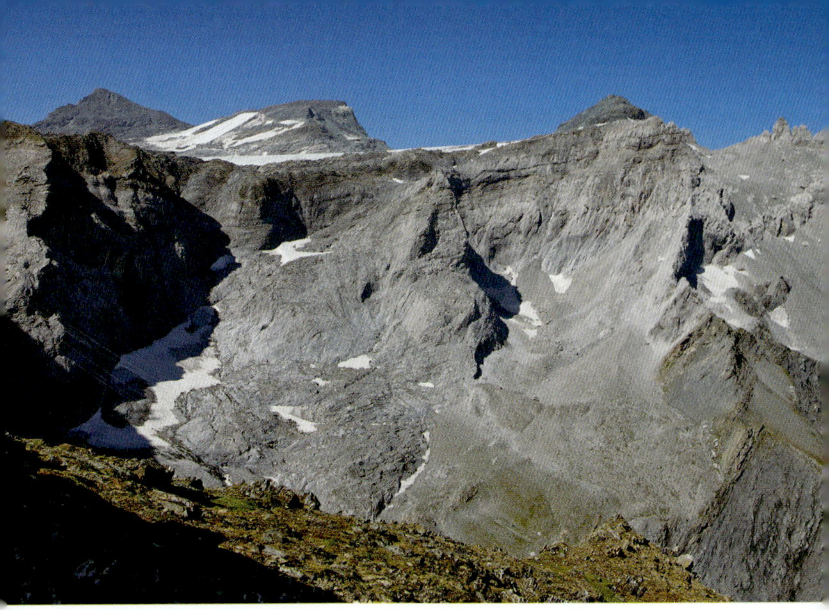

*Ein steiler Aufstieg bringt uns aus dem Martinsmadkessel Richtung Grischsattel.*

Von der Bergstation **Tschinglen (1)**, 1514 m, steigen wir kurz zum Alpdorf ab und begeben uns über zwei Bäche auf die rechte Seite des Einschnitts. Zum Teil etwas abschüssig höher und über die erste Schwelle zur Matt, wo man gleich vorn nochmals den Tschinglenbach kreuzt. Auch dieser Kessel wird wieder mächtig umkränzt. Ein kurzer Steilanstieg leitet auf das Rindermättli, ein längerer im Zickzack links von einem Wasserfall bis in den nächsthöheren Kessel, wo uns rechts an der Schwelle die **Martinsmadhütte (2)**, 2004 m, empfängt. Über den gesamten Hüttenweg verteilt sind da und dort Sicherungen verbaut.
Über eine Minibarriere gelangen wir zur Verzweigung der beiden alpinen Routen. Nach links orientieren wir uns jetzt Richtung Ofenrus, wo zwar aufsteilender, aber gut begehbarer fester Schutt ein zügiges Vorankommen ermöglicht. Rechts haltend an einen brüchigen Schrofenriegel heran, der mittels Fixseilen überlistet wird. Von der Rippe bei P. 2455 folgt wieder Schuttgelände, und zwar auf einer Art Rampe, über die wir letztlich bis in den **Grischsattel (3)**, 2759 m, aufsteigen. Nun über den weiten Plateaurücken nordostwärts, die Kuppe P. 2818 überschreitend, und aus der folgenden Senke über den harmlosen Hang zum Gipfelpunkt am **Ofen (4)**, 2872 m.
Zurück am Grischsattel, gehen wir als Nächstes das **Laaxer Stöckli (5)**,

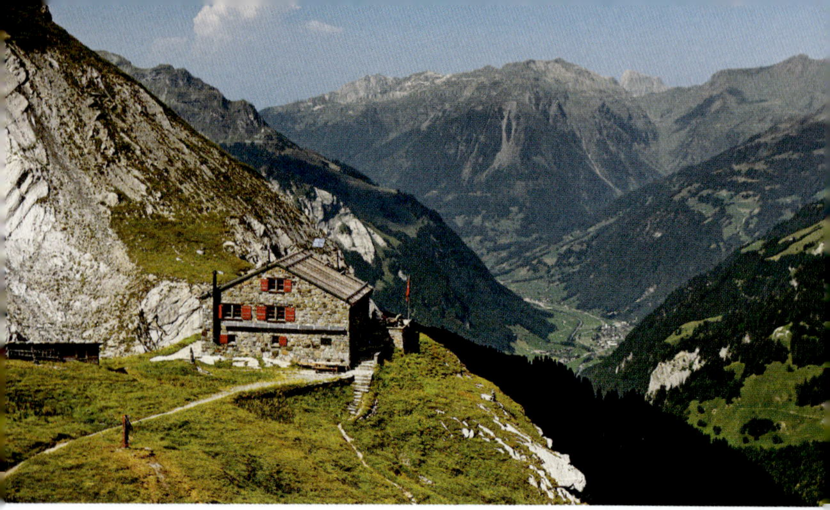

*Die Martinsmadhütte besitzt einen feinen Logenplatz.*

2898 m, direkt über seinen Nordostgrat an. Dabei sind einige Stellen etwas steil und ausgesetzt, aber für den Trittsicheren keine echten Hürden. Achtung: Eine blau-weiße Markierung dreht vorher rechts ab und traversiert den Gipfel nordseitig über Schuttterrassen (weniger lohnend). Auch der vom Gipfel südwestwärts gerichtete Rücken – ohne Bezeichnung und anfangs fast ohne Spuren – lässt sich gut begehen. Wo dieser im kupierten Felsplateau östlich des Vorabfirns verschwindet, wird es im Detail recht verzwickt. Zunächst gilt es, wieder die blau-weißen Signale aufzuspüren, um eine sichere Leitlinie zu haben. Trotzdem erwartet uns via **Bündnerbergjoch**, 2620 m, ein verschlungenes Auf und Ab, da immer wieder umständlich kleinen Hindernissen ausgewichen werden muss. Bei Nebel dürfte die Feinorientierung delikat sein! Auf etwa der gleichen Höhe von gut 2600 Metern erfolgt bei einem deutlichen Hinweis **(6)** der Einstieg in die obere Kesselstufe. Dort abwechselnd über Geröll und kompakte Felsplatten, die sich bei trockenen Bedingungen gut auf Reibung begehen lassen, abwärts. Vereinzelt hilft mal ein Fixseil, doch hüte man sich vor etwaigen abschüssigen Hartschneefeldern. Weiter unten schreiten wir auf einer Verflachung unter der Stromleitung hindurch und begeben uns in den nächsten Steilabbruch hinein. Diese nicht sehr solide Felsfluh wird inklusive einiger Quergänge praktisch durchwegs an Ketten durchstiegen: aufgrund der Ausgesetztheit das schwierigste Stück der Tour, auch wenn es klettersteigartig entschärft ist. Der Steilabstieg läuft also auf der Martinsmad aus. In Kürze ist dann auch die gleichnamige Hütte **(2)** erreicht und der Rest der Tour bis **Tschinglen (1)** entspricht dem Aufstieg.

5.45 Std.

# Fanenstock, 2236 m 24

## *Wiesenberg im Alpgebiet von Gamperdun*

*Der Fanenstock ist einer der Hausberge von Elm und ein famoser Aussichtspunkt über dem Sernftal. Die südseitige Normalroute erlaubt im Detail einige Varianten, wobei der Mittelstafel von Gamperdun eine Art Fixpunkt darstellt. Teils begeht man breite Wirtschaftswege, teils sehr kleine Pfade in typischem Hochweidengelände, die aber nur bei trockenen Verhältnissen so richtig Spaß machen. Die Wiesen reichen am Fanenstock sogar bis zum höchsten Punkt.*

**Ausgangspunkt:** Bei der Talstation der Tschinglenbahn im Elmer Ortsteil Töniberg, 1037 m. Von der Bushaltestelle (Linie von Schwanden) in gut 15 Min. erreichbar.
**Anforderungen:** T3. Nicht besonders üppig markierte Route in unschwierigem Wiesengelände ohne gefährliche Stellen, jedoch streckenweise auch ohne ausgeprägte Trasse. Deshalb etwas Trittsicherheit und Orientierungssinn angezeigt. Durchschnittliche Tagesleistung.
**Höhenunterschied:** 1200 Hm.
**Einkehr:** Keine.
**Beste Jahreszeit:** Ende Mai bis in den Spätherbst, solange schneefrei.

Von der Talstation in **Töniberg (1)**, 1037 m, geht es auf kleinem Steig durch Wald am Rand der Siedlung hinauf. Man trifft vorübergehend wieder auf die Forst- und Alpstraße und folgt ihr über eine markante Linkskehre mit dem Abzweig zum Raminer Stafel hinaus. Noch vor dem Gamperduner Stäfeli wenden wir uns bei P. 1278 nach rechts und kürzen zwei weite Serpentinen

*Die Alp Gamperdun gegen den Elmer Talschluss.*

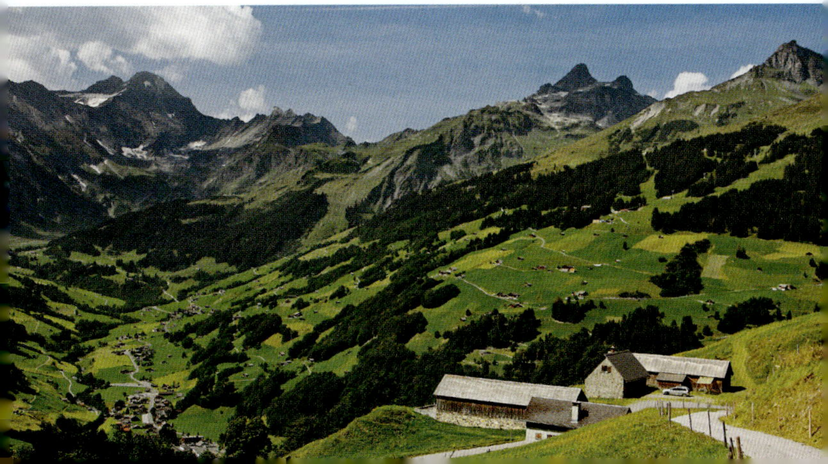

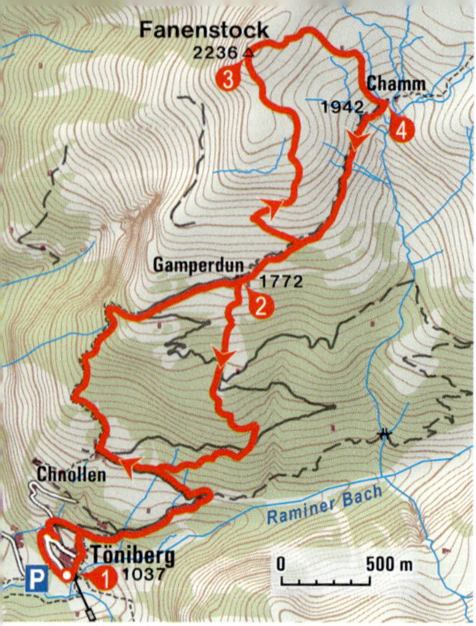


ab. In allmählich freierem Gelände gabelt sich die Alpstraße auf 1575 Metern Richtung Gamperdun links und Ramin rechts. Wir schlagen indes den schlecht markierten und im Gras manchmal kaum erkennbaren Bergweg über die Schindelegg ein, der direkt hinaufzieht nach **Gamperdun Mittelstafel (2)**, 1772 m. Nur bei Nässe sollten wir besser davon absehen und stattdessen den Schleifen des Güterwegs folgen. Auf diesen kommen wir bei der Alp ohnehin nochmals zurück, ehe etwas höher die eigentliche Gipfelroute links abzweigt. Entlang einer mit Pflöcken markierten Linie (große Abstände) in einer Links-rechts-Kombination durch eine Hangmulde nach Fanen und über weitläufige Hochweiden Richtung **Fanenfürggli**, 2143 m. Von dort ist es fast nur noch ein Katzensprung von Süden her zum Gipfel des **Fanenstocks (3)**, 2236 m, der sich als schmuckloser Wiesengrat mit Steilabbrüchen auf der Nordwestseite entpuppt.

Um der Tour etwas Abwechslung zu geben, können wir wenige Schritte weiter die Krete pfadlos in die Südostflanke verlassen und nach Gutdünken über den Figglerboden (mit Hirtenhütte) zur Alp **Chamm (4)**, 1942 m, absteigen, zuletzt zwischen zwei kleinen Gräben hindurch. Markierungen sucht man hier allerdings vergeblich, es tauchen lediglich wahllose Viehspuren auf. Der Wirtschaftsweg bringt uns schließlich wieder über **Gamperdun Mittelstafel (2)** zurück, wobei sich ab P. 1727 vorteilhaft abkürzen lässt: via Ober und Unter Windegg zum Gamperduner Stäfeli und dann wie gehabt zum Ausgangspunkt **(1)**.

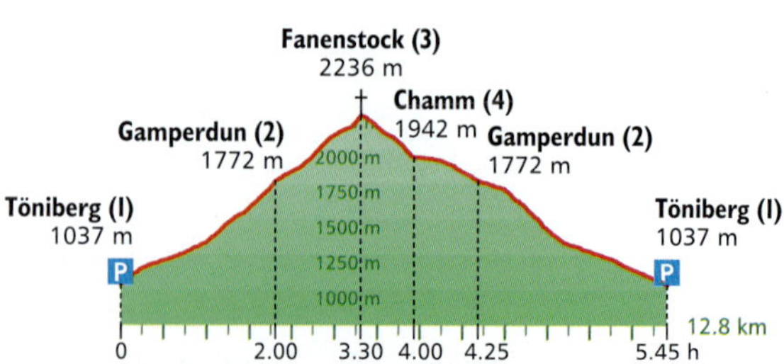

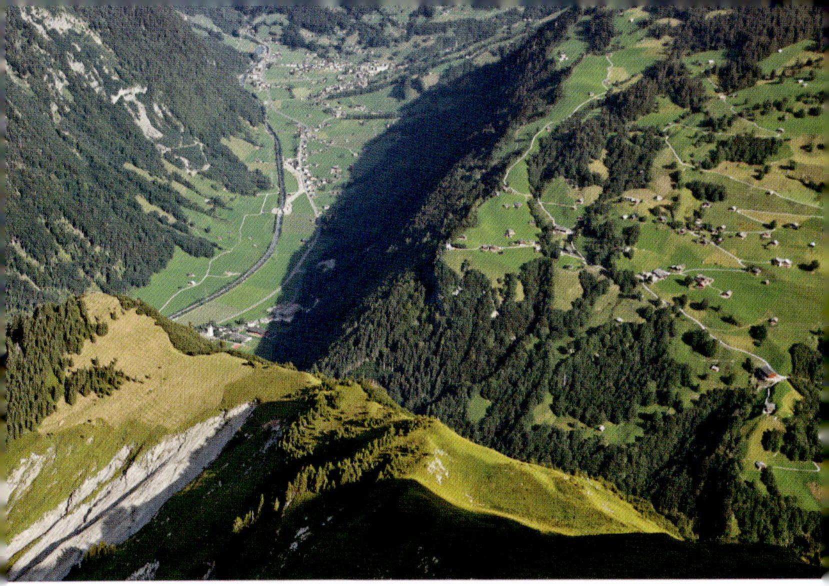

*Vom Fanenstock blickt man sowohl tief ins Sernftal hinab …*
*… als auch südwärts zu den hohen Bergen an der Grenze zu Graubünden.*

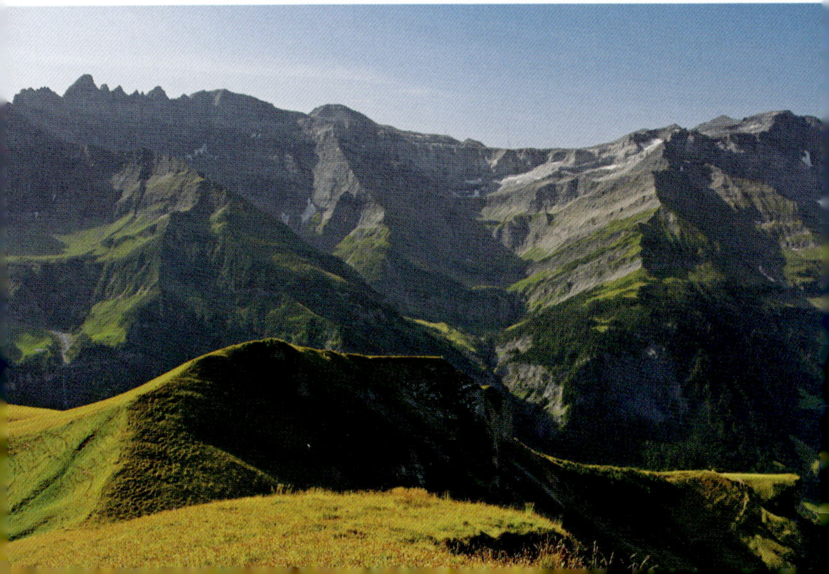

TOP **25**

# Schilt, 2298 m, und Gufelstock, 2435 m

7.00 Std.

### Eine Kammroute für Gipfelsammler

*Zu den beliebtesten Wanderbergen im Glarnerland zählt der Schilt, der über steilen Randabbrüchen eine eigenartige Hochflächenbildung zeigt. Sowohl von der Fronalp als auch von der Äugstenbahn kommen Besucher herauf, einige vielleicht auch aus dem Murgtal. Der Schilt befindet sich quasi zwischen zwei Blickfängen, dem Mürtschenstock im Norden und dem Glärnisch jenseits des tiefen Linthtals. Die Perspektive verändert sich übrigens gravierend, wenn man kurz zur vorgeschobenen Kanzel am Tristli hinübergeht. Im weiteren Verlauf der Tour steht noch eine Handvoll mehr oder weniger eigenständiger Erhebungen auf dem Programm. Während das Schwarzstöckli oft von einer dichten Menschentraube besetzt ist, dünnt die Frequentierung auf der etwas anspruchsvolleren Kammstrecke via Heustock, Chli Höch und Höch aus. Kulminationspunkt ist letztlich der Gufelstock, wo man nochmals lange rasten wird. Schließlich gibt es Richtung Vor- und Hochalpen gleichermaßen viel zu schauen. Idyllische Plätze zum Verweilen bietet darüber hinaus das kupierte Seengelände, das auf dem Abstiegsweg durchmessen wird.*

*Besonders reizvoll erscheint die Kammwanderung zum Gufelstock.*

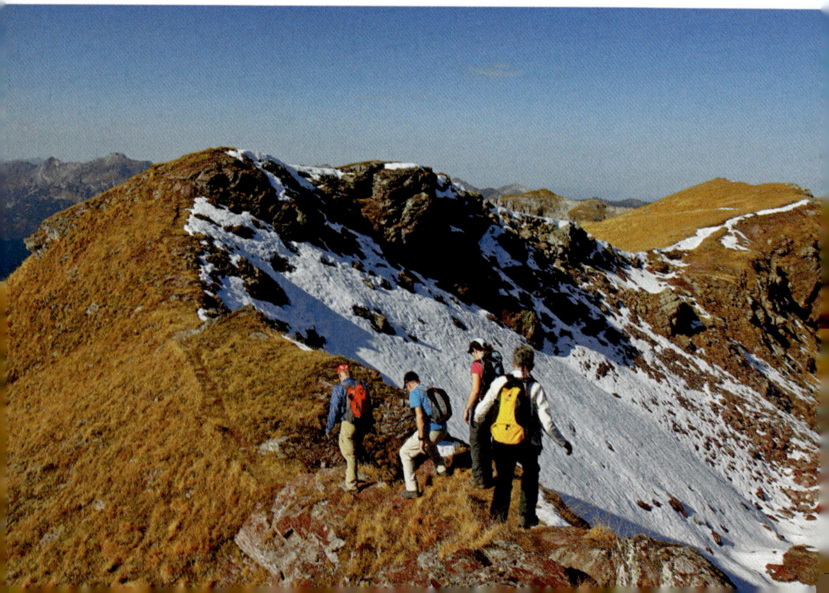

**Ausgangspunkt:** Bergstation am Bärenboden, 1446 m, erreichbar mit der Äugstenbahn von Ennenda (wenige Gehminuten vom Bahnhof). Betriebszeiten Sa./So. 7 bis 9 Uhr sowie 17 bis 19 Uhr obligatorisch, in der Zwischenzeit sowie generell von Mo. bis Fr. auf Anfrage, Tel. +41 55 6408153.
**Anforderungen:** T3. Zum Schilt und Schwarzstöckli normale, eher leichte Bergwege. Weiter zum Gufelstock nicht bezeichnet, aber deutliche Pfadspur auf schrofig-grasiger Krete, mitunter etwas ausgesetzt. Trittsicherheit wichtig, doch ohne nennenswerte Kletterei. Die spärlich markierte Abstiegsroute erfordert manchmal ohne richtige Trasse etwas Orientierungsvermögen. Lange Tagestour für Ausdauernde.
**Höhenunterschied:** Etwa 1300 Hm.
**Einkehr:** Äugstenhütte, 1498 m, Tel. +41 79 3819333.
**Beste Jahreszeit:** Mitte/Ende Juni bis in den Oktober.
**Variante:** Wer die Tour abkürzen möchte, verzichtet auf den Übergang zum Gufelstock und wendet sich beim Sattel zwischen Schwarzstöckli und Heustock nach rechts. Über die Heustockfurggel, 2263 m, wandert man links von den Alpeli-Abbrüchen tiefer und trifft kurz vor P. 1972 auf die andere Route. Die Gesamtgehzeit reduziert sich auf 5.30 Std.

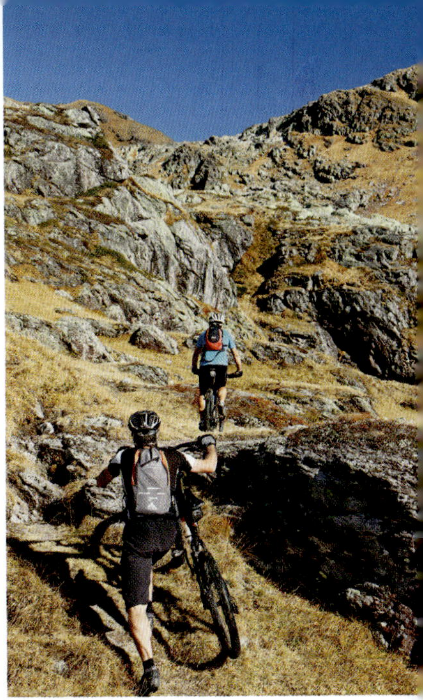

*Ambitioniert, aber vielleicht nicht die beste Fortbewegungsmöglichkeit in diesem Gelände.*

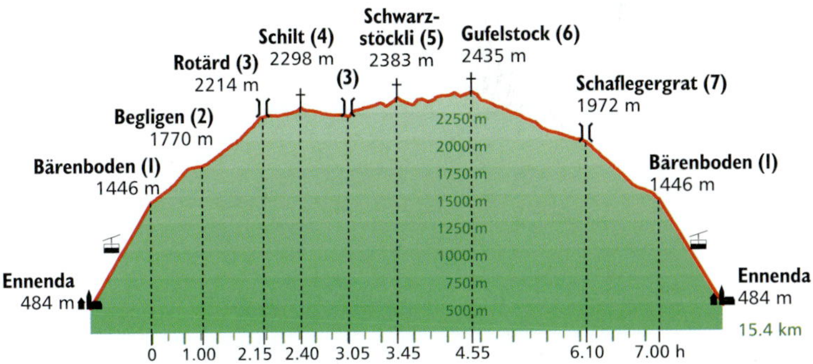

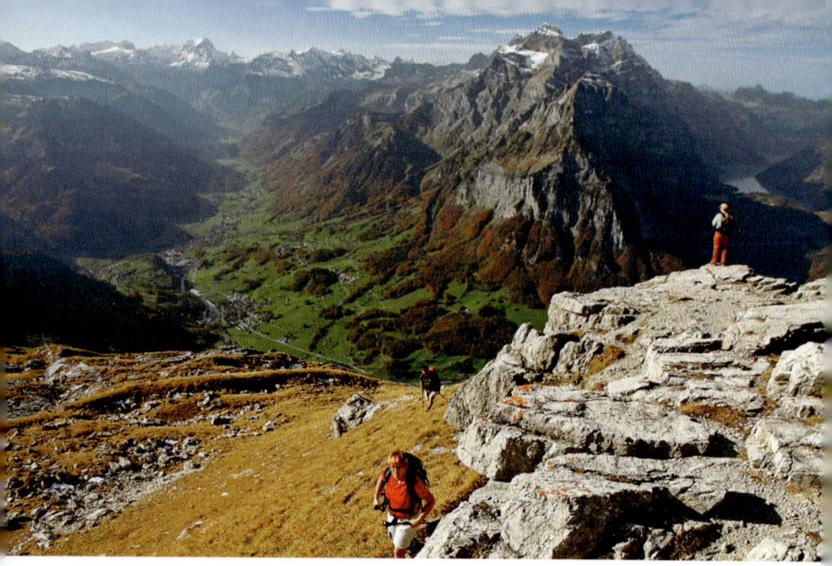

*Das dem Schilt vorgelagerte Tristli gilt als einer der besten Logenplätze im Glarnerland. Die ganze Talschaft bis zuhinterst liegt uns zu Füßen.*

Fast 1000 Höhenmeter nimmt uns die Äugstenbahn ab, wenn wir zum **Bärenboden (1)**, 1446 m, hinaufschweben. Wenig später verzweigt sich bei der **Äugstenhütte**, 1498 m, der Weg. Wir halten uns links, durchqueren ein Waldstück und steigen in ein Wiesenhochtal auf. Hinter der Schwelle erscheint auf einem Boden die Alp **Begligen (2)**, 1770 m (neuerdings »Alpegligen« in der Karte). Hier rechts haltend weiter ins Schilttal aufwärts. In dem Geländetrichter kommen wir problemlos voran und erreichen beim Sattel **Rotärd (3)**, 2214 m, die nächste wichtige Kreuzung. Linker Hand (südwestwärts) führt unsere Stichroute zum Schilt, passiert dabei ohne wesentliche Höhendifferenzen zwei weitere Sättel (Siwellen Ost und West genannt) mit den Zugängen von der Fronalp und steuert dann den höchsten Punkt am **Schilt (4)**, 2298 m, an. Lohnend ist der kurze Übergang zum Westeck namens **Tristli**, 2284 m, wo man die eindrucksvolleren Tiefblicke erhascht.
Anschließend zurück nach **Rotärd (3)** und am Gegenhang hinauf zu einer Schulter. Wir begehen den Grasrücken des Wisschamms und nähern uns aus der folgenden Senke dem **Schwarzstöckli (5)**, 2383 m, auf den letzten Metern von Norden gemeinsam mit der Route vom Murgsee. Wir überschreiten die ungewöhnlichen Steinformationen südwärts und könnten im nächsten Sattel (P. 2313) rechts ausscheren, um den Kreis zu schließen (siehe Variante). Ansonsten weiter entlang der Krete zum nahen **Heustock**, 2383 m,

empor. Die anregende Gratwanderung setzt sich über **Chli Höch**, 2398 m, und **Höch**, 2425 m, zwei wenig ausgeprägte Schrofenerhebungen, fort. Dahinter wird einer schrofferen Gratpartie rechts in der Südflanke ausgewichen, bevor es kurzzeitig steil zurück zur Krete geht und die letzten unschwierigen Meter zum **Gufelstock (6)**, 2435 m, offenstehen.

Der Abstieg erfolgt am recht steilen Südrücken hinab zum Sattel P. 2351 (vor Ort »Wechselplanggen« genannt). Hier scharf nach rechts unter die Südflanke des zuvor begangenen Kammes und dann aufmerksam den Stangenmarkierungen folgen, denn die Pfadspuren verlieren sich zeitweise. Insbesondere müssen wir bald einen Linksknick beachten, der zu einer Art Band führt. Über Rundhöcker allmählich abwärts zu der wunderbaren, verträumten Seenplatte (Flurname »Bi den Seelenen«). Einige größere und kleinere Lacken passieren wir ganz nah und kommen dann auf ca. 2070 Metern zu einer unbeschilderten Weggabelung. Hier nicht den Stangen folgend gegen Fesis hinab, sondern rechts queren und über das leicht verkarstete Gelände der Chrummböden hinüber zur Einmündung der kürzeren Variante. Kurz darauf erfolgt in der Lücke bei P. 1972 am **Schaflegergrat (7)** der Überstieg ins Alpeli. Unser Pfad zieht schräg hinab in die Karmulde und anschließend im Bogen zu einem Hüttli. Mit einigen Serpentinen über die Heuplanggen tiefer und nach rechts zurück nach **Äugsten** zur Seilbahn **(1)**.

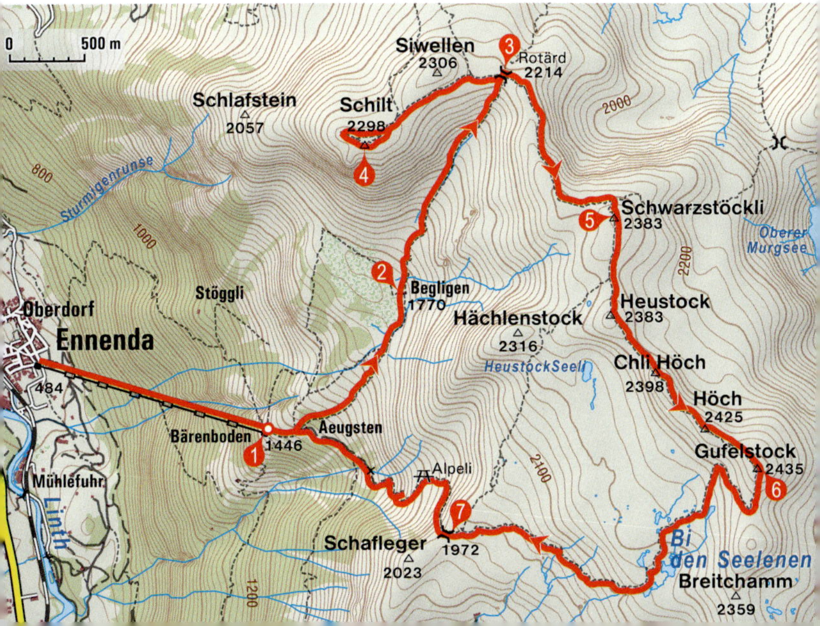

# 26 *Fronalpstock, 2123 m*

**3.40 Std.**

### *Wahrzeichen am Eingang ins Glarnerland*

*Als pyramidenförmiger Felsaufbau tritt der Fronalpstock sofort auffällig in Erscheinung, wenn man von Norden ins Glarnerland eintritt. Man könnte ihn gleichsam als einen Wächter der Talschaft bezeichnen. Und den gestandenen Bergwanderer reizt sicher eine Besteigung, um einmal die umgekehrte Perspektive zu würdigen. Dabei muss man sich nicht die volle Höhendifferenz von 1700 Metern aus der Talsohle aufbürden, wenn man sich bis zur Fronalp der Motorkraft bedient. Gleichwohl ist die vermeintliche Spritztour keinesfalls zu unterschätzen, denn in der Schlüsselstelle am Gipfelaufbau müssen die Hände definitiv aus den Hosentaschen genommen werden.*

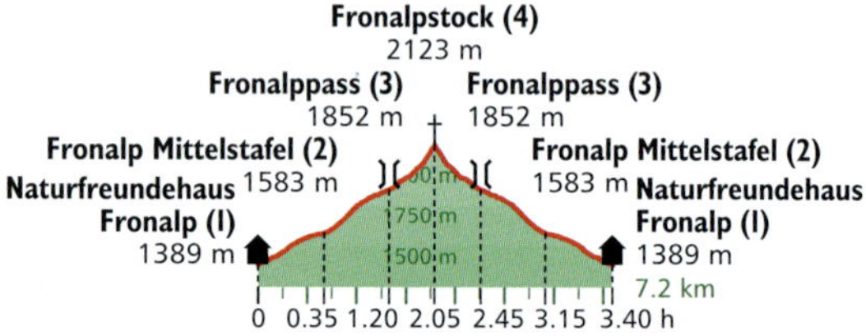


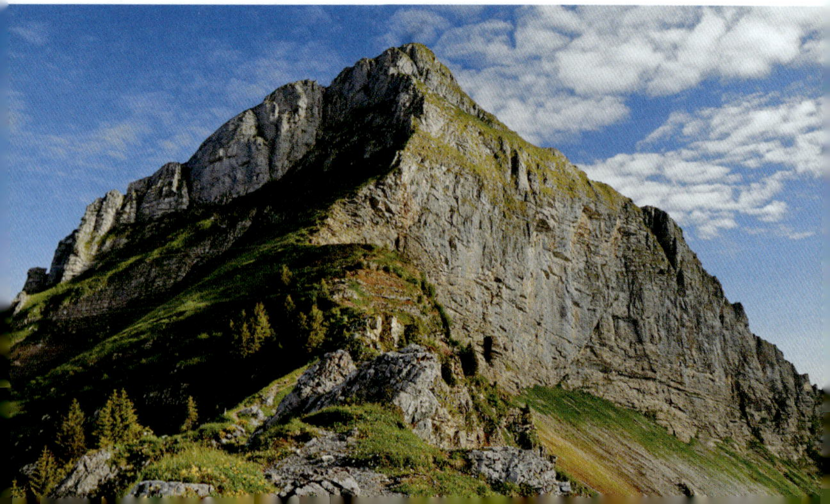

*Am Gipfelaufbau müssen wir die Hände aus dem Hosensack nehmen.*

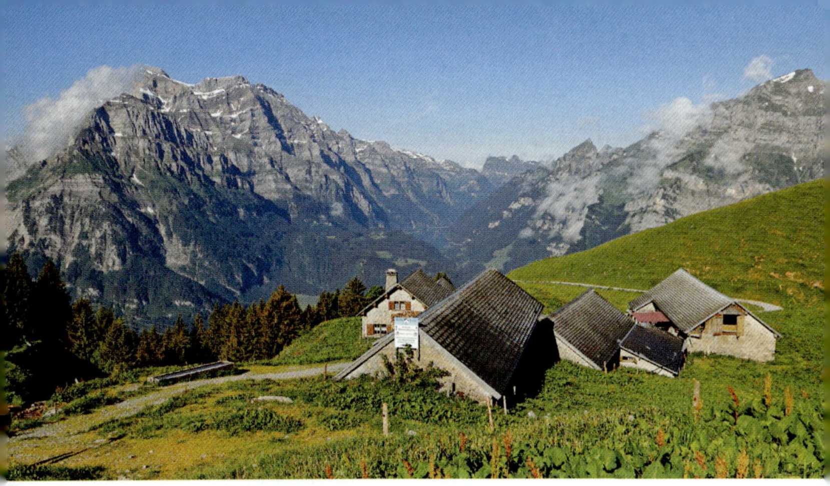

*Malerisch: Fronalp Mittelstafel mit dem wuchtigen Glärnisch als Blickfang.*

**Ausgangspunkt:** Naturfreundehaus Fronalp, 1389 m, erreichbar auf einer öffentlichen Bergstraße von Mollis. Eventuell Taxi-Zubringer möglich, Tel. +41 79 6934949.
**Anforderungen:** T4 (Schlüsselstelle). Leichte Bergwege bis zum Fronalppass, anschließend auf blau-weiß markierter Alpinroute Trittsicherheit unerlässlich und in der schwierigsten Passage auch etwas Kletterfertigkeit (I. Grad mit Ketten). Konditionell ist die Tour moderat.
**Höhenunterschied:** 740 Hm.
**Einkehr/Unterkunft:** Naturfreundehaus Fronalp, 1389 m, Tel. +41 55 6121012 (Mo./Di. Ruhetag). Das etwas unterhalb gelegene Berggasthaus Fronalpstock, 1330 m, ist derzeit durch Brand zerstört.
**Beste Jahreszeit:** Juni bis Oktober.

Vom **Naturfreundehaus Fronalp (1)**, 1389 m, auf dem Güterweg – mit einer Abkürzung zwischendurch – zum **Fronalp Mittelstafel (2)**, 1583 m, wo sich ein breit ausgebauter Bergweg fortsetzt. Er zieht teils kräftig an und leitet rechts ausholend am Oberstafel vorbei zum weitläufigen **Fronalppass (3)**, 1852 m. Nun folgen wir dem blauen Hinweisschild nach links aufwärts, begehen vorerst einen Kammrücken, weichen jedoch alsbald in die ziemlich abschüssige Flanke aus (zweimal kurze Ketten) und nähern uns einer sehr steilen Kaminrinne. Diese erweist sich als gut gestuft und wird ebenfalls mit Hilfe von Ketten erklommen. Vom Ausstieg setzt sich der Schrofenpfad am Westhang bis zum Gipfel des **Fronalpstocks (4)**, 2123 m, fort. Das Bergab ist identisch.

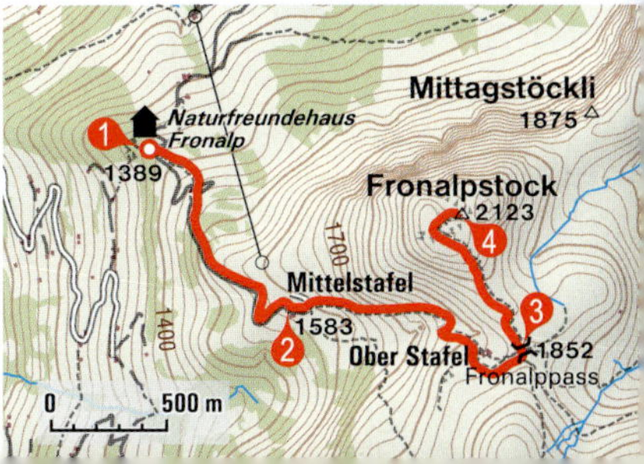

# 27 Nüenchamm, 1904 m

5.00 Std.

## *Die Alphöhen über dem Kerenzerberg*

*Der Walensee mit den Churfirsten sowie die vorderen Glarner Berge mit Mürtschen- und Fronalpstock, Rautispitz und Glärnisch stehen als Highlights im Panorama des Nüenchamms, was sich schon mal verlockend anhört. Die oft erdigen Wege sind allerdings nur bei trockenen Bedingungen ein Genuss. Doch vielleicht lockt noch eine andere traditionelle Spezialität, die im Glarnerland besonders geadelt wird: Streckenweise sind wir auf dem sogenannten Schabziger-Höhenweg unterwegs – und wer den Bergkäse der Region kosten möchte, mache unbedingt auf der Mittleren Nüenalp Station …*

**Ausgangspunkt:** Parkplatz Mullerenberg, ca. 1105 m. Zufahrt von Mollis auf der Bergstraße Richtung Fronalp und bei der Verzweigung P. 1072 links noch 300 m. Weiter oben keine Parkmöglichkeit mehr! Zwecks Taxi: Tel. +41 79 6934949.
**Anforderungen:** T2–3. Bergwege abwechselnd in Wald und Mattengelände, wobei speziell im oberen Bereich die Grasnarbe oft zertreten und der Steig bei Nässe eventuell unangenehm rutschig ist. Die Absturzgefahr ist gering, trotzdem elementare Trittsicherheit vorteilhaft.
**Höhenunterschied:** Bis Nüenchamm 800 Hm, insgesamt rund 950 Hm.
**Einkehr/Unterkunft:** Nüenalp, 1398 m, Tel. +41 79 4078136.
**Beste Jahreszeit:** Juni bis Oktober.
**Variante:** Ausgangspunkt Habergschwänd, 1278 m, erreichbar von Filzbach mit der Kerenzerbergbahn. Dann steigt man am besten über die Nordostroute auf und via Oberer und Mittlerer Nüen ab. Gehzeit etwa 3.30 Std.

Vom **Parkplatz (1)** entweder weiter der Bergstraße folgen oder auf dem Forstweg bergauf, nach wenigen Minuten scharf links und durch ein Waldstück in die Streusiedlung **Mullerenberg**. Bei den oberen Höfen dreht die Route nordwärts ab, taucht ins Gehölz ein, vollzieht eine Reihe von Kehren und setzt sich auf einer Art Band im Tobelwald fort. Später teils wieder über Freiflächen und zur wichtigen Gabelung am **Sattelboden (2)** auf knapp 1400 Meter Höhe, wo wir den Schabziger-Höhenweg scharf rechts verlassen. Es geht durch unterschiedlich dichte Waldbestände aufwärts und zum Anknüpfpunkt bei **Oberst Nüen (3)**, 1580 m. Nun im Rechtsbogen zu einer Wiesenfläche, von wo aus der

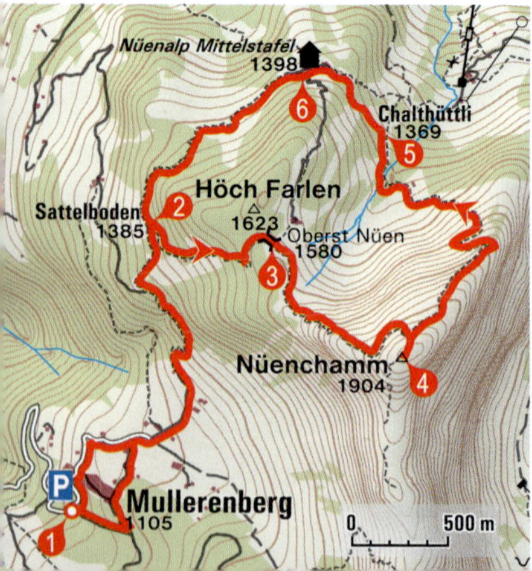

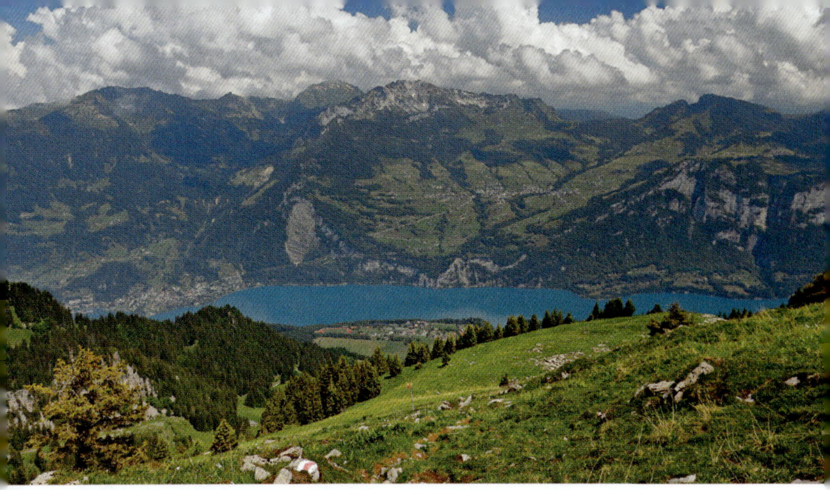

*Der Nüenchamm gehört zur Umrahmung des Walensees; vis-à-vis die Berge um Amden.*

erdige Kehrenweg am Nordwestkamm unseres Berges erstiegen wird. Weiter oben erzwingen Hindernisse allerdings eine Linkstraverse, ehe man den höchsten Punkt am **Nüenchamm (4)**, 1904 m, schließlich gemeinsam mit der Normalroute von Nordosten erreicht.

Im Abstieg folgen wir dieser an einer Hirtenhütte vorbei, durch eine kurze Rinne und anschließend mit weiten Schleifen in die Nordmulde hinunter. Am Stäfeli vorbei in einen Graben und zum **Chalthüttli (5)**, 1369 m. Hier lässt sich abkürzen, indem wir links am Hang bleiben und den kleinen, unbezeichneten Pfad entlang der Weidezäune aufspüren, der bald auf den guten Weg von Habergschwänd trifft (ansonsten steigt man noch ein Stück ab und linker Hand wieder bergauf). Nächstes Ziel ist der **Nüenalp Mittelstafel (6)**, 1398 m, mit der kleinen Beiz hinter dem Geländeeck. Wir befinden uns inzwischen wieder auf dem Schabziger-Höhenweg, der leicht auf und ab quer durch die Hänge führt, und uns wieder Richtung **Sattelboden (2)** bringt. Von dort wie bekannt zurück nach **Mullerenberg**.

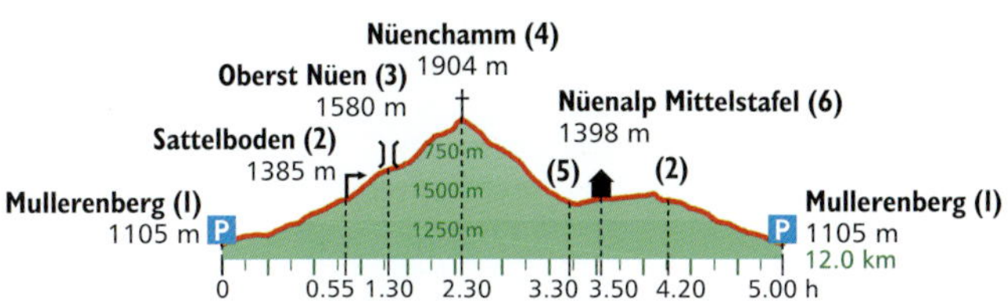

# 28 Römerweg Kerenzerberg

**4.00 Std.**

## *Historische Säumerroute oberhalb des Walensees*

*Auf der Verbindung zwischen dem Züribiet und dem St. Galler Rheintal mussten Handelsreisende früher über den Kerenzerberg ausweichen, denn bis zur Mitte des 19. Jahrhunderts war die Uferstrecke am Walensee nicht passierbar. Die alte, beschwerliche Säumerroute geht sogar schon bis auf die Römer zurück und ist heutzutage Leitlinie für einen kantonalen Wanderweg, der von Mollis aus über die hübschen Kerenzerberg-Dörfer Filzbach und Obstalden nach Mühlehorn führt. Die erste Hälfte ist oft bewaldet, danach bieten sich vermehrt schöne Ausblicke.*

**Ausgangspunkt:** Mollis, 445 m, Haltestelle Kirchplatz. Parkmöglichkeiten in der Nähe, vom Bahnhof Näfels-Mollis wenige Minuten zu Fuß.
**Endpunkt:** Mühlehorn, 426 m, am Bahnhof. Von hier besteht eine direkte Postautoverbindung zurück zum Ausgangspunkt.
**Anforderungen:** T1. Überall leichte Wanderwege bzw. einige kürzere Abschnitte auch auf Straßen. Bei gemäßigten Steigungen und Gefällen keine besonderen Anforderungen.
**Höhenunterschied:** Gut 500 Hm Auf- und Abstieg.
**Einkehr:** In den Ortschaften (Filzbach, Obstalden, Mühlehorn).
**Beste Jahreszeit:** Fast ganzjährig.

*Im hübschen Mühlehorn am Walensee endet die Wanderung.*

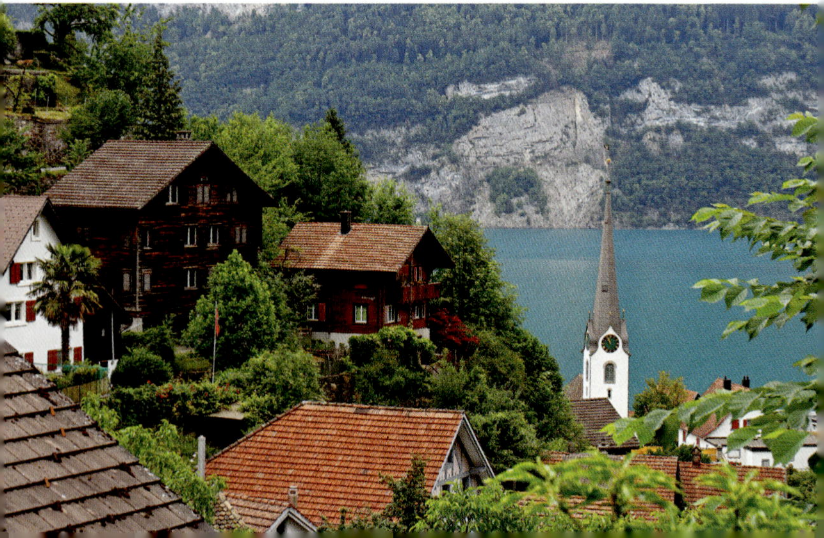

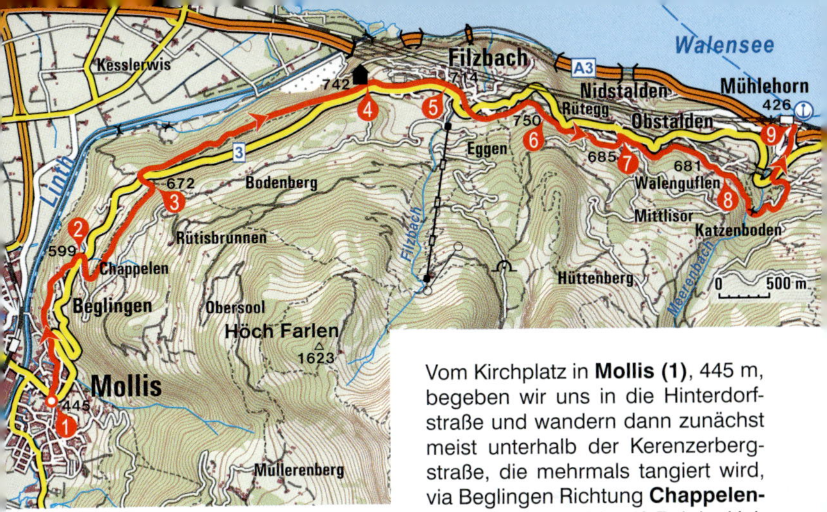


Vom Kirchplatz in **Mollis (1)**, 445 m, begeben wir uns in die Hinterdorfstraße und wandern dann zunächst meist unterhalb der Kerenzerbergstraße, die mehrmals tangiert wird, via Beglingen Richtung **Chappelenstutz (2)**, 599 m, hinauf. Bei der Haltestelle scharf rechts und nach 200 Metern links auf eine Waldtraverse. An ihrem Ende treffen wir auf den Wegweiser **»Vor dem Wald« (3)**, 672 m, und haben nun die Möglichkeit, dem oberen Weg via Britteren zu folgen oder aber dem originalen Römerweg hinunter zur Straße. Auf der anderen Seite geht es unterhalb auf einem Forstweg weiter, der später im Schräganstieg entlang einer Weidelichtung verläuft. Man stößt erneut auf die Straße, nimmt aber den parallelen Wiesenpfad und gelangt damit zum **Hotel Römerturm (4)**, 742 m, am Standort eines alten römischen Kastells. Nun auf dem Trottoir hinein nach **Filzbach (5)**, 714 m. Wir verlassen die Durchgangsstraße nach oben und steuern an der **Rütegg (6)**, ca. 750 m, den schönsten Aussichtspunkt der Tour an (Walensee-Panorama und Seerenbach-Wasserfall gegenüber). Die Route senkt sich nach **Obstalden (7)**, 685 m, und findet ihre Fortsetzung im Hangweg zum Weiler **Walenguflen (8)**, 681 m, bevor sie in den Sagenwald eintaucht. Zuletzt existieren mehrere Abstiegsmöglichkeiten ab Sagenbrücke nach Mühlehorn, zum Beispiel via Geissegg durch den Meerenbachtobel. Man gelangt direkt hinunter ins Dorf und läuft dort den Bahnhof **Mühlehorn (9)**, 426 m, an.

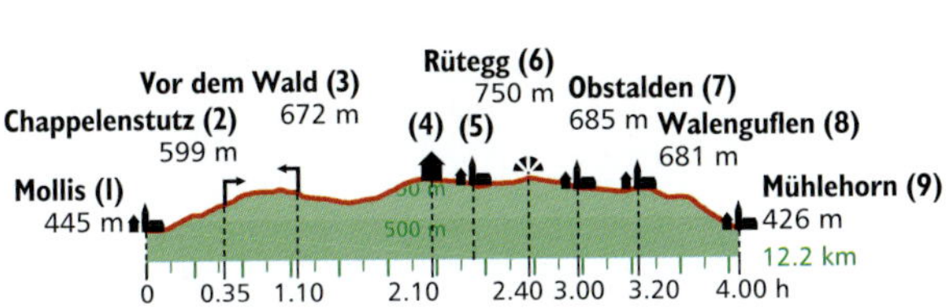

## 29 Rund um den Mürtschenstock

5.45 Std.

### Alpwanderung über die Mürtschenfurggel

*Wohl kein Bergmassiv in den Glarner Voralpen kann sich mit dem Mürtschenstock messen. Der wuchtige, mehrfach gezackte Felsaufbau macht aus verschiedenen Perspektiven ordentlich Eindruck und ist auch nur mit handfester Kletterei zu erreichen. Auf dieser hingegen eher leichten Wanderung soll der Mürtschenstock zentrales Anschauungsobjekt sein, wenn wir ihn einmal vollständig umrunden. Zwei Hochtäler bieten dafür den Rahmen und gewähren tiefe Einblicke in typisches Alpterrain. Mehrere Weidegründe liegen am Weg.*

**Ausgangspunkt:** Hüttenberge, bei P. 980 (Kreuzung des Wanderwegs). Zufahrt von Obstalden am Kerenzerberg über eine öffentliche Bergstraße. Postauto natürlich nur bis Obstalden.

**Anforderungen:** T2. Wenig schwierige, nur selten steile Bergwanderwege, die im Alpgelände phasenweise rutschig sein können. Durchschnittliches Tagespensum.

**Höhenunterschied:** Gut 1000 Hm.

**Einkehr:** Restaurant Talalpsee, 1116 m, Tel. +41 79 6910221. Restaurant Hüttenberg, 1018 m, Tel. +41 55 6141363 oder +41 79 6143236.

**Beste Jahreszeit:** Juni bis Oktober.

**Variante:** Von Obstalden aus muss mit 1.30 Std. längerer Gesamtgehzeit gerechnet werden.

*Der Mürtschenstock, hier in der Südansicht, zählt zu den markantesten Berggestalten der Glarner Voralpen.*

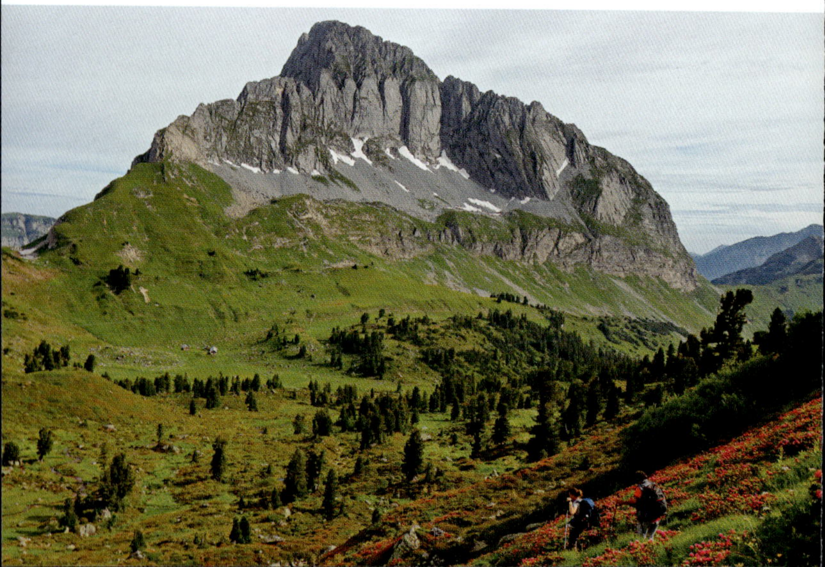

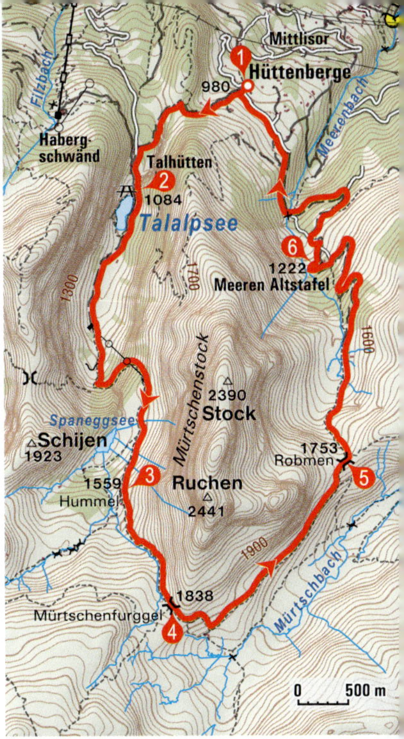


Nachdem wir in der Nähe von P. 980 bei **Hüttenberge (1)** eine Abstellmöglichkeit für unser Fahrzeug gefunden haben, schlagen wir die Verbindung zur Talalp, 1116 m, ein. Dabei zunächst etwas aufwärts, dann durch ein Waldstück in den Einschnitt und an den Alphütten sowie einem Beizli vorbei zum idyllischen **Talalpsee (2)**, 1084 m. Wir passieren das linke Ufer und wandern in den hinteren Kessel, wo unser Weg einen markanten Linksbogen vollzieht und die Steilstufe zur Spanegg überwindet. Der gleichnamige See bleibt rechts abseits, während wir südwärts die Alp **Hummel (3)**, 1559 m, ansteuern. Von dort nun links haltend durch das allmählich steinig durchsetzte Chüetel zur **Mürtschenfurggel (4)**, 1838 m, dem Kulminationspunkt der Tour.
Der Abstieg auf der anderen Seite führt zur Alp **Ober Mürtschen**, 1731 m. Bereits kurz davor wenden wir uns scharf links auf die Querroute, die am Hang entlang mit geringem Auf und Ab nordostwärts verläuft. Ein kurzer Gegenanstieg leitet zu einem weiten Wiesensattel mit dem Hüttli von **Robmen (5)**, 1753 m. Nordseitig geht es anschließend hinab zum Meerenboden, an der Alp vorbei und auf einem Güterweg in Schleifen (gegebenenfalls Abkürzungen) via **Meeren Altstafel (6)**, 1222 m, tiefer. Wir kreuzen bei P. 1060 einen Tobel und vollenden die Tour hinaus Richtung **Hüttenberge (1)**, wobei man kurz vor Ende noch an einem Gasthaus vorbeikommt.

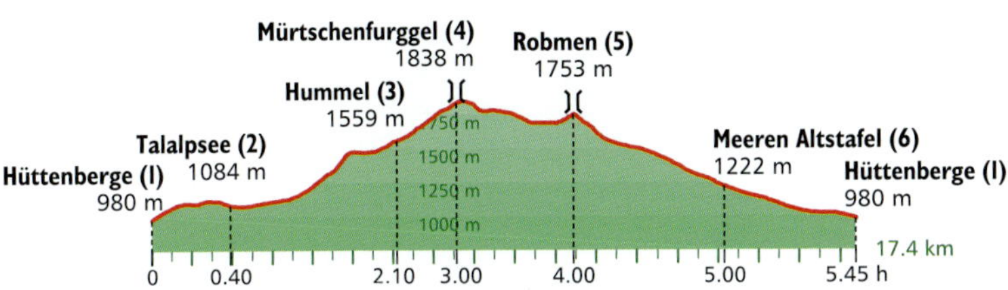

# Sarganserland und Obertoggenburg – zwischen Walensee und Alpstein

Neben Glarus findet noch ein zweiter Kanton in diesem Wanderführer Berücksichtigung, wenn auch nicht in seiner vollen Ausdehnung: St. Gallen. Wir konzentrieren uns hier sinnvollerweise auf die ausgesprochenen Gebirgsregionen im Südteil, die vor allem im Sarganserland, am Werdenberg über dem St. Galler Rheintal sowie im Obertoggenburg beheimatet sind. Auffälligstes geografisches Element ist wohl der Walensee, der auch als Bindeglied unserer beiden Kantone gelten darf und in früheren Zeiten gar nicht so leicht passierbar war. So gestaltete es sich auf dem Landweg über den Kerenzerberg mühsam, per Schiff über das 15 Kilometer lange und bis 150 Meter tiefe Gewässer wegen der Wetterunbill potenziell gefährlich. Und noch heute ist das idyllische, fast mediterran anmutende Dörfli Quinten am Nordufer nur per Schiff oder zu Fuß erreichbar.
Fjordartig liegt der Walensee eingebettet zwischen den schroffen Gipfelköpfen der Churfirsten und den tendenziell sanfter und weiträumiger abdachenden Ausläufern der östlichen Glarner Voralpen, die auf St. Gallischem Boden nach dem Ort Flums im Seeztal manchmal unter dem Begriff »Flumser Berge« auftauchen. Gen Osten bildet dieses Seeztal die natürliche Fortsetzung der durch die Eiszeitgletscher ausgeformten Walenseefurche. Kurz bevor man dann ins Rheintal kommt, liegen dort noch Mels und Sargans, im Rheintal selbst schließlich der Kurort Bad Ragaz. »Heidiland« prangt es schon in großen Lettern an der Autobahn! Die Bergwelt im Sarganserland respektive St. Galler Oberland ist wie angedeutet weitläufig, meist von Hochweidengelände und nur wenigen wirklich profilierten Gipfeln wie dem Spitzmeilen geprägt, zudem auch von diversen Einschnitten zergliedert. Das Murgtal führt noch direkt zum Walensee hin, das Schilstal Richtung Flums und das ehedem durch Walser besiedelte Weisstannental von weit drinnen hinunter nach Mels. Nicht zu vergessen das entlegen zwischen Pizolstock und Ringelspitzkette eingeschnittene Calfeisental: Es mündet bei Vättis zunächst ins Taminatal und jenes bei Bad Ragaz schließlich in den Rhein.
Nördlich von Walensee und Seeztal sind Federispitz, Speer und Mattstock durch die Geländeterrasse beim Sonnendorf Amden von der langen Churfirsten-Alvier-Kette deutlich abgesetzt. Der besagte Gipfelzug hat es dann freilich in sich: Zwischen Leistchamm und Gauschla können über zwei Dutzend eigenständige Zweitausender gezählt werden – die meisten davon präsentieren sich als richtige Charakterköpfe mit zum Teil unverwechselbarem Profil. Die Kammlinie sinkt dabei nicht unter 1834 Meter ab. Neben den sieben eigentlichen Churfirsten ist der Alvier am populärsten. Während sich Letzterer auf seiner Ostseite zum Werdenberg hin orientiert – gemeint ist das mit diversen Bergstraßen gut erschlossene Hanggebiet oberhalb von Seve-

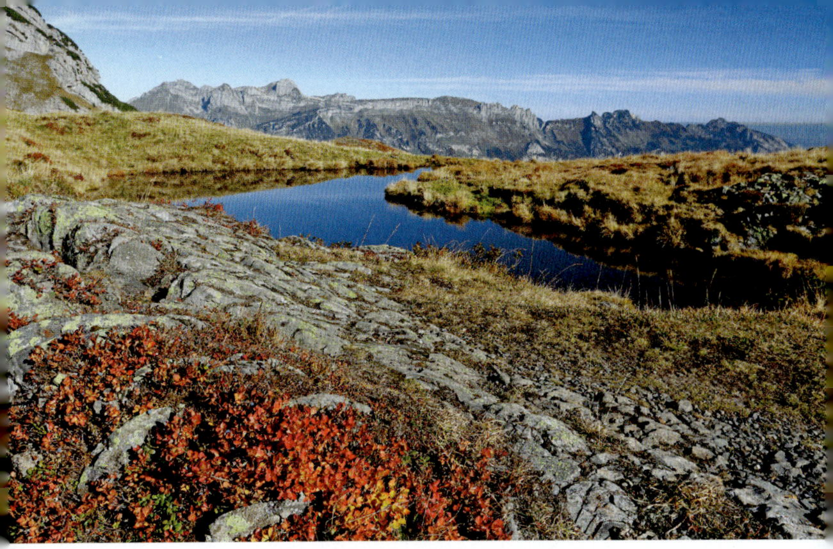

*Beim Aufstieg zum Margelchopf am Werdenberg.*

len, Buchs und Grabs im St. Galler Rheintal –, gehören die Churfirsten anteilsmäßig zum Toggenburg. Ja, sie werden sogar vornehmlich als Toggenburger Berge wahrgenommen, zumal von hier alle Normalrouten kommen und auch der Alpbalkon auf halber Höhe ein Wanderdorado par excellence darstellt. In jedem Fall ist es ein faszinierender Kontrast, die regelmäßig konturierten Pultdächer auf der einen und die abgründige Tiefe zum Walensee auf der anderen Seite zu erleben!
Formschöne Felsspitzen, sanfte Wiesenhügel, dunkle Wälder sowie eine charakteristische Streusiedlungsstruktur bestimmen das Bild im Obertoggenburg. Hier ist der Bergwanderer in seinem Element, ganz gleich ob in den alpin geprägten Gefilden um Alpstein und Churfirsten oder im voralpinen Bereich, der gen Norden sukzessive sanft und weniger unspektakulär abebbt. Vielleicht mag manch einer sogar den gesamten Toggenburger Höhenweg binnen fünf Tagen von Wildhaus bis nach Wil ablaufen. Aber auch die freundlichen Dörfer längs der Thur sind einen Besuch wert. Das traditionelle bäuerliche Brauchtum wird hier noch stark gelebt. Seinen Namen erhielt das Toggenburg übrigens von einem Adelsgeschlecht im Mittelalter. Besonders große Bedeutung erlangte in dieser Talschaft die Reformation, zumal der wichtigste Schweizer Reformator Huldrych Zwingli aus Wildhaus stammte. Und seit jeher thront über allem der Säntis, Hauptgipfel des landschaftlich großartigen Alpstein-Massivs, den sich die Toggenburger mit den Appenzellern redlich teilen …

TOP **30** 

# *Federispitz, 1864 m*

**4.10 Std.**

### *Das Glarnerland in der Frontalperspektive*

*Es ist seine besondere Position, die den Federispitz zu einem der besten Aussichtsberge unserer Region macht. Wie ein aufgeschlagenes Buch entfaltet sich quasi das komplette, kulissenartig gestaffelte Panorama der Glarner Alpen und bietet als zusätzlichen Blickfang auch einen Ausschnitt des Walensees. Nicht zu vergessen die Toggenburger Bergwelt und das Unterland um den Zürichsee. Einfach gigantisch! Mit Startmöglichkeit auf knapp halber Höhe wird die Besteigung des Weesener Hausberges nicht zu anstrengend.*

**Ausgangspunkt:** Matt, erreichbar über eine schmale Bergstraße von Weesen. Parkmöglichkeit am besten knapp oberhalb der Alp, ca. 1100 m.
**Anforderungen:** T3. Meist mittelsteiles bis teilweise auch ziemlich steiles Mattengelände mit eingelagertem Nagelfluhgestein. Die Qualität des Pfades wechselt zwischen gut und eher spärlich, insgesamt aber nirgends wirklich schwierig. Ab Alp Matt relativ moderates Pensum.
**Höhenunterschied:** Etwa 850 Hm.
**Einkehr:** Keine.
**Beste Jahreszeit:** Mai bis Oktober oder gar November, solange schneefrei.
**Variante:** Aufstieg ab Weesen über die volle Höhenspanne 4 Std. bis zum Gipfel. Den Abstieg kann man dann über Näten, Kapuzberg und Stalden vollziehen.

Von **Matt (1)**, 1082 m, zuerst nach Unterfiderschen, 1145 m, wo für uns der eigentliche Bergweg beginnt. Über Waldweiden steuern wir rechts und dann wieder links haltend die Alp **Oberfiderschen (2)**, 1427 m, an. Hier öffnet

*Die Krete zum Plättlispitz und die Glarner Voralpen westlich der Linth.*

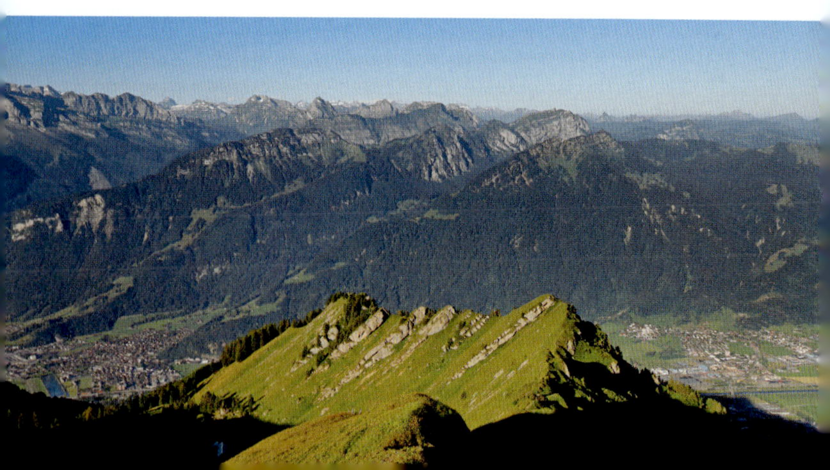

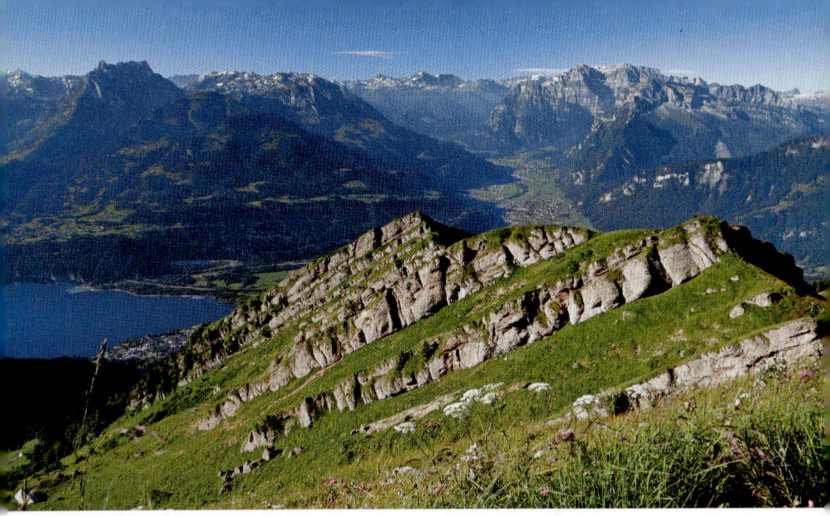

*Am Federispitz liegen die Glarner Alpen wie auf dem Präsentierteller.*

sich die steile Wiesenhangmulde, die von auffälligen Konglomeratfelsen durchsetzt und auch begrenzt ist. Bis zum Fiderschenboden mit weiterer Alphütte gestaltet sich der Aufstieg noch gemäßigt, danach steilt das Gelände spürbar auf. Bei trockenem Untergrund gewinnen wir jedoch ohne größere Probleme den Gratausstieg. Dort nach rechts zu einer kurzen Stelle mit Kette und schließlich gemeinsam mit der Nordroute die letzten Meter zum Gipfel des **Federispitz (3)**, 1864 m, hinauf.
Im Abstieg folgen wir längere Zeit dem südwestlichen Gratausläufer, der bald noch den **Plättlispitz (4)**, 1763 m, aufwirft. Unterhalb ist die Krete vorübergehend schmal (erneut Kette an einer felsigen Passage), verbreitert sich dann aber zu einem grünen, teils waldbestandenen Rücken. Auf rund 1460 Metern **(5)** achten wir auf den Linksabzweig des Querweges. Dieser schneidet die Flanke mit etwas Gegenanstieg zwischendurch und bringt uns wieder hinüber nach **Oberfiderschen (2)**. Von dort zurück zum Ausgangspunkt **(1)**.

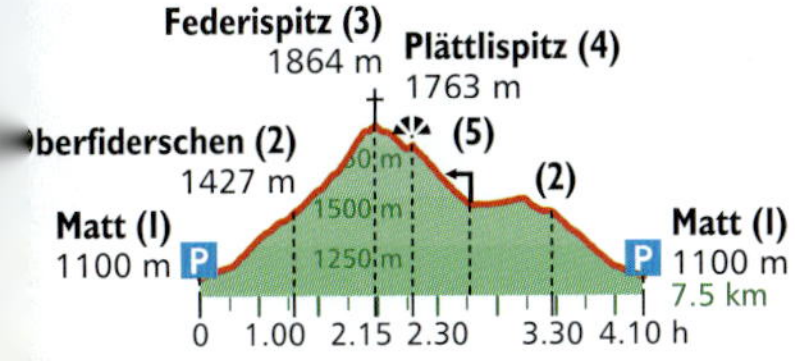


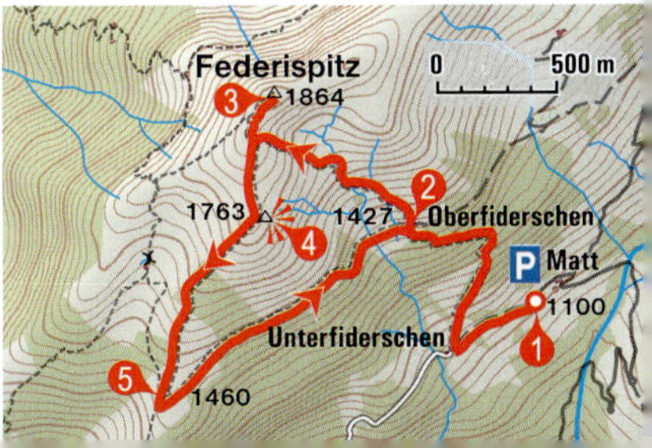

# 31 Mattstock, 1934 m

5.30 Std.

## Auf den Hausberg vom Amden

*500 Meter über dem Walensee erfreut sich der Ferienort Amden einer malerischen, sonnenverwöhnten Lage inmitten einer ausgedehnten Südhangmulde. Darüber steht der Mattstock als Hausberg Kulisse, eine ziemlich ausladende Gestalt, die ganz isoliert von ihren Nachbarn stark zur Geltung kommt. Entsprechend attraktiv ist die Tour beim Wandervolk – am Mattstock wird man selten einsam unterwegs sein.*

**Ausgangspunkt:** Amden, 908 m, gebührenpflichtige Parkplätze im Ortszentrum. Postautokurs von Weesen. Für den ersten Teil des Aufstiegs kann man auch die Sesselbahn nach Niderschlagwald, 1289 m, nutzen (erste Fahrt ab 8.30 Uhr).
**Anforderungen:** T2–3. Weithin problemloser, in der oberen Hälfte kehrenreich angelegter Bergweg. Häufig über Wiesen, später steindurchsetzt und unterm Gipfel leicht felsig mit ein paar Drahtseilen. Elementare Trittsicherheit vorteilhaft, konditionell durchschnittlich (ab Bergstation und zurück hingegen mit 3 Std. moderat).
**Höhenunterschied:** Rund 1100 Hm (inklusive kleiner Gegensteigungen beim Rückweg).
**Einkehr:** Nur in Amden.
**Beste Jahreszeit:** Mitte Mai bis Spätherbst.

In **Amden (1)**, 908 m, begeben wir uns anfangs in der Durschlegistraße aufwärts und gelangen den Hinweisen gemäß bald auf einen Wiesenpfad, der zwischen verstreuten Gehöften höher leitet. Ein kurzes Stück durchs Gehölz bringt uns zur Bergstation der Sesselbahn bei **Niderschlagwald (2)**, 1289 m. Nächstes Ziel ist die Alp **Walau**, 1421 m, wo man sich links haltend den Gipfelhängen zuwendet. Das Wiesenterrain wird sukzessive karger. Auf gut 1550 Metern merken wir uns für später schon mal den Abzweig nach Oberfurgglen vor **(3)** und vollziehen weiterhin einen Zickzackkurs in die Lawinenverbauungen hinein. Der Steig schließt ohne besondere Hindernisse zum Ostgrat auf und leitet zuletzt felsdurchsetzt mit einzelnen Drahtseilen knapp unterhalb der Schneide bis zum Gipfel des **Mattstocks (4)**, 1934 m.

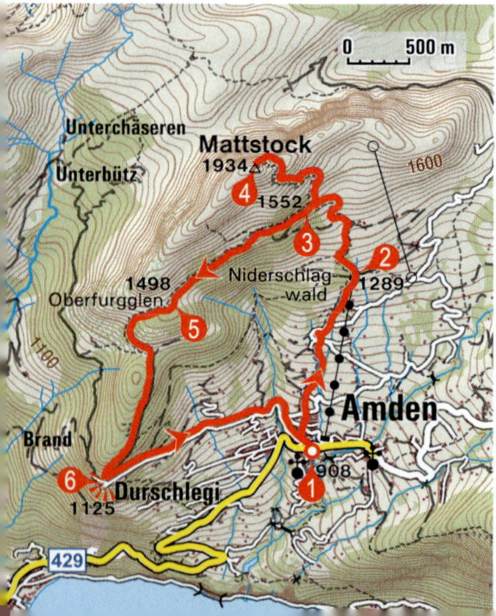

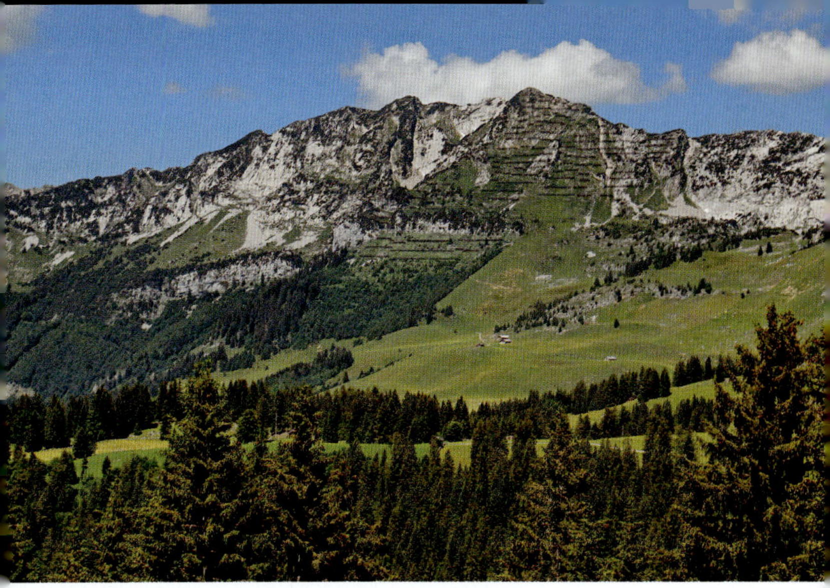

*Der Mattstock mit der nach Süden gerichteten Aufstiegsseite.*

Im Abstieg zurück zur Gabelung **(3)**, wo wir jetzt zur Abwechslung den Querweg einschlagen können. Dieser führt nah an einer Kletterwand vorbei und anschließend über eine Art Hangterrasse. Wir steuern die Alp **Oberfurgglen (5)**, 1498 m, an und folgen dem guten Weg im Bogen hinab nach **Unterfurgglen**, 1347 m, wo sich zwei Fortsetzungsmöglichkeiten Richtung Durschlegi anbieten. Rechts über den Hasenboden dauert es etwas länger, deshalb gehen wir linker Hand zu einem Forstweg, der direkter hinabzieht. **Durschlegi (6)**, 1125 m, erweist sich als großartiger Logenplatz über dem Walensee. Die diagonal abwärtsführende Straße bringt uns via Mittenwald schließlich zurück nach **Amden (1)**.

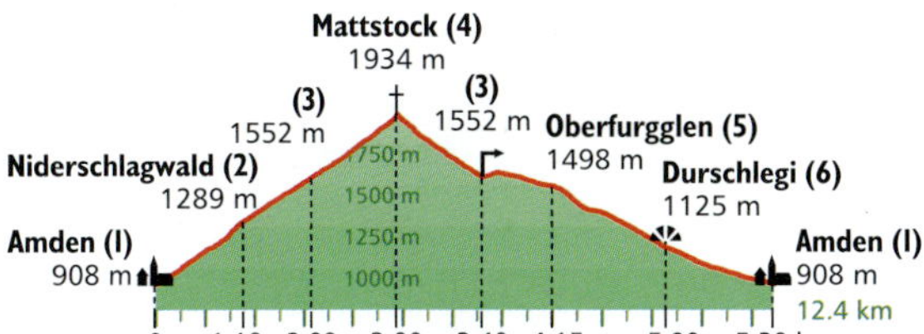

# 32 Leistchamm, 2100 m

**4.50 Std.**

### *Eckpfeiler der Churfirsten-Kette ohne Churfirsten-Status*

*Ein gigantischer Tiefblick auf den Walensee erwartet uns am Leistchamm – so wie es für die Churfirsten typisch ist. Nur, dass dieser Gipfel nach offizieller Interpretation gar nicht zu den sieben Churfirsten zählt, auch wenn er in der gleichen Kette aufragt und ein ganz ähnliches Profil zeigt: einen pultartigen Rücken auf der Nordseite (über den der Anstieg verläuft) und einen Steilabbruch gen Süden. Womöglich steht er für die Toggenburger zu abseitig. Im Amdener Wanderrevier gebührt dem Leistchamm jedenfalls eine Spitzenposition.*

**Ausgangspunkt:** Arvenbüel, 1272 m, touristisch geprägte Bergsiedlung mit großen, gebührenpflichtigen Parkplätzen. Postautolinie von Weesen.
**Anforderungen:** Maximal T3. Zwischen Arvenbüel und First bzw. Flügenspitz jeweils problemlose Alpwege, teils sogar breit und befestigt. Der Gipfelsteig ist vergleichsweise steiler und anspruchsvoller, aber nur bei feuchten Bedingungen manchmal etwas heikel. Normales Tagespensum.
**Höhenunterschied:** Rund 950 Hm inklusive Flügenspitz.
**Einkehr:** Alp Looch, 1535 m, Tel. +41 79 3550224. Skiclubhütte Altschen, 1388 m, Tel. +41 79 5612600 (an Wochenenden).
**Beste Jahreszeit:** Mitte Juni bis in den Oktober, falls schneefrei.
**Variante:** Man kann vom Flügenspitz direkt zur Alp Looch absteigen.

Von **Arvenbüel (1)**, 1272 m, zunächst auf einem Sträßchen leicht abwärts zur Beerenbachbrücke, 1236 m. Nachdem es wieder aufwärts zieht, scheren wir vorübergehend auf einen Fußweg aus, kommen über einen Geländerücken Richtung Egg voran und zum jüngst geschlossenen Bergrestaurant auf der Alp **Looch (2)**, 1535 m. Auf gutem Wanderweg weiter zum **First (3)**, 1663 m, womit die Kammhöhe zwischen dem Amdener Gebiet und dem jenseitigen Toggenburg gewonnen ist. Nun rechts an die Nordwestflanke des

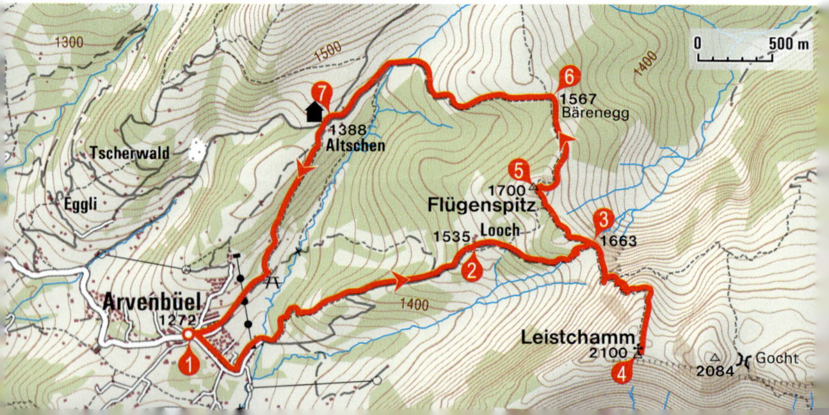

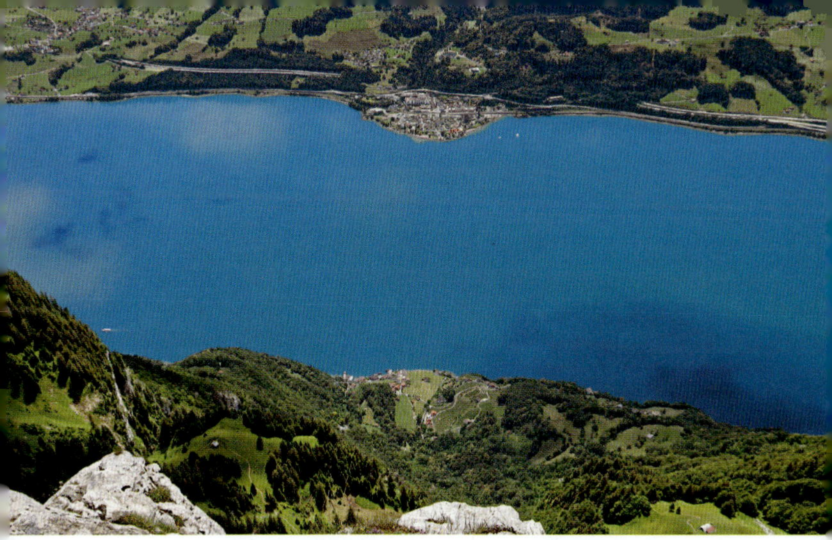

*Fast senkrecht fällt das Gelände vom Leistchamm zum Walensee ab. Unten am Seeufer Quinten, gegenüber die Ortschaft Murg.*

Leistchamms heran. Man steigt neben den auffälligen Plattenschüssen ein. Im Zickzack steindurchsetzt höher, dann links haltend zum Nordrücken, an dem die letzten 200 Höhenmeter absolviert werden. Südseitig bricht der **Leistchamm (4)**, 2100 m, jäh gegen den Walensee ab (Vorsicht).
Zurück zum **First (3)** geht es auf derselben Route. Anschließend können wir noch den **Flügenspitz (5)**, 1701 m, überschreiten oder ostseitig umgehen (der kleine Gipfelpfad mündet hinten wieder ein). Beim Weiterweg achten wir in der Wiesensenke bei der **Bärenegg (6)**, 1567 m, auf den Linksabzweig und gelangen über Alpwege nach **Altschen (7)**, 1388 m. Wenige Schritte danach zweigt man am besten auf den Wanderweg ab, durchquert ein Waldstück und kehrt via Brittertannen nach **Arvenbüel (1)** zurück.

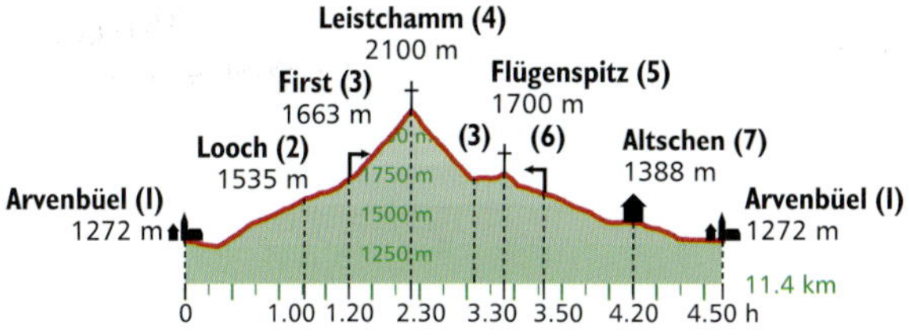

# 33 Murgsee-Runde

5.00 Std.

## Über Mürtschen und die Murgseefurggel

*Malerische Hochtäler mit Alpgründen, gurgelnden Bächen und Sumpfböden, dazu die Murgseen als landschaftliche Kleinode – das versteckte Murgtal südlich des Walensees offenbart seine Reize nur demjenigen, der sie erwandert. Ideal dafür ist der vorgestellte Rundkurs über die Murgseefurggel, der mit fünf Stunden Gehzeit einen erfüllten, aber durchaus nicht besonders mühevollen Bergtag verspricht.*

**Ausgangspunkt:** Parkplatz Merlen, ca. 1150 m, im Murgtal. Zufahrt vom Dorf Murg am Walensee auf einer asphaltierten Bergstraße, ab Alp Plätz gebührenpflichtig (10 SFr). Auch mit dem Murgtal-Taxi möglich, Tel. +41 81 7381441.
**Anforderungen:** T2. Anfangs steilere Geländestufe, danach vorwiegend leichte, nur mäßig steile Bergwanderwege, auf der Abstiegsroute sogar recht breit trassiert. Durchschnittliches Tagespensum.
**Höhenunterschied:** Etwa 850 Hm.
**Einkehr/Unterkunft:** Berggasthaus Murgsee, 1819 m, Mitte/Ende Mai bis Anfang Oktober, Tel. +41 81 5110363.
**Beste Jahreszeit:** Juni bis Oktober.
**Tipp:** Von der Murgseefurggel nach Beschilderung in 40 Min. auf das Schwarzstöckli, 2383 m.

Vom **Parkplatz Merlen (1)** ausgehend steht nach der Bachüberschreitung im Gsponwald sogleich das steilste Wegstück bevor. Oberhalb der Schwelle öffnet sich im Gspon ein sanfter, ausgedehnter Hochboden. Wir laufen hinein und erreichen rund 100 Meter höher stets neben dem reizvollen Bachlauf die Alp **Unter Mürtschen (2)**, 1493 m. Nun mit einer kleinen Schleife hinter

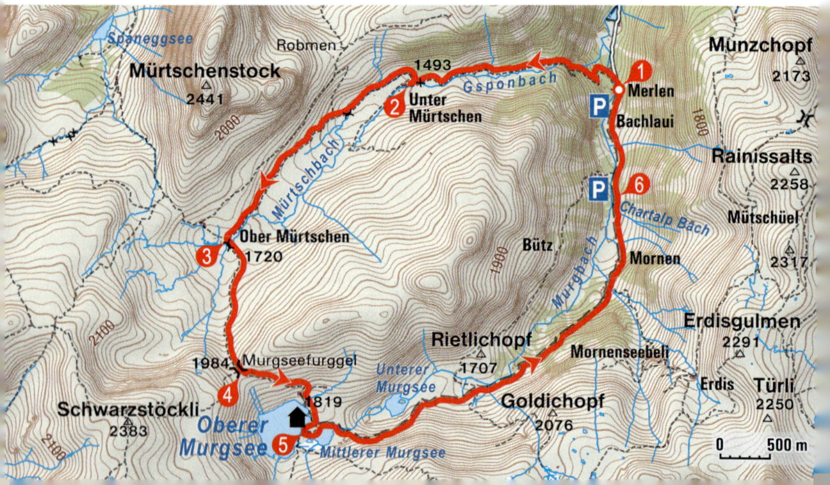

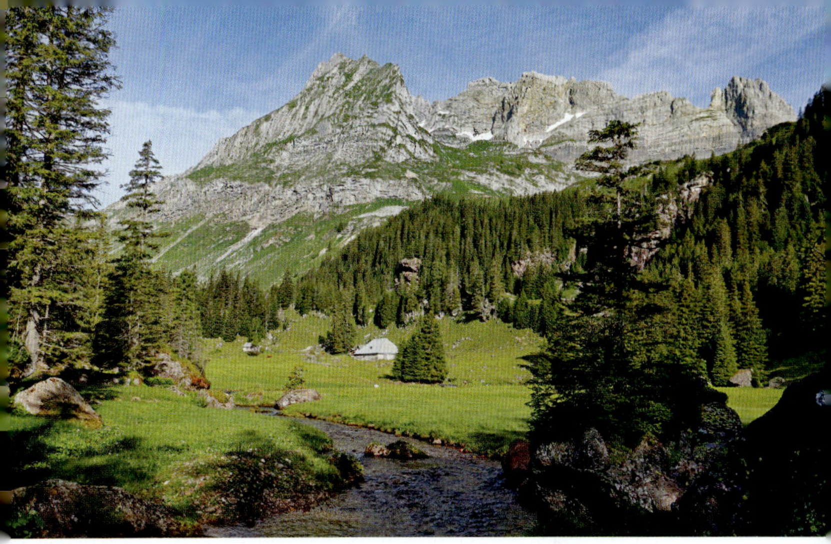

*Liebreizender Winkel im St. Galler Oberland: das Hochtal von Mürtschen.*

die Murgegg und wiederum eher flach ins Hochtal am Fuß des Mürtschenstocks. Wir kommen allmählich Richtung **Ober Mürtschen** voran, halten uns bei der Gabelung nahe P. 1720 **(3)** links und wandern von den Sumpfböden her südwärts zum Scheitelpunkt bei der **Murgseefurggel (4)**, 1984 m, hinauf. Jenseits auf ordentlichem Bergweg rasch abwärts zum **Murgsee (5)**, 1819 m, und zum gleichnamigen Berggasthaus, das auch als Fischerhütte geläufig ist. Hier nehmen wir den breit angelegten Normalweg auf, passieren den zweiten See und beginnen an der Schwelle die lange Gefällstrecke. Der Untere Murgsee erfreut uns derweil aus erhöhter Perspektive. Auch nach dem Boden bei Guflen wechseln flachere und steilere Wegabschnitte, ehe man durch Waldparzellen zur Alp Mornen, 1335 m, gelangt. Etwas tiefer befindet sich der **Parkplatz Mornen (6)**, ca. 1250 m, und 15 Gehminuten weiter der **Parkplatz Merlen (1)**.

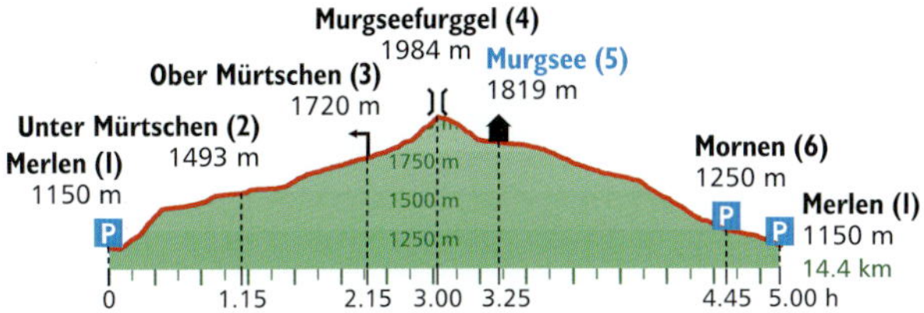

# 34 Spitzmeilen, 2501 m

**7.20 Std.**

### *Zum kecken, unverwechselbaren Felsstummel in den Flumser Bergen*

*Mächtig kann man den Spitzmeilen nicht gerade nennen. Doch mit seinem extravaganten Profil auf exponierter Krete ist er von weither unverkennbar. Die Besteigung ist nicht ganz einfach, freilich nur auf einem kurzen Stück, auf das Mindergeübte auch verzichten können. Abgesehen von diesem Clou bietet die Überschreitung des benachbarten Wissmeilen mitsamt der genussvollen Annäherung schon allerhand Reize im Herzen der Flumser Berge. Einbezogen wird dabei auch die Spitzmeilenhütte, deren Neubau architektonisch gewöhnungsbedürftig erscheint, drinnen aber eine angenehme Atmosphäre (mit großen Panoramafenstern) verspricht.*

**Ausgangspunkt:** Bergstation der Gondelbahn Prodalp Express (Bergbahnen Flumserberg) am Prodkamm, 1945 m. Zufahrt von Flums zur Talstation in Tannenheim am Flumserberg (auch per Postauto). Betriebszeiten Anfang Juni bis Mitte/Ende Oktober, täglich von 8.15 bis 16.45 Uhr, Tel. +41 81 7201515.

**Endpunkt:** Mittelstation Prodalp, 1576 m.

**Anforderungen:** T4 am Spitzmeilen, sonst maximal T3. Auf weiten Strecken leichte Bergwanderung im Mattengelände. Anspruchsvoller sind die Gipfelrinne am Spitzmeilen (Kletterei an Ketten und Fixseilen) sowie kurze Passagen am Wissmeilen. Als Tagestour ziemlich lang und even-

*Wegentscheidung: Bei P. 2068 können wir direkt die Spitzmeilenhütte ansteuern oder alpiner über den Wissmeilen ausholen.*

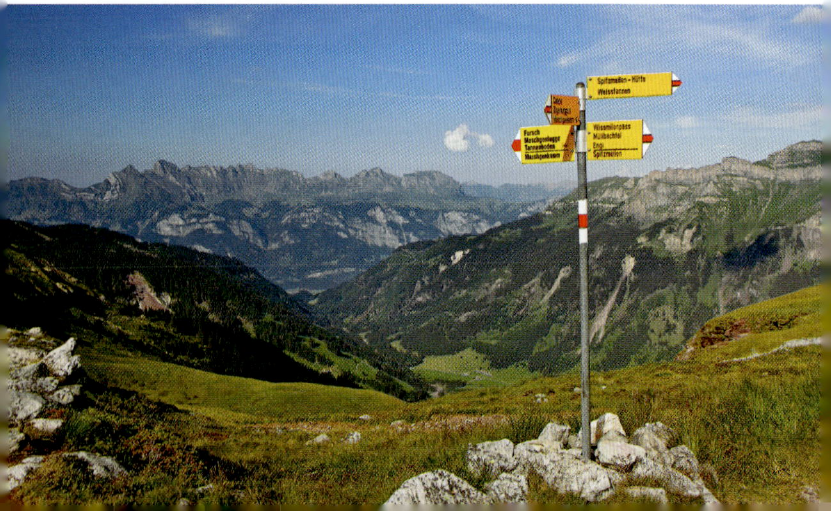

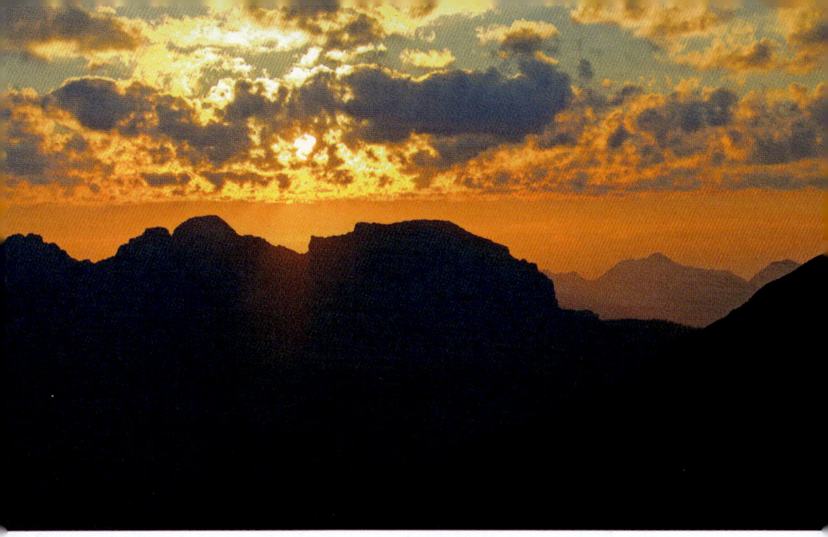

*Stimmungsvoller Sonnenaufgang im Sarganserland.*

tuell zu knappe Seilbahn-Betriebszeiten.
**Höhenunterschied:** Etwa 900 Hm Aufstieg, 1270 Hm Abstieg.
**Einkehr/Unterkunft:** Spitzmeilenhütte, 2087 m, Anfang Juni bis Mitte Oktober, Tel. +41 81 7332232 oder +41 79 6103639. Alp Fursch, 1792 m, Pfingsten bis Ende Oktober, +41 79 7036693. Alprestaurant Panüöl, 1804 m. Weitere Restaurants im Bereich der Seilbahnstationen.
**Beste Jahreszeit:** Ende Juni bis Mitte Oktober.
**Varianten:**
1. Eine gleichwertige Zugangsmöglichkeit bietet auch die Gondelbahn Maschgenkamm (von Unterterzen über Tannenboden am Flumserberg).
2. Die gipfellose Höhenwanderung zur Spitzmeilenhütte ist »blau«; inklusive Abstieg gut 5 Std.

Von der Bergstation am **Prodkamm (1)**, 1945 m, wandern wir um die erste Kammerhebung links herum, wechseln auf bestens ausgebauter Höhenpromenade die Seite, tangieren die Maschgenlugge (Restaurant) und treffen kurz darauf nahe der Bergstation am **Maschgenkamm (2)**, 2008 m, ein. Praktisch horizontal geht es weiter am Ziger vorbei in die **Zigerfurgglen (3)**, 1997 m, wo sich mehrere Wege fortsetzen. Wir ignorieren den unteren (trotz Hinweis »Spitzmeilenhütte«) ebenso wie die Kammroute und entscheiden uns

*Promenadenartiger Weg am Maschgenkamm.*

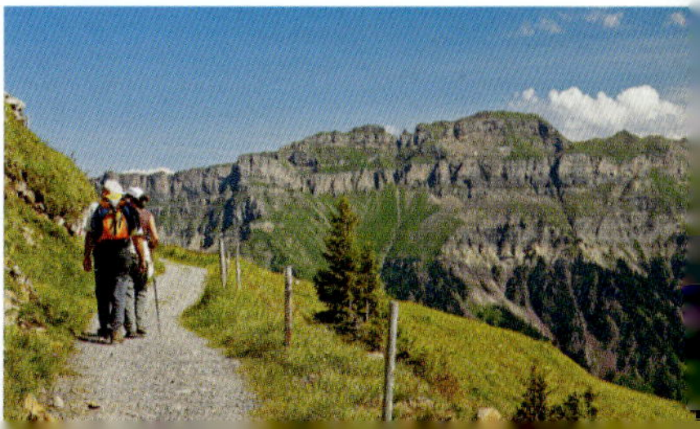

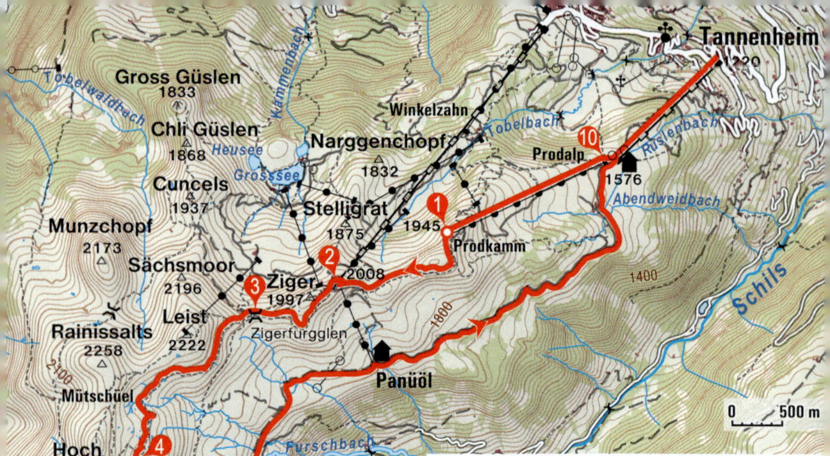
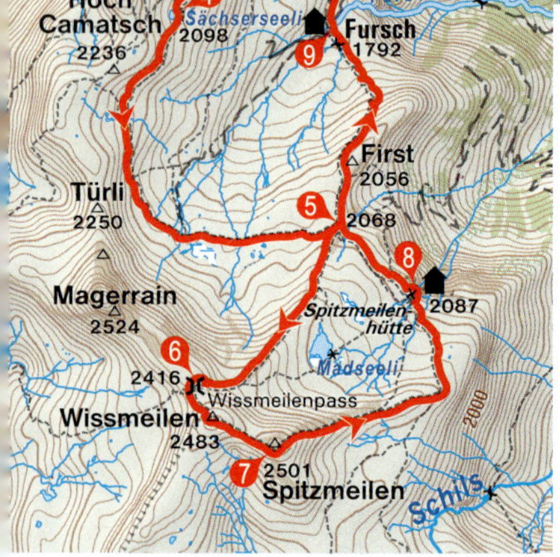


für den mittleren Pfad, der sich insgesamt leicht ansteigend quer durch die morphologisch interessanten Flanken schlängelt. Nach einer Weile kommt man zum **Sächserseeli (4)**, 2098 m. Nach Beschilderung »Spitzmeilenhütte« bleiben wir links in den Flanken, steigen nur noch wenig an und nehmen die Route von der Murgseehütte auf. Nun wieder leicht bergab und im großen Bogen – zunächst etwas holprig, später über sanfte Wiesenwellen – den Kessel von Calans ausgehend zu einem Geländeeck mit Wegkreuzung bei P. 2068 **(5)**. Von

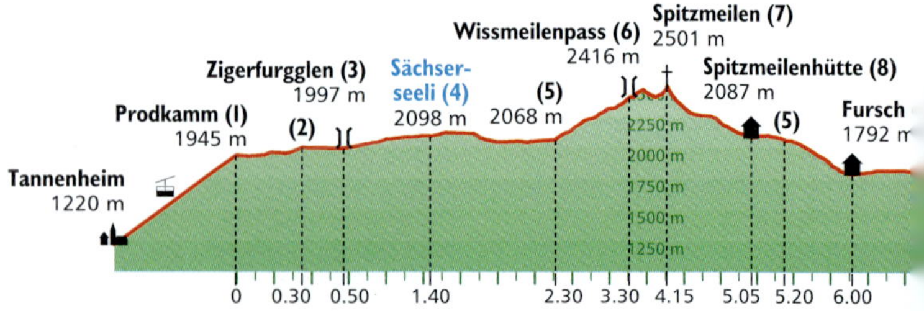

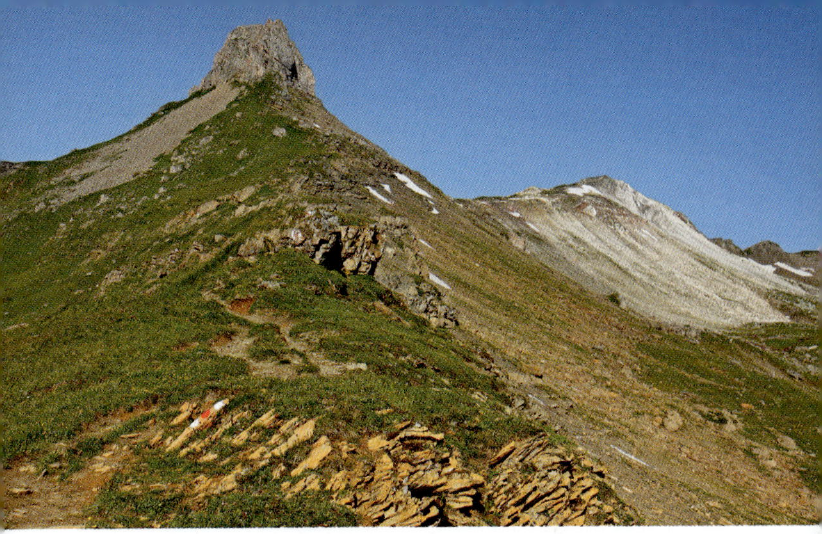

*Wie ein i-Tüpfli ist der felsige Spitzmeilen der Krete aufgesetzt. Rechts der Wissmeilen.*

hier könnten wir rasch zur Spitzmeilenhütte hinüberlaufen.
Wer hingegen die Gipfel anpacken möchte, hält sich an den stumpfen Geländerücken und steigt zum **Wissmeilenpass (6)**, 2416 m, auf. Mit leichten Kraxeleinlagen und einem zwischenzeitlichen Gesteinswechsel gewinnen wir den **Wissmeilen**, 2481 m, und überschreiten die Kuppe südostwärts zur nächsten Einsattelung. Dem Steilaufbau am Spitzmeilen wird jetzt rechts ausgewichen, womit man auf die Südseite gelangt und dort in einer Rinne die Schwachstelle entdeckt. Mithilfe von Ketten und Fixseilen erklimmen wir etwa 40 Meter steiles, steinschlaggefährdetes Felsterrain und steigen unmittelbar am schmalen Gipfel des **Spitzmeilen (7)**, 2501 m, aus. Im Abstieg folgen wir später dem nordostwärts ausstreichenden Rücken der Schönegg und drehen linker Hand über die Mad zur **Spitzmeilenhütte (8)**, 2087 m, ab.
Nach der Traverse zur bekannten Kreuzung P. 2068 **(5)** geht es auf Alpwegen hinunter nach **Fursch (9)**, 1792 m, und anschließend auf dem breiten Erschließungssträßchen – anfangs mit kleiner Gegensteigung – via **Panüöl**, 1804 m, weit hinaus. In leichtem Gefälle wandern wir bis zur Mittelstation **Prodalp (10)**, 1576 m, und gegebenenfalls noch bis in die Feriensiedlungen am Flumserberg, zur Talstation in Tannenheim.

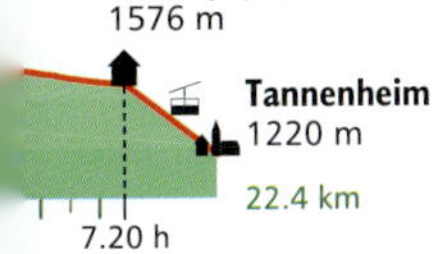

# 35 Am unteren Flumserberg

**3.40 Std.**

## *Verstreute Höfeweiler im Angesicht der Churfirsten-Alvier-Kette*

*Bei Flums im Seeztal siedelten wahrscheinlich schon die Römer – beurkundet ist aber zumindest die Existenz von »Flumini« seit dem Jahr 765. Zwischen 1400 und 1700 war die Verhüttung des Erzes vom Gonzen bedeutsam. Trotz eines gewissen Industrialisierungsgrades ist die Umgebung immer noch bäuerlich geprägt, speziell in den anheimelnden Streusiedlungen, die sich am Flumserberg hinziehen. Es lohnt sich allemal, dort ein wenig die Landschaft zu erkunden – es muss ja nicht immer eine alpine Wanderung sein. Die Burgruine Gräpplang verspricht gegen Ende noch ein kulturelles Highlight.*

**Ausgangspunkt:** Bahnhof Flums, 441 m, im Seeztal (SBB-Strecke zwischen Zürich und Sargans). Parkplätze taxpflichtig.
**Anforderungen:** T1–2. Bergauf oft Wiesenpfade, im oberen Teil eine verkehrsarme Anrainerstraße, bergab Waldweg und später wieder Asphalt. Durchaus mittelsteiles Gelände, aber ohne Hindernisse. Konditionell moderate, talnahe Wanderung.
**Höhenunterschied:** Knapp 600 Hm.
**Einkehr:** Hotel-Restaurant Bergheim, Hotel-Restaurant Gräpplang.
**Beste Jahreszeit:** Frühjahr bis Spätherbst.

Vom Bahnhof **Flums (1)**, 441 m, ins Ortszentrum und der Bezeichnung »St. Peter« folgend durch die Maltinastraße Richtung »Flumserei« und Schilsbrugg. Gleich dahinter zweigt ein recht steil anziehender Bergwanderweg ab. Man tritt bald aus dem Wäldchen in Wiesengelände hinaus und gewinnt zwischen Streusiedlungen Richtung **St. Peter (2)**, 824 m, an Höhe. Die Fort-

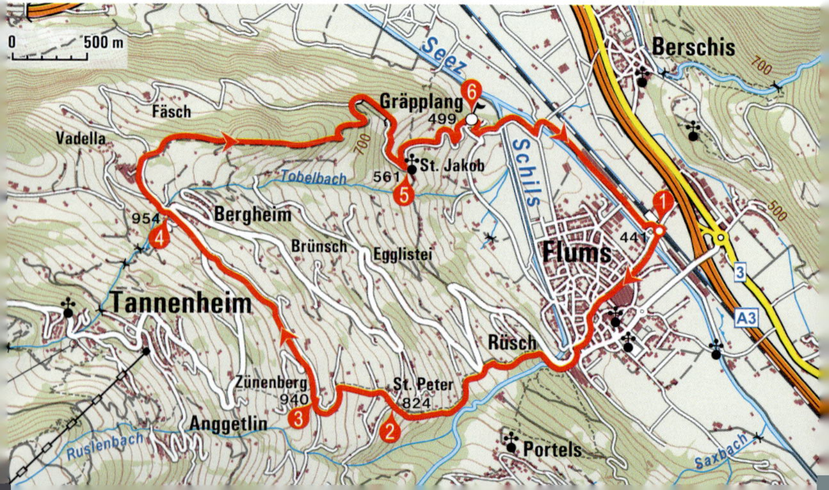

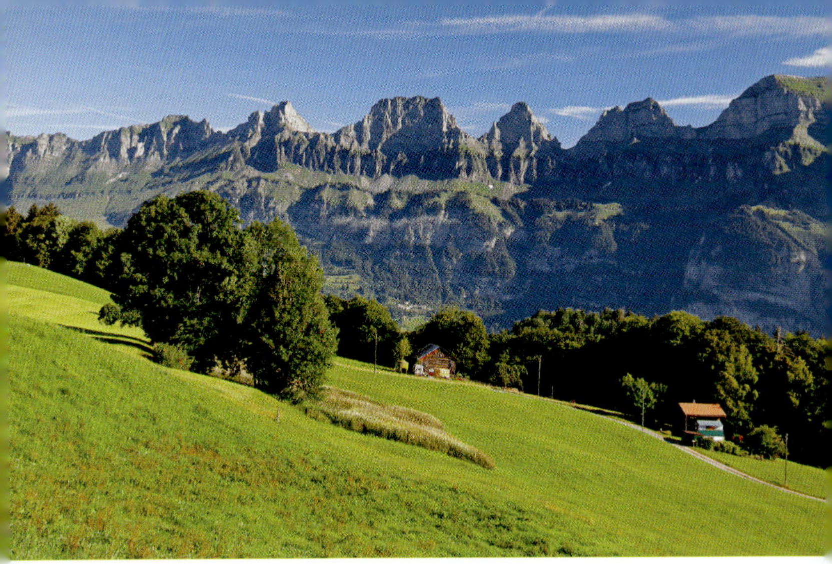

*Gegenüber ziehen die Churfirsten unsere Blicke auf sich.*

setzung des Steiges bei **Zünenberg (3)**, 940 m, ignorieren wir und wählen nun das fast horizontal verlaufende Sträßchen am Grossberg, stoßen nach einer Weile auf die wesentlich stärker frequentierte Flumserbergstraße und gelangen mit dieser hinab in den Ortsteil **Bergheim (4)**, 954 m. Hier links über den Tobelbach zum Campingareal und dann rechts haltend auf den weiteren Abstiegsweg. Durch den lichten Wald an der Muttenhöhi geht es hinunter zu einem Sträßchen. Man durchschreitet den Tunnel und gelangt zwischen Höfen zur Kirche **St. Jakob (5)**, 561 m. Etwas unterhalb entdecken wir die Burgruine **Gräpplang (6)**, 499 m, auf einem Felssporn und flechten gern noch den kurzen Abstecher ein – nebenan das Hotel-Restaurant. Drunten in der Talsohle geht es schließlich an der Kläranlage vorbei über die Seezbrücke und auf dem parallelen Radweg durch das unromantische Gewerbegebiet zurück zum Bahnhof in **Flums (1)**.

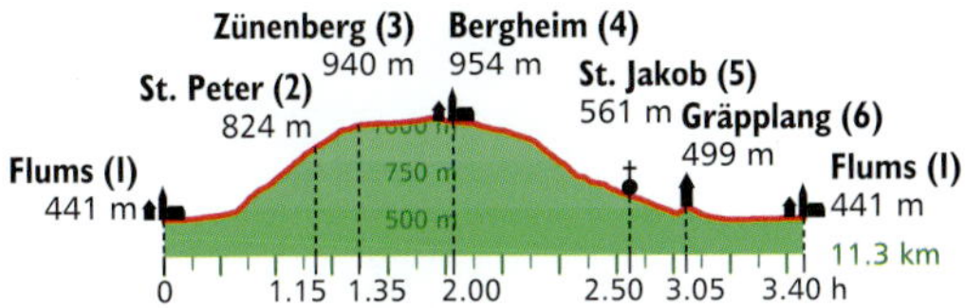

TOP

# 36 Walensee-Nordufer

6.45 Std.

## Die Riviera der Ostschweiz

*Zwischen den Bergen wirkt der über 15 Kilometer lange, aber nur zwei Kilometer breite Walensee wie ein gewaltiger Fjord. Namentlich über dem Nordufer streben die Kalkwände der Churfirsten stotzig gen Himmel. Die gesamte Strecke zwischen Walenstadt und Weesen abzulaufen (am besten in dieser Richtung!) ist ein reizvolles Unternehmen, vielleicht das attraktivste überhaupt im Talbereich unserer Region. Dabei hat man es nur streckenweise mit regelrechten Promenaden, wie man sie an Seeufern typischerweise erwartet, zu tun. Die eingelagerten Abbrüche zwingen der Route nämlich auch zwei längere Steigungen auf, die erste gleich zu Beginn, die andere hinter Quinten hinauf in den Seerenwald, wo uns sogar ein wenig alpiner Touch erwartet. Einen kleinen Umweg am Seerenbachfall vorbei sollte man nicht versäumen. Apropos Quinten: Das nur zu Fuß oder per Schiff erreichbare Dörfli auf halber Strecke gilt mit den umgebenden Weinbergen als malerischstes Fleckchen schlechthin – freilich auch als ein Touristenmagnet par excellence. Tatsächlich zählt auch die Walensee-Wanderung zu den beliebtesten weit und breit, obgleich von Genussorientierten oft nur Teilstrecken begangen werden (mehrere Schiffsanleger ermöglichen Spielraum). Respekt, wer die ganze Strecke durchzieht! Und dann darf man retour die Szenerie nochmals aus der Seeperspektive auf sich wirken lassen: Die Fahrt mit dem Schiff gehört eigentlich essenziell zum Walensee-Erlebnis dazu …*

*Quinten ist das attraktivste Ziel für die Bootstouristen.*

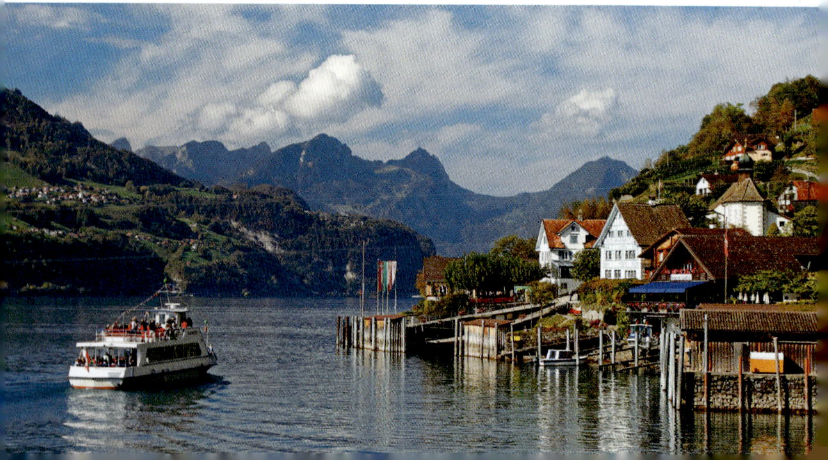

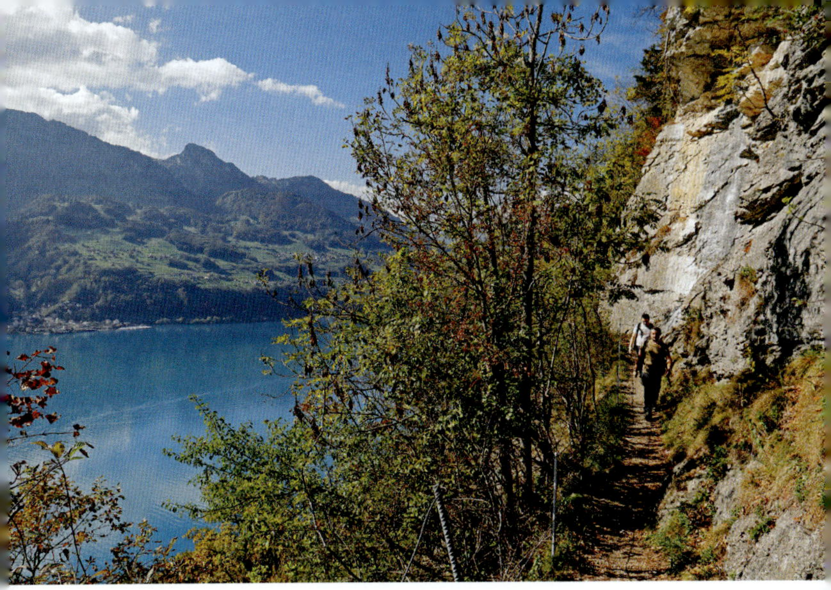

*Mitunter verläuft der Weg an steilen, felsdurchsetzten Abhängen.*

**Ausgangspunkt:** Walenstadt, 424 m, am Ostende des Walensees. Parkmöglichkeiten in der Nähe des Anlegers. Bahnanschluss auf der Strecke Zürich – Sargans (ca. 1,5 km entfernt).
**Endpunkt:** Weesen, 423 m, am Westende des Walensees. Am schönsten mit dem Schiff zurück nach Walenstadt (ab ca. Ende April bis zum dritten Oktober-Wochenende, letzter Kurs schon um 15.40 Uhr, nur sonn- und feiertags 17.12 Uhr).
**Anforderungen:** T2+. Wandertechnisch eher leichte Tour in niedrigeren Bereichen, die wegen der langen Strecke jedoch Ausdauer verlangt (allerdings auch Teilbegehungen möglich und üblich). Durchgängig einheitlich beschildert, bei sehr gemischten Wegarten: Hartbelag, Forststraßen, Waldwege und auch einige kleine, etwas anspruchsvollere Steigabschnitte, die stets gut angelegt und fallweise mit Seilgeländern versehen sind. Etwas Trittsicherheit schadet dabei nicht. Volle Tagestour.
**Höhenunterschied:** Etwa 900 Hm.
**Einkehr:** Au, Quinten, Betlis Strahlegg, Weesen.
**Beste Jahreszeit:** Frühjahr bis Oktober oder November, im Sommer aber oft zu heiß.

In **Walenstadt (1)**, 424 m, starten wir am breiten Uferweg. Nach wenigen Minuten setzt bereits die längste Steigung der Tour ein – sie lässt uns auf einem Fahrweg rund 400 Höhenmeter gewinnen. Bei **Frachtina (2)**, 808 m, wo ein Zugang von Walenstadtberg dazukommt, ist das Gros geschafft. Der Fahrweg setzt sich noch über Engen nach **Garadur (3)**, 828 m, fort, ehe wir auf einem Waldsteig wieder die gesamte Höhe einbüßen, um nach zahlreichen

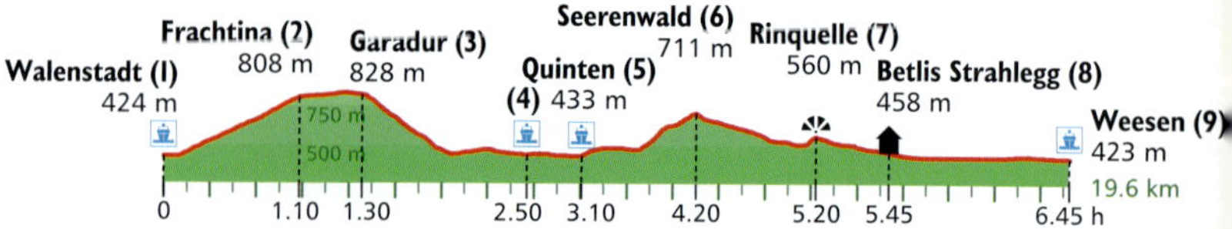


Kehren bei Josenhaab das Seeufer zu tangieren. Weitere Traversen auf Naturwegen führen via Gand und Schilt zur Schiffsanlegestelle **Au (4)**, 438 m. Etwa einen Kilometer geht man von hier auf einer – teils aus dem Fels gehauenen – Promenade zum bekanntesten Platz am Walensee, dem pittoresken **Quinten (5)**, 433 m, wo nicht selten reger Touristentrubel herrscht.
Wir steigen zwischen Häusern und Weinbergen wieder ein kleines Stück an, halten uns links und queren auf angenehmem Weg bis hinter Laueli, ehe das anstrengendste Stück bevorsteht. Ein teilweise felsdurchsetzter Steig zieht durch steile Abhänge schräg aufwärts und ist dabei manchmal mit Geländersicherungen und ein paar Ketten versehen. So gelangen wir hinauf zu einer Gabelung im von Felsflühen umgebenen **Seerenwald (6)**, 711 m, und stoßen dort auf eine breitere Trasse. Mit dieser nun wieder sachte bergab, wobei in Bälde eine neue Steinschlaggalerie durchquert wird (sie war nach einem Murgang im Mai 2018 erforderlich geworden). Wir kommen zu den idyllischen Lichtungen von **Seeren** voran und biegen in einen tiefen Geländeeinschnitt ein. Gleich nachdem der Seerenbach auf massiver Brücke überschritten ist, lohnt sich ein Abstecher hinauf zur Aussichtsplattform vor der **Rinquelle (7)**, ca. 560 m. Von oben schießt der Seerenbachfall hinab – einer der höchsten in der Schweiz. Man kann dann gleich auf dem oberen Weg bleiben und trifft damit in Kürze in **Vorder Betlis**, 512 m, ein (hübsche Kapelle). Ein Stück weiter – vorbei an der Burg Strahlegg – lässt sich in **Betlis Strahlegg (8)**, 458 m, einkehren. Ab diesem Punkt ist man für den Rest

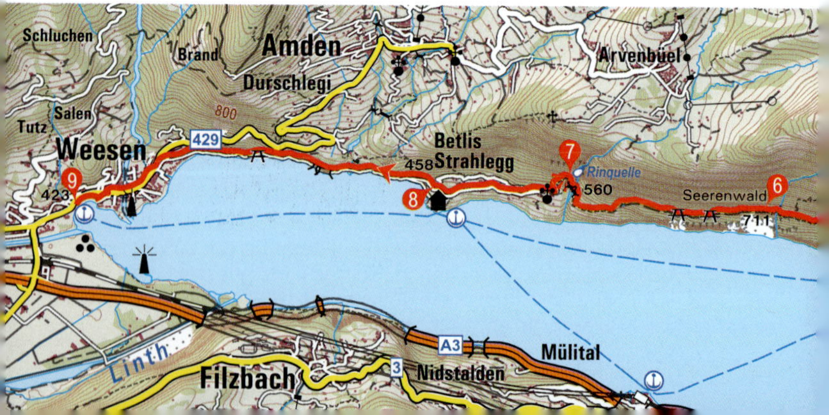

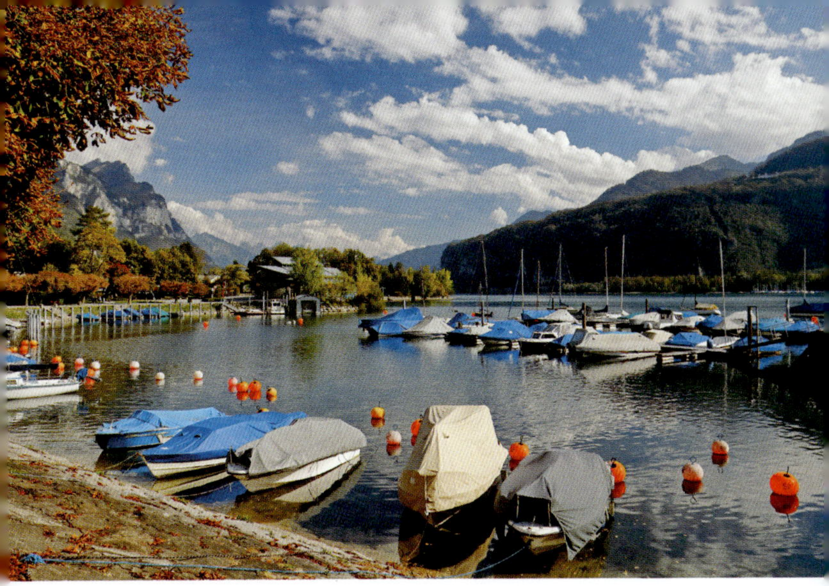

*Nach 20 Wanderkilometern markiert der Hafen von Weesen den Endpunkt.*

der Wanderung nur noch auf Asphalt unterwegs. Zunächst etwas abwärts bis in unmittelbare Ufernähe, wo das Sträßchen rund zwei Kilometer bis zum Imbiss »Lago Mio« und den zahlreichen Parkplätzen verfolgt wird. Das finale Stück zieht sich im Siedlungsbereich von Weesen noch ein wenig in die Länge – wir müssen dabei vom See abrücken und steuern schließlich den Hafen mit dem Schiffsanleger von **Weesen (9)**, 423 m, an.

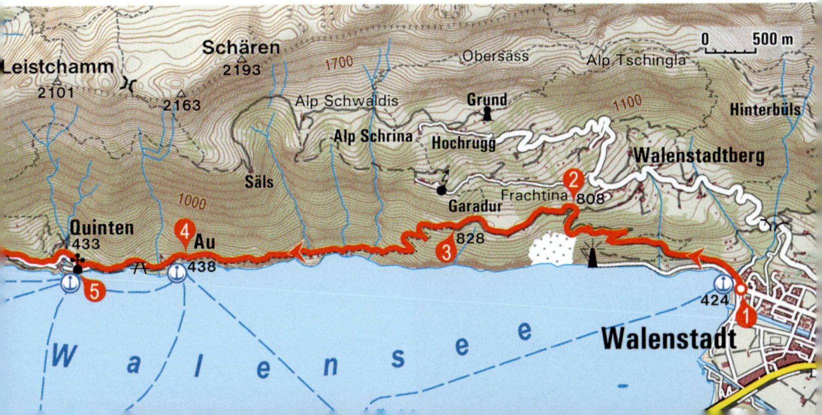

# 37 Höhenweg über Lüsis und Tschingla

8.30 Std.

## *Am Sonnenbalkon der Churfirsten*

*Die unverwechselbare Phalanx der Churfirsten – sieben echte Charakterköpfe nebeneinander aufgereiht – gehört zu den alpinen Markenzeichen der Ostschweiz. Während die Nordfront mit begrünten Pultdächern zum Toggenburg abstreicht, bricht die Südseite auf breiter Front ins Bodenlose ab – fast jedenfalls. Immerhin sind zwischen den Gipfeln und dem Walensee tief unten noch herrliche Alpterrassen eingelagert. Vom See aus betrachtet mag man kaum glauben, dass dort eine durchgängige Traverse überhaupt möglich ist. Die Höhenwanderung lebt von der bilderbuchmäßigen Idylle und natürlich von den Kontrasten, welche die nahen Felsfluchten im Verein mit dem Walensee-Panorama bis hinüber in die Flumser Berge hervorzaubern. Ein Erlebnis für sich ist auch bei dieser Tour der pittoreske, autofreie Zielort Quinten mit der abschließenden Fahrt über den Walensee.*

**Ausgangspunkt:** Walenstadt, 425 m, im Seeztal. Bahnstation an der Strecke Zürich – Sargans, i.A. kostenpflichtige Parkplätze im gesamten Ortsgebiet. Es gibt im Übrigen auch die Möglichkeit, die Forststraße nach Lüsis, 1273 m, hinaufzufahren; zwecks Taxi: Tel. +41 79 7353000.
**Endpunkt:** Quinten, 433 m, am Nordufer des Walensees. Mit dem Schiff zurück nach Walenstadt, Fahrplan normalerweise von Ende April bis zum dritten Oktober-Wochenende, Tel. +41 81 7203434.
**Anforderungen:** T2+. Abwechselnd breite Alpfahrwege und kleinere Bergwege, für die elementare Trittsicherheit nicht schaden kann. Als Tagestour anstrengend und nur für sehr Ausdauernde; ggf. das Programm auf 2 Tage entzerren.
**Höhenunterschied:** Insgesamt 1600 Hm, ab Lüsis 750 Hm Aufstieg.
**Einkehr/Unterkunft:** Berggasthaus Lüsis, 1273 m, Juni bis Ende Oktober, Tel. +41 79 6820402 oder +41 79 9123496. Alp Tschingla, 1529 m, Mai bis Ende Oktober, Tel. +41 76 8040788. Einkehrmöglichkeit auch am Ende in Quinten.
**Beste Jahreszeit:** Juni bis Oktober.
**Variante:** Zwischen Schrina und Schwaldis ostwärts Richtung Walenstadtberg abdrehen.

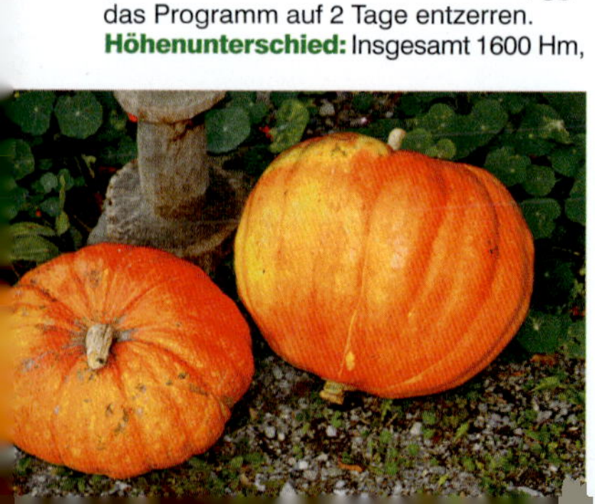

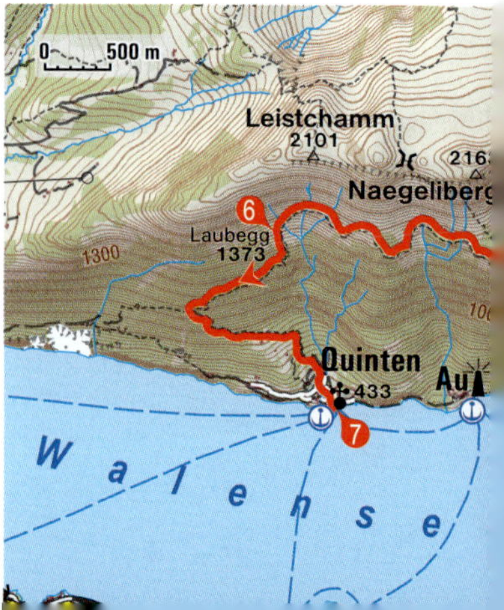

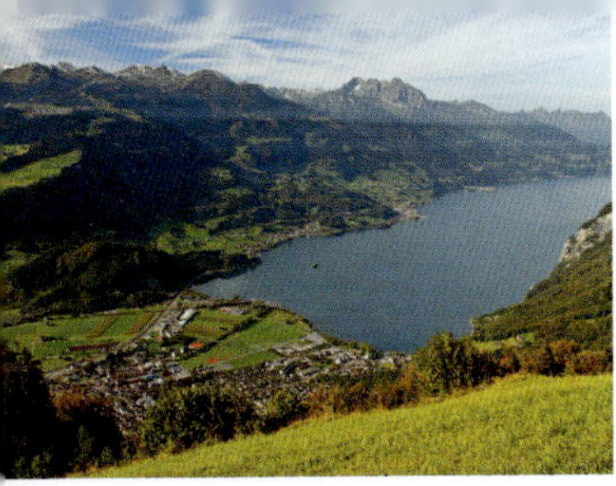

*Hinauf nach Lüsis lassen wir den Walensee weit unter uns.*

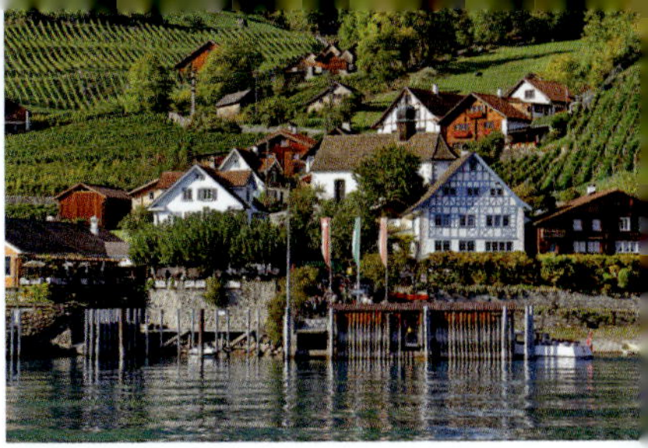

*In Quinten endet die Tour am lauschigen Seeufer.*

In **Walenstadt (1)**, 425 m, folgen wir der regelmäßigen Beschilderung »Lüsis« und wenden uns zu einer Bergstraße, die oberhalb des Dorfes als Forststraße weiter verfolgt werden kann. Alternativ ließe sich rechts auf einen Steig jenseits des Wildenbachtobels ausweichen. Kurz vor der Alpsiedlung öffnet sich der dichte Bergwald – wir steuern links das Berggasthaus **Lüsis (2)**, 1273 m, an. Etwas höher beginnt die Wiesentraverse nach Brunnen, 1310 m, wo wir wieder auf einen breiten Fahrweg stoßen. Dieser führt quer bzw. leicht ansteigend durch den Hang nach Vorder und Hinter Büls, anschließend noch ein gutes Stück weiter bis zur Alp **Tschingla (3)**, 1529 m, wo wir eine famose Balkonloge einnehmen und bei Bedarf die Tour auch unterbrechen können.

Nun wählt man den oberen Pfad und gelangt zur Schulter von Paliis am Fuß eines Südwandpfeilers. Quer durch die teils vergandete Hangmulde des Chlaffenbodens geht es zum nächsten Absatz im Westen, wo **Schrina Obersäss (4)**, 1726 m, den höchsten Punkt markiert. Bald dahinter verlieren wir

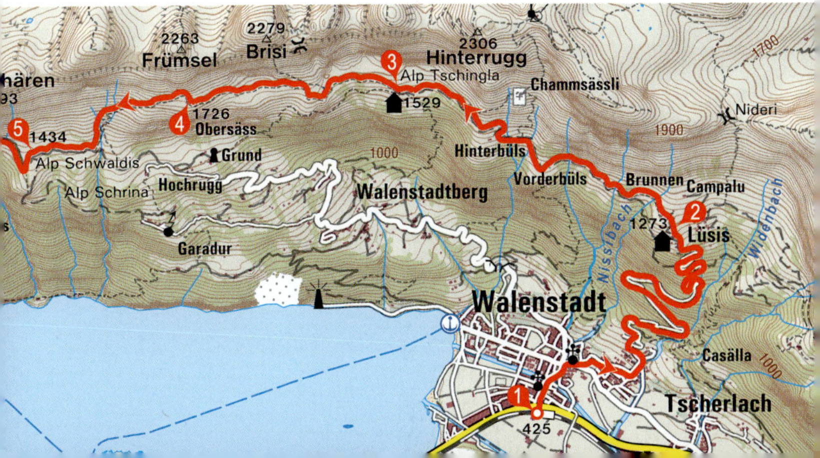

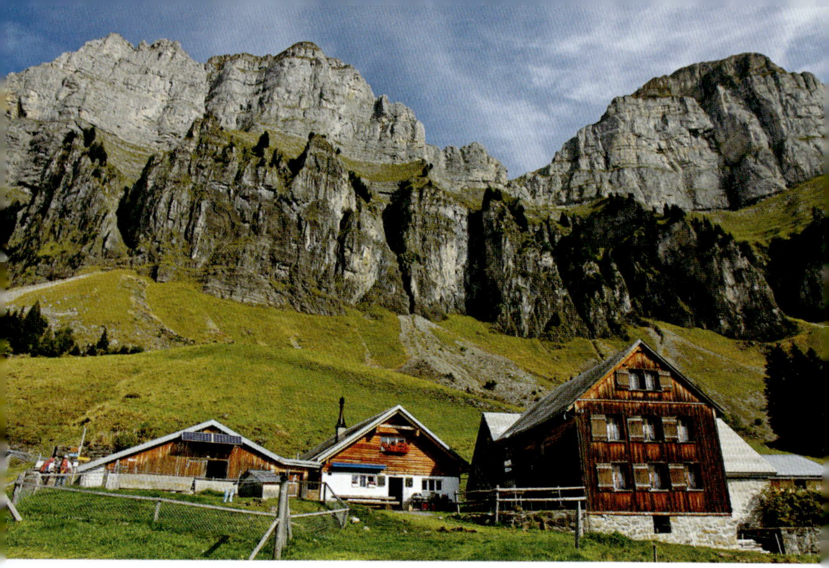

*Die Alp Tschingla unmittelbar am Südabfall der stotzigen Churfirsten.*

in Mattenhängen diagonal an Höhe und treffen auf die Alpstraße nach **Schwaldis (5)**, 1434 m. Als Nächstes wird ein großer horizontaler Bogen um den Trichter des Florzentobels vollzogen. Ab **Säls**, 1413 m, wieder etwas aufwärts und quer durch eine recht abschüssige Hangeinbuchtung, die zwischen zwei bewaldeten Schultern eingelagert ist. Von der zweiten zieht die Route schräg hinab zur Unterstandshütte **Stäfeli**, 1458 m, und zur **Laubegg (6)**, 1373 m. Schließlich auf kehrenreichem Weg – anfangs steil, insgesamt aber recht gut angelegt – in dem von kleinen Felsflühen durchbrochenen Waldgelände weit hinunter bis **Quinten (7)**, 433 m, dem malerischen kleinen Weindorf am Ufer des Walensees. Dort nehmen wir das Schiff zurück nach Walenstadt.

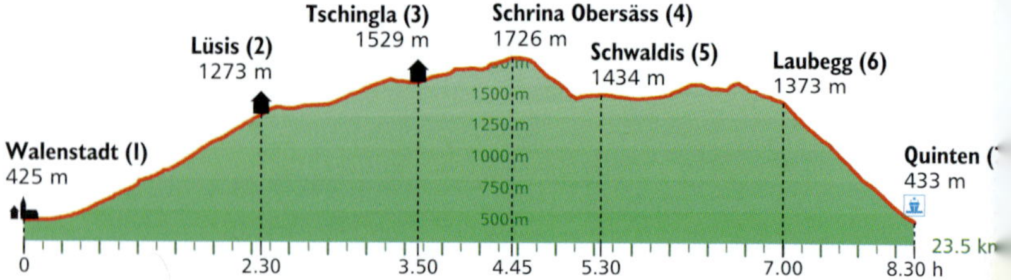

7.15 Std.

# Guscha, 2132 m, und Chapfensee 38

## *Alp- und Gipfelwanderung im Sarganserland*

*Am Hinterberg oberhalb von Mels stellt der gleichermaßen energietechnisch genutzte wie unter Naturschutz stehende Chapfensee ein beliebtes Ausflugsziel dar. Eine Etage höher finden wir uns in ausgedehnten Alpgebieten wieder, die schließlich von Guscha, Hochfinseler und Hüenerchopf überragt werden. Näher vorgestellt wird an dieser Stelle die Guscha, die mit ihrer Kammwanderung ein schönes Gipfelerlebnis verspricht. Die Tour bietet zudem viel Gestaltungsspielraum – auch mit weniger anstrengenden Optionen.*

**Ausgangspunkt:** Parkplatz im Bergweiler Vermol, 1105 m, erreichbar über eine Bergstraße von Mels.
**Anforderungen:** T3, oft leichter. Die meiste Zeit Alpwege und Wiesensteige sowie einige Abschnitte auf Güterwegen. Im Gipfelbereich allerdings schmale Pfade, die Trittsicherheit erfordern. Ab Vermol ziemlich lang, daher Ausdauer wichtig.
**Höhenunterschied:** Bis Guscha 1060 Hm, mit Gegensteigungen insgesamt ca. 1260 Hm.
**Einkehr/Unterkunft:** Alp Kohlschlag, 1451 m, Tel. +41 81 7234871. Berghotel Schönhalden, 1487 m, Anfang Mai bis Anfang November, Tel. +41 81 7331196. Kiosk am Chapfensee. Gasthaus Alpenrösli in Vermol, Tel. +41 81 7231771 (Mo./Di. Ruhetag, aktuell geschlossen).
**Beste Jahreszeit:** Juni bis Oktober.
**Varianten:**
1. Auf den Alpstraßen kann man noch näher heranfahren, im Prinzip bis Kohlschlag.
2. Seilbahn von Saxli (bei Flums) nach Schönhalden, dann am besten den Direktanstieg zum Guscha-Kreuz wählen und via Mädems Hintersäss zurück zur Bergstation; Gehzeit 3.45 Std.

*Der Chapfensee liegt auf einer Mittelgebirgsterrasse oberhalb von Mels.*

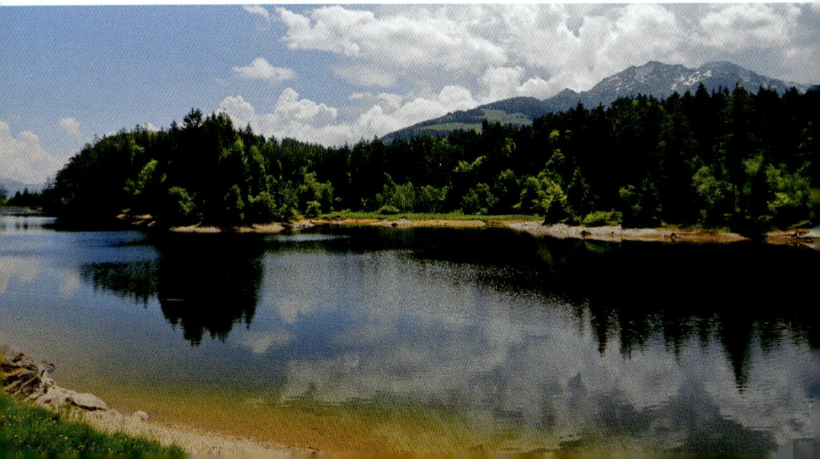

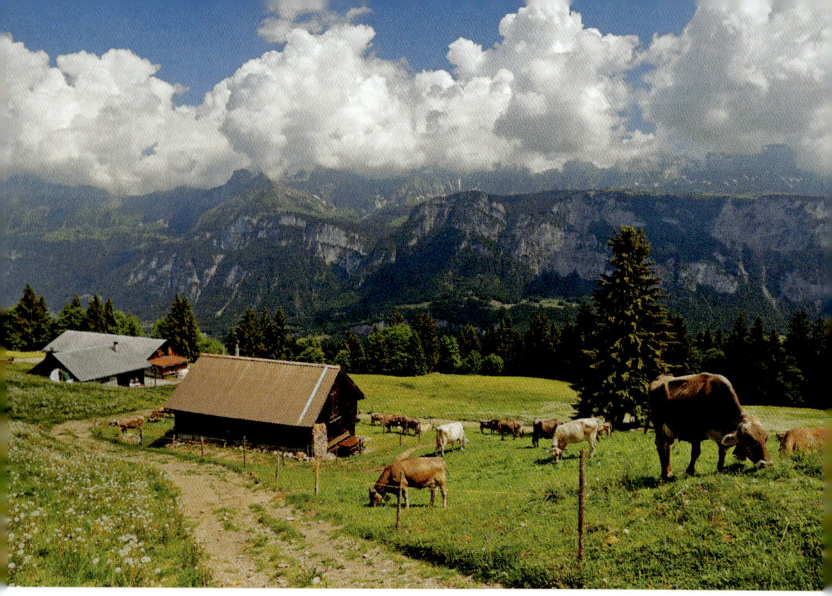

*Sommerliche Alpidylle bei Gafröa.*

Von **Vermol (1)**, 1105 m, folgen wir zunächst eine Weile der asphaltierten Bergstraße, bis uns die Markierung in der Nähe der Lutzhütte nach links ins freie Alpgelände lotst. Ein Hangweg zieht weiter leicht aufwärts, kreuzt ein Alpsträßchen und dreht später links ein. Nun häufiger bewaldet ins Hochtal Cholschlag (Kohlschlag) hinein. Man trifft wieder auf einen Fahrweg, folgt diesem leicht abwärts über die Bachbrücke und kommt rechts zum bewirtschafteten **Cholschlag Vorsäss (2)**, 1451 m. Jetzt noch ein paar Schritte weiter, bis links ein unbeschilderter Alpweg abzweigt. Nach einer markanten Linkskehre taucht allerdings eine Markierung auf, welche die breite Trasse

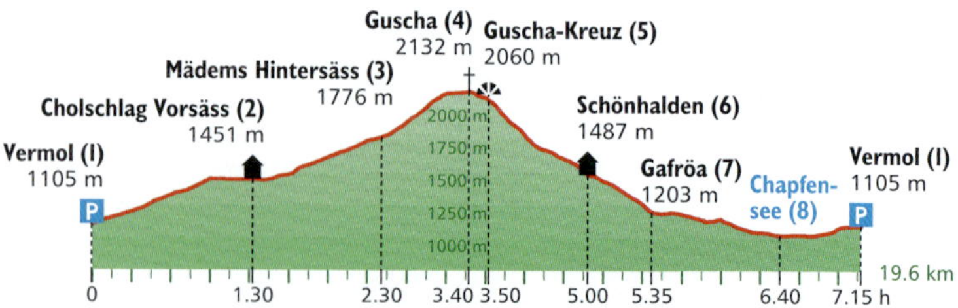

verlässt (diese verliert sich nämlich später im Weidegelände) und kurzzeitig steil nach **Mädems Vorsäss**, 1557 m, hinaufzieht. Das Versorgungssträßchen Richtung **Mädems Hintersäss (3)**, 1776 m, stellt nun auf fast zwei Kilometern Länge einen eher eintönigen Abschnitt dar. Bei den Ställen beginnt dann endlich der eigentliche Gipfelsteig. Er windet sich recht gut ausgetreten und später von Steinmäuerchen gesäumt aus dem Kessel zum **Chammhüttli**, 2041 m, empor. Rechts haltend leitet die bezeichnete Pfadspur über weitläufige Grasrücken und schließlich über eine zunehmend ausgeprägte Krete bis auf die **Guscha (4)**, 2132 m.

Wir überschreiten den Kamm Richtung Norden und stoßen nach einigen Minuten auf das **Guscha-Kreuz (5)**, ca. 2060 m, an der Hangkante. Hier rechts und in ziemlich steilem Gelände bergab. Bei einer Gabelung am besten die Pflockmarkierung nach rechts beachten. Sie windet sich über einen kleinen Boden abwärts und verbindet sich wieder mit dem anderen, zunehmend verwachsenen Pfad. Etwas tiefer stoßen wir dann auf einen größeren Alpweg. Mit diesem nordwärts durchs Fulriet nach **Schönhalden (6)**, 1487 m, am Wildenberg (Seilbahnstation und Berghotel). Bei der nahen Alpkäserei beginnt der Schrägabstieg nach **Gafröa (7)**, 1203 m, wo wir die Route zum Chapfensee einschlagen. Hinter Ingerli wird ein Sturzbach gekreuzt. Später trifft man in einer Kehre auf ein Bergsträßchen, folgt diesem aber nur kurz, weil rechter Hand bereits die Fortsetzung des Wanderweges angezeigt wird. Etwas verschlungen und auf Lichtungen auch verwachsen geht es leicht auf und ab Richtung **Parmort**, 1047 m, und weiter zum **Chapfensee (8)**, 1029 m. Hier am schönsten am Nordufer entlang und über zwei Staumauern bis zum Osteck, wobei sich zwischendurch noch ein kleiner Abstecher zum Chapfenstein einbauen ließe. Auf einem breiten Forstweg angekommen, achten wir knapp rechts versetzt auf den Hinweis nach **Vermol (1)** und schließen mit knapp 100 Metern Gegensteigung die Runde.

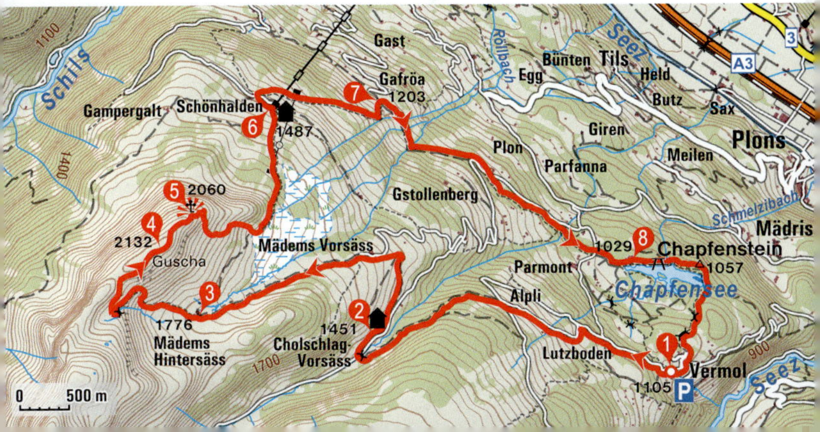

# 39 Zwischen Madfurggl und Fansfurggla

9.15 Std.

### Ausgedehnte Furgglen-Wanderung von Weisstannen zum Oxni

*Das Weisstannental im Sarganserland, eingeschnitten zwischen den Flumser Bergen und dem Pizolgebiet, wirkt wie eine eigene, abgeschiedene Welt. Bekannte Paradeziele gibt es hier nicht, was aber für den naturverbundenen Wanderer kein Nachteil sein muss. Wie diese Tour beweist, kann man sehr ausschweifend unterwegs sein. Ihr Filetstück verläuft als aussichtsreiche Höhenroute zwischen Madfurggl und Fansfurggla und bietet über diverse Sättel immer wieder veränderte Perspektiven. Obwohl wandertechnisch unschwierig, erscheint sie aber nur für sehr Marschtüchtige geeignet. 1600 Höhenmeter und 23 Streckenkilometer sprechen eine deutliche Sprache!*

**Ausgangspunkt:** Weisstannen, 1003 m, im gleichnamigen Hochtal. Vorteilhaft die Parkplätze hinter dem Dorf nutzen. Postautolinie vom Bahnhof Sargans.

**Anforderungen:** Maximal T2-3. Weithin kleine, überwiegend ordentliche Bergwege im Mattengelände. Die Spur ist oft erdig und kann bei feuchten Bedingungen manchmal glitschig sein, ansonsten keine geländebedingten Schwierigkeiten und kaum irgendwo Absturzgefahr. Entscheidende Voraussetzung ist ange-

*Einsamkeit und Ursprünglichkeit kennzeichnet die Bergwelt rund ums Weisstannental.*

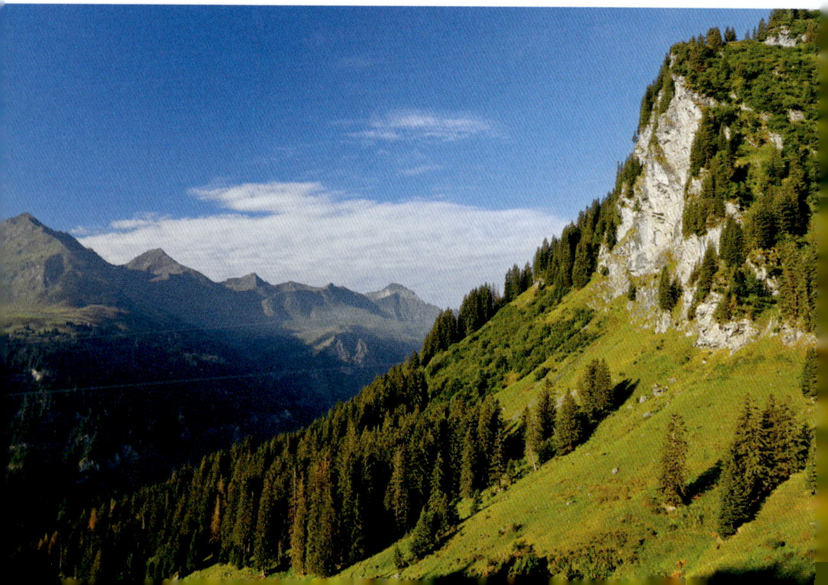

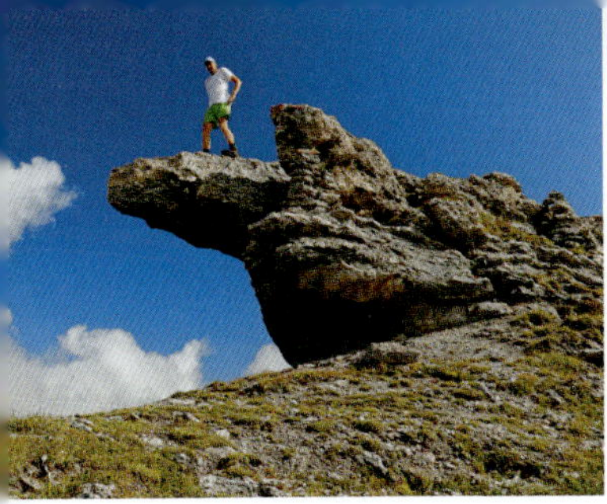

*Eine Laune der Natur auf der Krete.*

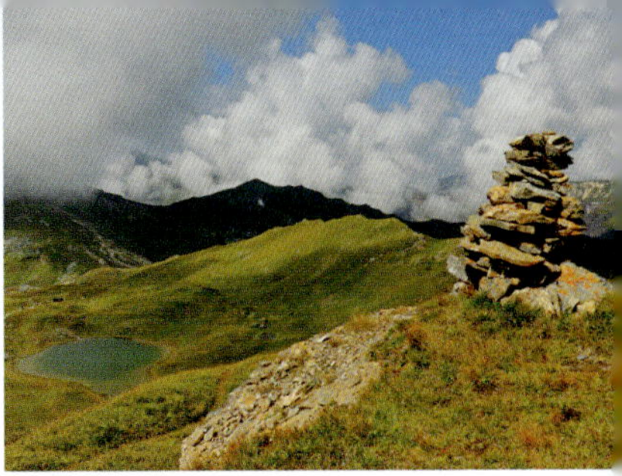

*Gipfelsteinmann am Oxni.*

sichts der Länge sehr gute Ausdauer!
**Höhenunterschied:** Rund 1600 Hm Auf- und Abstieg.
**Einkehr/Unterkunft:** Alp Siez (Vorsiez), 1175 m, Mai bis Oktober, Tel. +41 81 7231748.
**Beste Jahreszeit:** Ende Juni bis in den Oktober.

Gleich hinter **Weisstannen (1)**, 1003 m, verlassen wir die Straße Richtung Vorsiez und folgen dem Hinweis zur Madfurggl über die Brücke. Bis Rütenen am Ringgaberg begeht man den Fahrweg, der anschließend von einer kleinen Pfadspur am Wiesenhang abgelöst wird. Phasenweise kräftig steigend nach **Untergalans (2)**, 1476 m, oberhalb der Alp durch ein Waldstück und weiter in den Einschnitt des Galanserbachs. Stets auf dessen rechter Seite nähern wir uns **Obergalans (3)**, 1886 m, und müssen danach bis in den Kammbereich mit einer erdigeren Spur Vorlieb nehmen. Dort gelangen wir in eine Hochmulde, lassen die eigentliche **Madfurggl** knapp rechts liegen und peilen das Hüttli P. 2158 bzw. den Sattel knapp dahinter an **(4)**.
Nun ist der Hinweis »Fansfurggla« für uns maßgebend. Die markierte Pfadspur überschreitet den namenlosen P. 2270 und hält sich an die grasige Krete, wobei man alternativ auch den See auf der Hinter Mad näher passieren könnte (Viehsteige). Unter dem Walachamm setzt die Route zu einer Rechts-

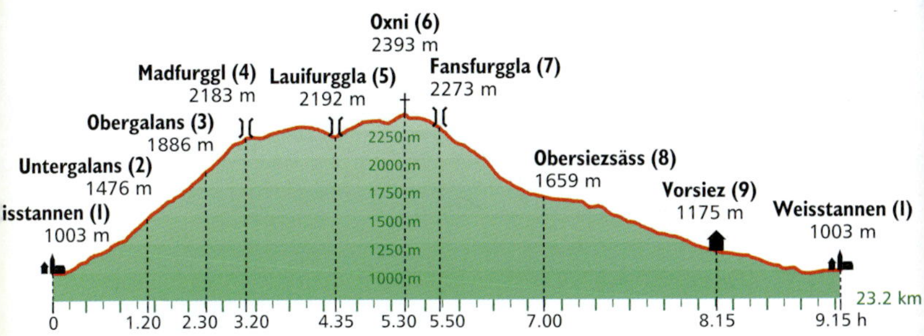

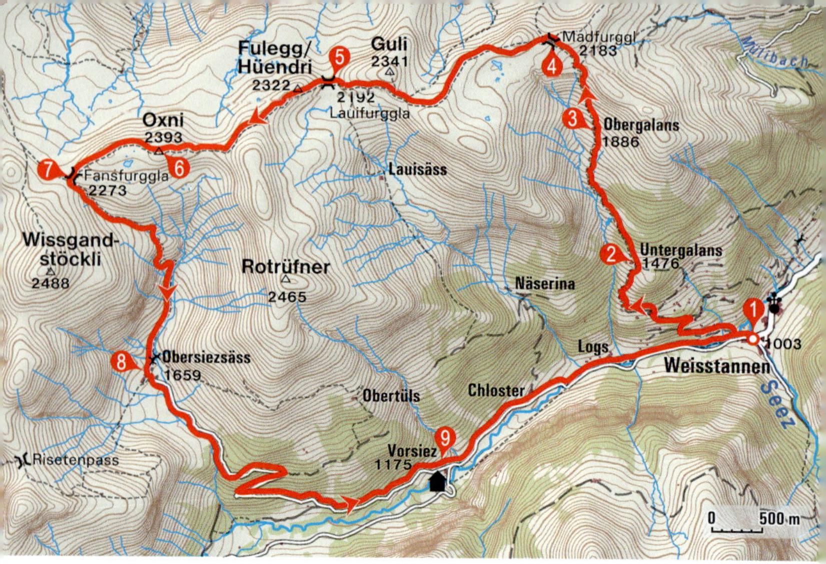


traverse durch die Hangbucht an und erreicht den Sattel P. 2286 am Guli. Jenseits schräg abwärts zur 100 Meter tiefer gelegenen **Lauifurggla (5)**, 2192 m, die von der Fulegg überragt wird. Indem wir den Sattel nur tangieren, wird am Sockel des Gipfelaufbaus wieder schräg angestiegen (durch Viehtritt beeinträchtigter Weg). Bei P. 2316 über den Kammrücken hinweg zu einer weiteren Hangquerung, die uns in die **Siezfurggla**, 2315 m, bringt. Der Gratverlauf schließt nun rasch Richtung **Oxni (6)**, 2393 m, auf, womit der höchste Punkt der Tour gewonnen ist: ein topografisch wenig bedeutender Gipfel, aber dennoch mit toller Rundsicht.

Über den Westgipfel hinweg geht es im Wesentlichen entlang der Krete weiter bis in die **Fansfurggla (7)**, 2273 m, womit das Chammseeli unterhalb bleibt. Dann auf der Südseite abwärts, zunächst am Chammhüttli vorbei zu einem Geländeabsatz. Jenseits der Schwelle durch einen grasigen Trichter und links eindrehend unter eine Felsfluh. In Kürze erreichen wir einen breiteren Karrenweg, der Richtung **Obersiezsäss (8)**, 1659 m, hinauszieht. Dort nehmen wir das Alpsträßchen auf, marschieren vorerst flach dahin und allmählich deutlich bergab. Nach einem Tunnel und zwei Schleifen geht es via Schwammboden talwärts nach **Vorsiez (9)**, 1175 m, wo sich eine Alpwirtschaft mit Gastbetrieb befindet: willkommene Einkehrmöglichkeit vor der finalen Gehstunde Richtung Weisstannen. Umständlicherweise führt der Wanderweg ein längeres Stück auf der rechten Bachseite dahin – flotter sind wir indes auf dem Sträßchen unterwegs und vollenden die Tour nach der Zusammenführung am lauschigen Bachufer entlang zurück nach **Weisstannen (1)**.

6.15 Std.

# Pizol, 2844 m 40

## Hochtouren-Feeling zwischen Weisstannen- und Calfeisental

*In der Ostschweiz ist der Name Pizol ein Aushängeschild des Bergtourismus. Das Wander- und Skigebiet wird durch zwei Seilbahnen bedient, welche die Höhendifferenz aus dem Rheintal um satte 1700 Meter mindern! Sehr beliebt ist die Fünf-Seen-Wanderung rund um die Schwarzen Hörner. Doch die Ambitionierteren reizt wohl eher der dunkelfelsige Pizol selbst. Er bietet mit seinen zerscharteten Nachbarn und dem (noch verbliebenen) Gletscher schon eine respektable Kulisse und Dosis Hochtourenfeeling, ohne jedoch allzu viel abzuverlangen. Wer gutes Einschätzungsvermögen und etwas Routine in Firn und Fels mitbringt, kann bereits nach zwei Stunden auf einem Gipfel stehen, der im engeren Umfeld keinen echten Nebenbuhler hat. Um den Bergtag ordentlich zu füllen – nicht nur mit Stunden, sondern auch vom Erlebniswert her – sollten wir unbedingt eine alternative Abstiegsroute wählen. Dies ist außer auf der genannten Fünf-Seen-Tour südseitig ins Calfeisental möglich, interessanter jedoch auf einer wenig frequentierten Route über den Lavtinasattel Richtung Weisstannen. Der Abstieg scheint nicht enden zu wollen, doch allein der Kessel von Batöni mit seinen drei Wasserfällen ist die Sache schon wert.*

*Schöner kann's fast nicht mehr werden: am Wildsee.*

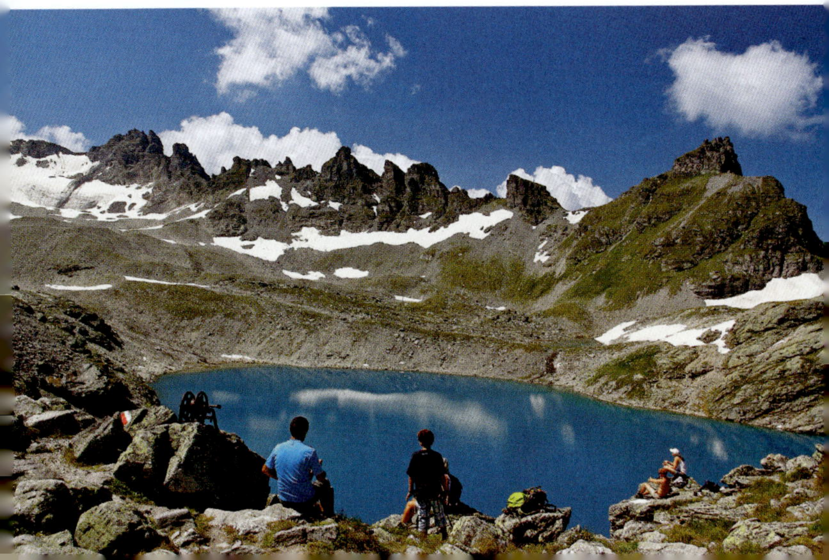

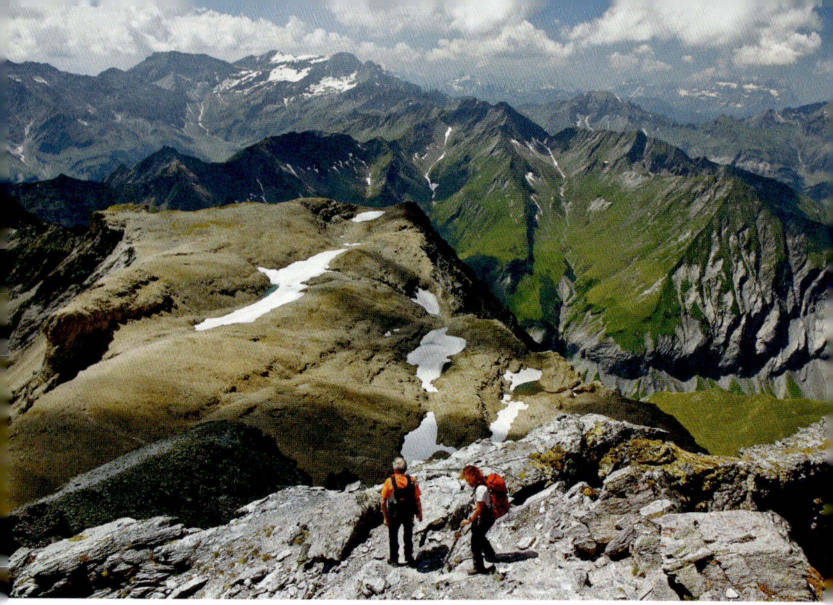

*Der Pizol ist ein rasch erreichbarer Hochgipfel, aber nur für Trittsichere geeignet.*

**Ausgangspunkt:** Bergstation der Pizolbahn von Wangs (3 Sektionen), bei der neuen Pizolhütte, 2221 m. Betriebszeiten von Anfang Juli bis Mitte/Ende Oktober, täglich 8.15 bis 16.00 Uhr, Tel. +41 81 3004830. Busverkehr vom Bahnhof Sargans.

**Endpunkt:** Weisstannen, 1003 m. Endpunkt der Postautolinie von Mels bzw. Sargans.

**Anforderungen:** T4. Zum Pizol alpine Route, für bergsteigende Wanderer mit entsprechender Erfahrung. Am Gletscher keine Spaltengefahr, aber bei Blankeis im Spätsommer unbedingt Steigeisen nötig; besser Umgehung in den Felsen (mit Sicherungen in exponiertem Gelände). Lange Abstiegsroute nach Weisstannen, Bergweg mit vereinzelten ausgesetzten Passagen, zuoberst Schutt, sonst Matten (T3). Für ausdauernde Berggeher normale Tagestour, Trittsicherheit und Schwindelfreiheit wichtig.

**Höhenunterschied:** 730 Hm Aufstieg, 1950 Hm Abstieg.

**Einkehr/Unterkunft:** Diverse Berggasthäuser im Seilbahngebiet (siehe www.pizol.com); ansonsten keine entlang der Route, sondern erst wieder in Weisstannen.

**Beste Jahreszeit:** Juli bis September.

**Varianten:**

1. Rückweg via Wildsee, Schottensee, Schwarzplangg, Schwarzsee, Gumidaurspitz und Baschalvasee zur Station Gaffia (Fünf-Seen-Weg).

2. Man kann auch von Bad Ragaz über Pardiel zur Bergstation Laufböden hinaufschweben; von dort 20 Min. bis zur Pizolhütte. Dies empfiehlt sich insbesondere, falls die Überschreitung durchs Tersol nach Vättis ausgeführt werden soll. Von dort verkehrt ein Postauto zurück nach Bad Ragaz.

**Hinweis:** Es gibt im Übrigen einen kostenlosen Rufbus zwischen den Talstationen Wangs und Bad Ragaz.

Zweimal müssen wir umsteigen, ehe wir von der Bergstation bei der **Pizolhütte (1)**, 2221 m, zur Tour aufbrechen können. In westlicher Richtung schwenken wir über einen seichten Rücken ins Valplona unterhalb der Schwarzen Hörner ein und vollziehen anschließend zahlreiche Kehren bis in die **Wildseeluggen (2)**, 2492 m. Hier öffnet sich der Bergkessel mit dem Kleinod des Wildsees. Man zweigt links ab und hält damit auf den Pizol zu. Der in Kürze abzweigende Weg zum Lavtinasattel wird zunächst nicht beachtet, es sei denn man wählt direkt den Übergang nach Weisstannen. Stattdessen folgen wir der blau-weißen Markierung über mäßig geneigte Blockschuttflächen mit eingelagerten Schmelzwasserlacken und nähern uns dem kleinen Pizolgletscher, über den der Aufstieg früher typischerweise führte. In den begrenzenden Felszonen ist jedoch inzwischen eine blau-weiß markierte Route eingerichtet worden, die trotz gewisser Ausgesetztheit vorteilhafter erscheint (einige Drahtseilstellen). Ob im Schrägaufstieg oder oben über den Grat – Nadelöhr ist auf jeden Fall der **Pizolsattel**, 2789 m. Auf der Westseite des Gipfelaufbaus schließen sich gesicherte Traversen an, ehe in Kürze der höchste Punkt des **Pizol (3)**, 2844 m, gewonnen ist.

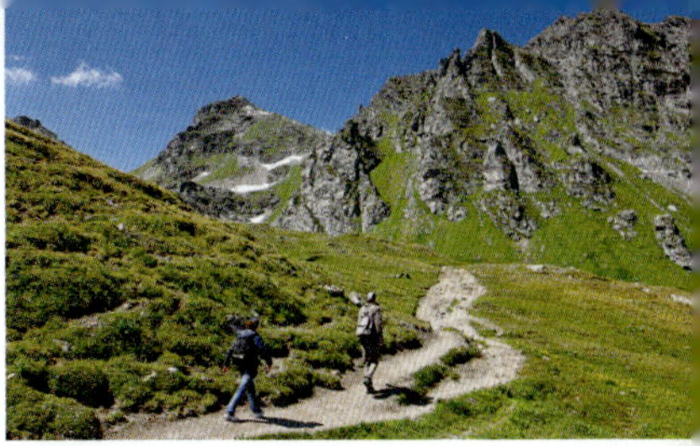

*Die erste Wegstunde bis zur Wildseeluggen geht bequem vonstatten.*

Beim Rückweg können wir dann im Vorfeld des Pizolgletschers geradewegs nach Augenmaß absteigen (harmlose Schneefelder und Geröllfluren), also allmählich deutlich links von der markierten Linie, um damit zur Querverbin-

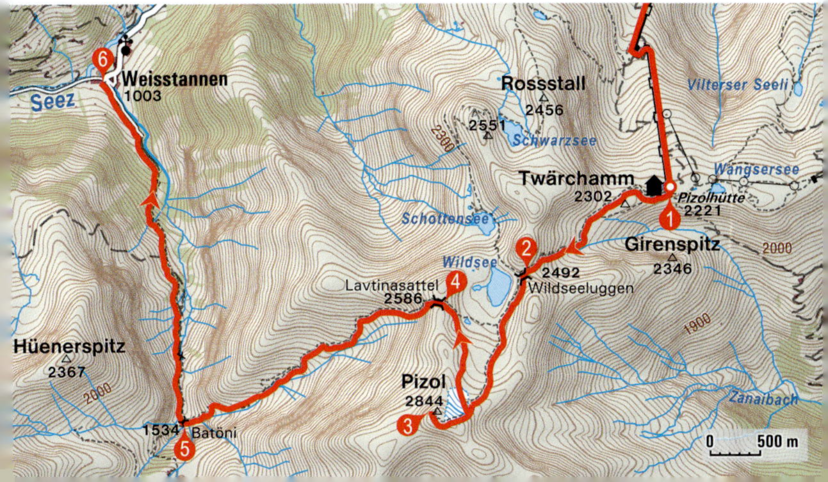

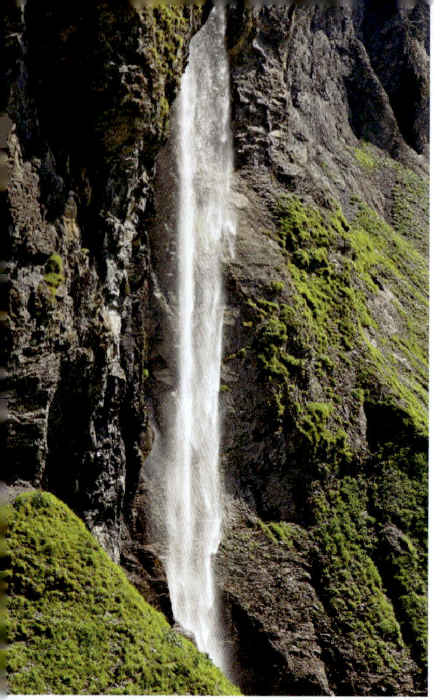

dung abzukürzen. In der Nähe eines kleinen Sees treffen wir auf die rot-weiße Markierung, die knapp 100 Höhenmeter zum **Lavtinasattel (4)**, 2586 m, hinaufleitet. Jenseits zuerst auf einem Schuttsteig, bald schon über Alpmatten auf der rechten Seite des Geländetrichters Oberlavtina abwärts. Man kommt an zwei Brunnen sowie an der Alp **Stofel**, 1909 m, vorbei, ehe sich der Einschnitt verengt. Unser Steig quert manchmal etwas ausgesetzt auf der rechten Seite und windet sich im Angesicht mehrerer imposanter Wasserfälle nach **Batöni (5)**, 1534 m, hinunter. Bei der Kreuzung drehen wir aus dem Kessel nordwärts ab und wandern durch das Hochtal Unterlavtina hinaus. Dabei führt die Route bald am linken Hang entlang (eine abrutschgefährdete Passage auf eigenes Risiko; lässt sich auch umgehen). Wir passieren die Alp **Sässli**, 1307 m, treten allmählich in Wald ein und laufen zuletzt auf einem Sträßchen hinaus nach **Weisstannen (6)**, 1003 m.

*Im Gegensatz zum touristisch erschlossen Bereich am Pizol wirkt die Szenerie in der Lavtina regelrecht urweltlich. Mehrere Wasserfälle tragen dazu bei.*

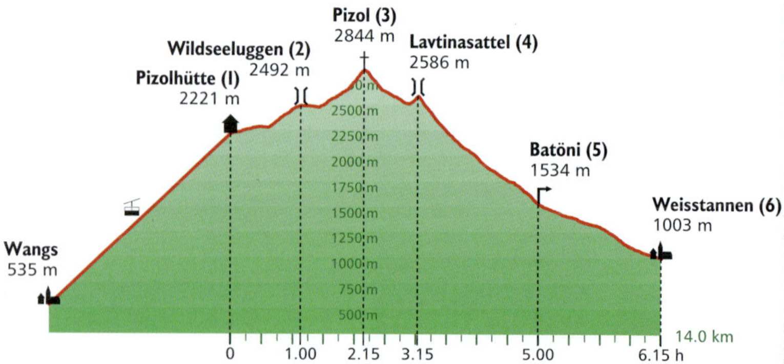

8.30 Std.

# Höhenweg zur Sardonahütte, 2159 m

41

**Via Heidel- und Heubützlipass in den Talschluss von Calfeisen**

*Das ehedem von Walsern besiedelte Calfeisental ist ein wahrhaft versteckter Winkel im St. Galler Oberland, abgeschirmt von den stattlichen Berggestalten der Ringelspitzkette und des Sardonastocks, in deren Bannkreis diese Tour verläuft. Und zwar auf der freundlichen Sonnseite, die eine ausschweifende Höhenroute über eine Folge von Hangterrassen offeriert. Man tangiert dabei mit dem Heidelpass und dem Heubützlipass zwei Übergänge ins Weisstannental und besucht im Talschluss die gemütliche Sardonahütte, die Genießern zur Übernachtung ans Herz gelegt sei. Denn talauswärts zieht es sich am Ende noch ganz beachtlich (auch wenn die Gehzeiten auf den lokalen Wegweisern reichlich großzügig bemessen sind). Das Calfeisental gehört übrigens zum Jagdbanngebiet »Graue Hörner«.*

**Ausgangspunkt:** Parkplatz bei St. Martin, 1340 m, im Calfeisental. Ab Staumauer Verkehrsregelung: einwärts 20 Minuten ab volle Stunde, auswärts 20 Minuten ab halbe Stunde, zwischen 18 und 9 Uhr frei. Postauto nur bis Gigerwald.

*Vor der Malanseralp baut sich der mächtige Ringelspitz in breiter Front auf.*

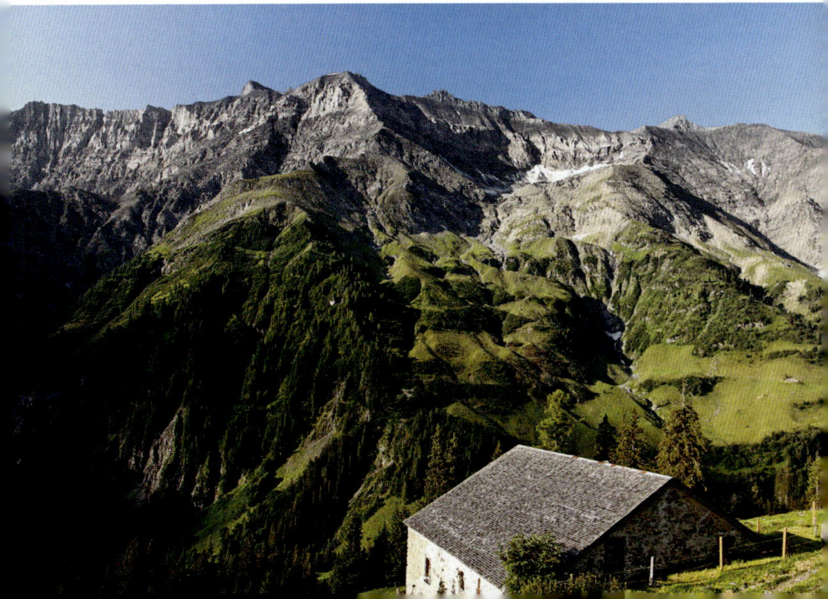

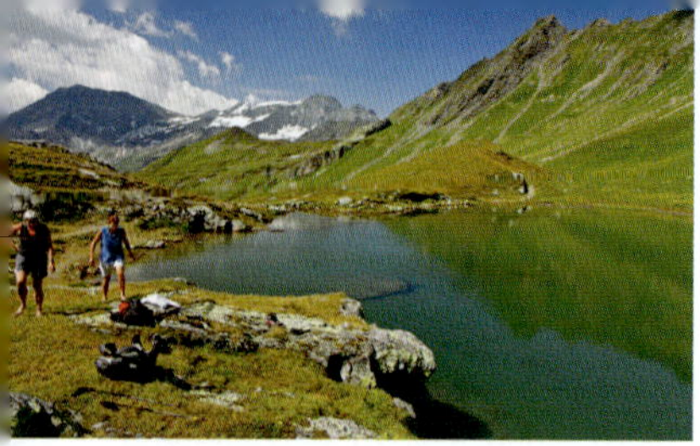

*Beim Plattenseeli bietet sich eine Rast an, für Abgehärtete auch ein Bad.*

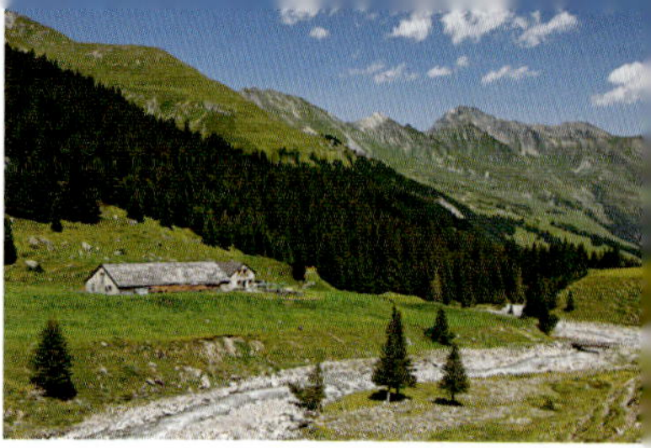

*Den Rückweg nehmen wir durch die Talsohle an der Alp Sardona vorbei.*

**Anforderungen:** T2–3. Im Allgemeinen gute Bergwege im Mattengelände, etwas Trittsicherheit bei den Passabstechern sowie bei der Traverse im Talschluss. In den unteren Bereichen Fahrwege. Insgesamt eine technisch relativ leichte, aber sehr lange Tagestour (gegebenenfalls in der Sardonahütte nächtigen).
**Höhenunterschied:** In Summe etwa 1400 Hm.
**Einkehr/Unterkunft:** Sardonahütte, 2159 m, Juli bis September durchgehend, Mitte Juni bis Mitte Oktober an Wochenenden, Tel. +41 81 3061388. Alp Sardona, 1742 m, ebenfalls mit Übernachtungsmöglichkeit.
**Beste Jahreszeit:** Juli bis September.
**Varianten:**
1. Es gibt zwei vorzeitige Abstiegsmöglichkeiten vom Plattenseeli und vom Heubützlipass.
2. Die attraktivste Gipfelmöglichkeit besteht am Fahnenstock, 2611 m, auf Steigspuren vom Heubützlipass in 25 Min. zu erreichen.

Bei **St. Martin (1)**, 1340 m, wenden wir uns mit der Hauptroute taleinwärts, gelangen allmählich über die Tamina hinaus und biegen bei P. 1518 auf den serpentinenreichen Güterweg zur **Malanseralp (2)**, 1831 m, ab. Direkt beim Gebäude rechts hinauf. Ein Weilchen nutzen wir hier noch einen breiten Karrenweg, bevor dieser von einem gewöhnlichen Bergweg abgelöst wird. Die Aussicht über das innere Calfeisental wird immer prächtiger, während wir über harmlose Matten bergwärts vorankommen. Nach einem deutlichen Rechtsbogen steigt man bis zu einer Verflachung (bei P. 2308) an und sollte hier den kurzen Abstecher rechts zum **Heidelpass (3)**, 2386 m, nicht versäumen. Der aufschlussreiche Blick ins Weisstannental und zum Pizol würde sonst verborgen bleiben.

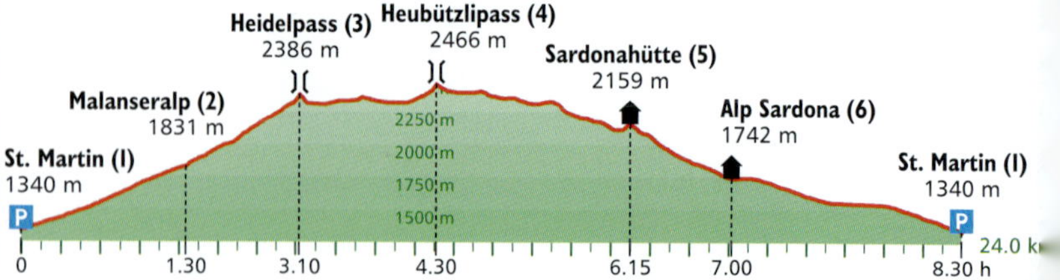

Ohne große Höhenunterschiede durchqueren wir anschließend das Chüetal. Der Bogen führt unter dem Plattenspitz hinüber zu einer weiten Schulter namens **Horni** und wechselt bei P. 2361 in den westlichen Nachbarkessel. Mit geringfügigem Höhenverlust geht es hier zum idyllischen **Plattenseeli**, 2319 m, das Unerschrockene vielleicht zu einem Bad verführt. Man traversiert die Hangbucht danach leicht ansteigend und gelangt in Falllinie des **Heubützlipasses (4)**, 2466 m, der ebenfalls einen kleinen Seitensprung wert ist. Das wäre im Übrigen die maximale Höhe der Tour.

Der Weiterweg vollzieht sich indes nach wie vor auf der Südseite der Bergkette, wo wir noch mehrere Einbuchtungen ausgehen und Hochböden überschreiten. Das wellige Gelände bietet etwas Auf und Ab, doch verliert man insgesamt sukzessive an Höhe. Zuhinterst in den Ostflanken des mächtigen Piz Sardona sind einige Bachrunsen zu kreuzen – über die stärkste hilft eine Brücke. Am Ende der Traverse steigen wir ein paar Meter zum Absatz mit der vor ein paar Jahren erweiterten **Sardonahütte (5)**, 2159 m, empor und genießen die Rückschau ins Calfeisental.

Über den ersten Steilhang werden etliche Kehren absolviert, zwischendurch eine Bachquerung und am Auslauf eine weitere. Dann geht es in leichtem Gefälle über die Weiden der Hinteren Melchi Richtung **Alp Sardona (6)**, 1742 m, die auf der linken Seite der Tamina zur Rast einlädt. Von dort steht am Ende noch eine längere Strecke talauswärts bevor, zuletzt auf der bekannten Route nach **St. Martin (1)**.

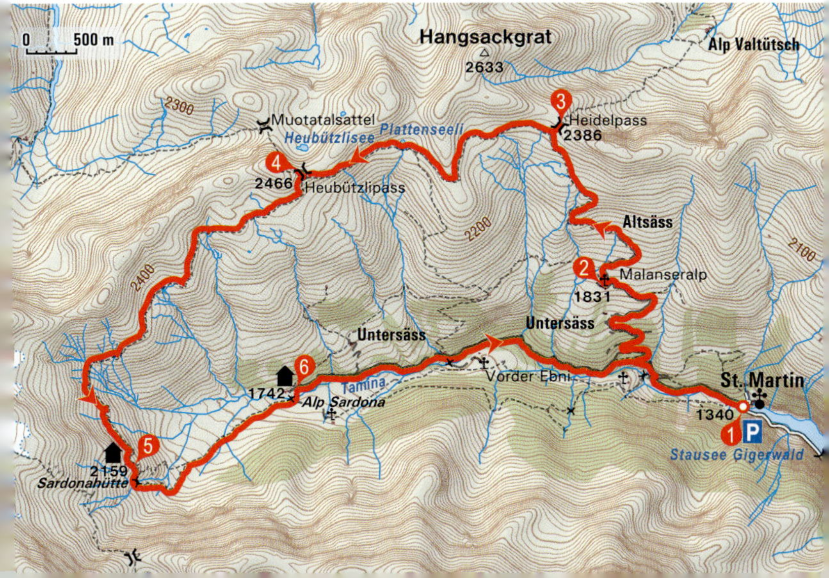

# 42 Gonzen, 1829 m

4.30 Std.

### *Von der Rückseite auf den Sarganser Hausberg*

*Mit seinen gut 1800 Metern rangiert der Gonzen weit hinten in der Gipfelliste des St. Galler Oberlandes. Was ihn trotzdem so populär macht, ist sein starkes, unverwechselbares Profil, das sich wie ein Keil zwischen Rhein- und Seeztal schiebt und oberhalb von Schloss Sargans quasi direkt aus dem Talboden wächst. Entsprechend fulminant sind die Tiefblicke: eine veritable Vogelperspektive. Dabei ist der Gonzen eine Janusgestalt und von hinten ganz harmlos zu besteigen – je nachdem, wie nah man mit dem Auto heranfährt, auch eher wenig beschwerlich. Anders sähe das aus, wenn man von Sargans aus den Leiterliweg wählt. Ein kulturhistorischer Aspekt: Jahrhundertelang wurden am Gonzen Erze abgebaut. Bei Vild gibt es heute ein Schaubergwerk.*

**Ausgangspunkt:** Parkplatz Vermärsch (P1), ca. 1020 m, als letzte gebührenfreie Parkmöglichkeit an der Bergstraße von Oberschan nach Palfries. Alternativ kann man auch bis zum Parkplatz Hübschen-Waldboden (P3, »Schnapsgrotzen« in der Landeskarte), 1220 m, oder gar bis zum Berggasthaus Gonzen, 1478 m, fahren (10 Sfr). Wanderbus nur sonntags.

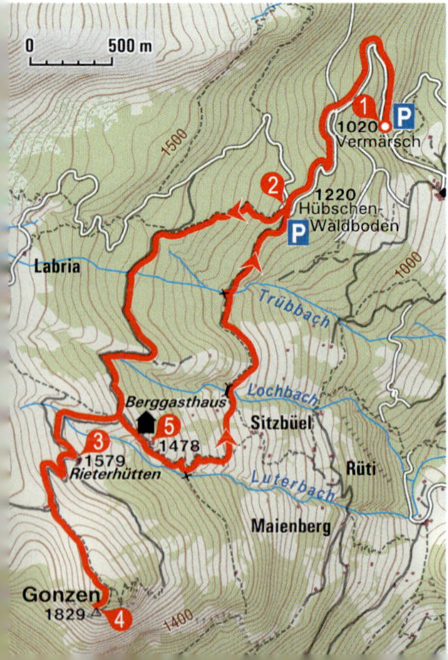


**Anforderungen:** T2. Leichte Gipfelwanderung, abwechselnd auf Straßen und Bergwegen. Allenfalls bei Nässe knapp unterhalb des Gipfels etwas Trittsicherheit vorteilhaft. Je nach Ausgangspunkt moderate Tagestour oder Kurztour.

**Höhenunterschied:** Ab Vermärsch 830 Hm, ab Hübschen-Waldboden 620 Hm, ab Gasthaus 350 Hm.

**Einkehr/Unterkunft:** Berggasthaus Gonzen, 1478 m, Mitte Mai bis Ende Oktober (Mo. Ruhetag), Tel. +41 79 7082299. Getränke in der Alp Folla.

**Beste Jahreszeit:** Mai bis Spätherbst.

**Variante:** Eine interessante autofreie Alternative bietet die private Luftseilbahn von Oberschan zum Hotel Alvier, 976 m, die mit Selbstbedienung funktioniert. Von dort zu Fuß in 45 Min. nach Hübschen-Waldboden.

Wer sich die Mautgebühr sparen möchte, startet schon bei **Vermärsch (1)** und legt zum Auftakt eine gute halbe Stunde entlang der Bergstraße bis **Hübschen-Waldboden (2)**, 1220 m, per pedes zurück. Abkürzungen gibt es über die weit

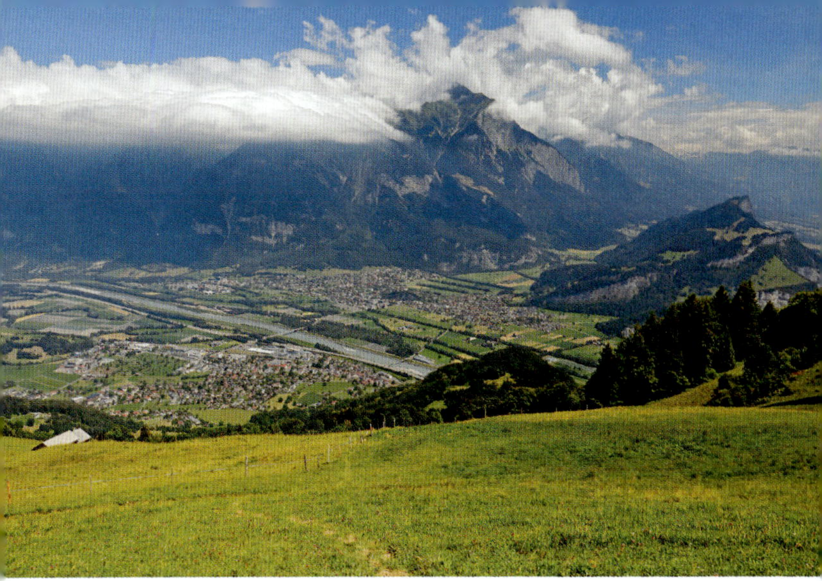

*Oben: Blick über das Rheintal bis in den Rätikon.*
*Unten: Steilfelsig erhebt sich der Gonzen über dem Tal bei Mels und Sargans.*

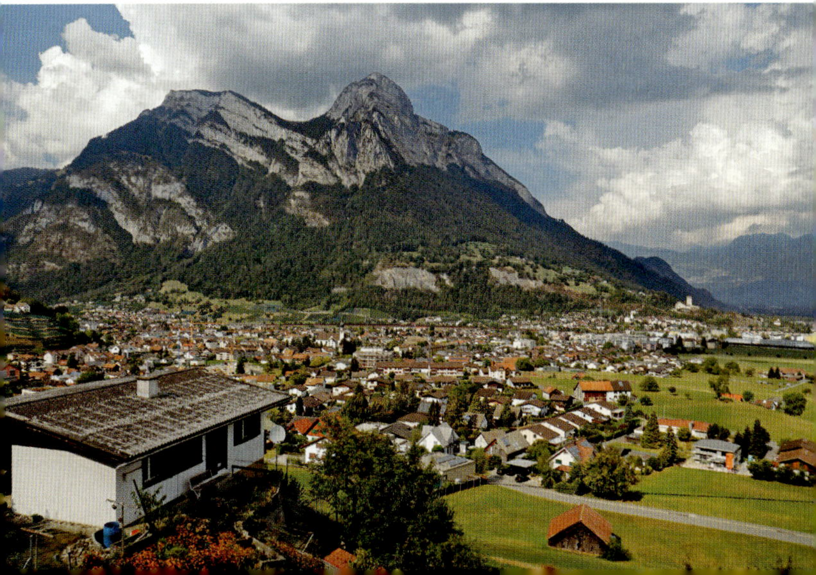

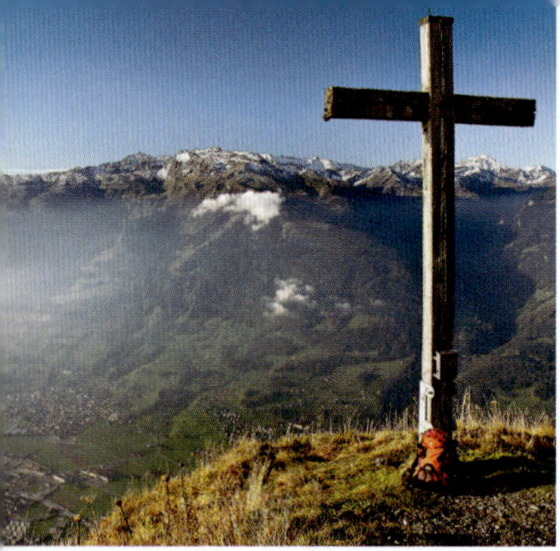

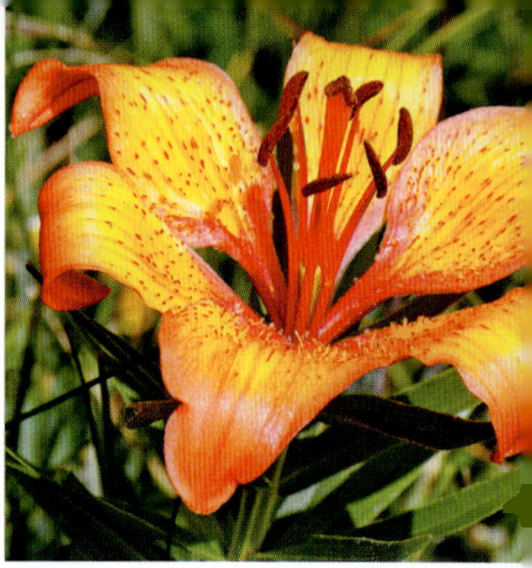

*Mit dem Gonzen erreichen wir eine der besten Aussichtskanzeln im Sarganserland. Am Gipfel entdeckt man sogar Feuerlilien.*

ausholenden Schleifen leider nicht – es sei denn vom unterhalb gelegenen Hotel Alvier (siehe Variante). Nun ignorieren wir den Wegweiser »Gonzen« und folgen zunächst jenem nach »Palfries«, und zwar auf einem Grasweg bis **Letzi**, 1395 m. Anschließend auf dem leicht ansteigenden Sträßchen am Lauzboden vorbei und über den Lochbach ins Gebiet der Alp Riet, wo der Wald zurückbleibt. Als Nächstes steuern wir die **Rieterhütten (3)**, 1579 m, an, begehen den Alpweg hinauf nach **Folla**, 1668 m, und wenden uns am Höhenrücken von der Alphütte ab gen Süden. Teils durch Gehölz und Erlenbestände höher und zuletzt rechts eindrehend zum Gipfel des **Gonzen (4)**, 1829 m, der südseitig gleichsam ins Bodenlose abbricht.
Im Abstieg zunächst wie gehabt zurück zu P. 1520 auf der Alp Riet, wo scharf rechts zum nahen **Berggasthaus Gonzen (5)**, 1478 m, abgebogen wird. Über die Alpweiden am sogenannten Walserberg wandern wir weiter abwärts, halten uns dann aber links Richtung Maienguet und leiten damit eine längere Traverse ein. Mit etwas Gegenanstieg wird abermals der Lochbach gekreuzt, ehe wir bei Glätti auf einen breiteren Forstweg stoßen und diesem nach **Hübschen-Waldboden (2)** folgen.

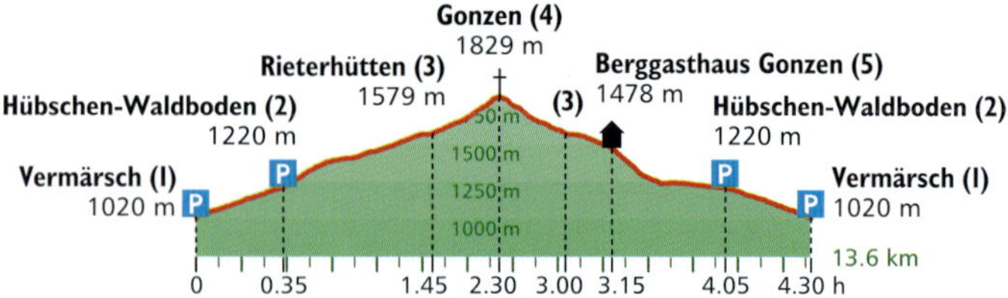

5.15 Std.

# Alvier, 2341 m

43 TOP

## Zur Gipfelhütte hoch über dem Walensee

*Zu den besten Aussichtslogen in der Ostschweiz zählt auch der Alvier. Die Lage in der Berggruppe zwischen St. Galler Rheintal und Walenseefurche eröffnet großartige Perspektiven, etwa in die Bündner und Glarner Alpen, auf die prägnante Churfirstenkette sowie weit hinein nach Vorarlberg und Tirol. Bei der kleinen, bescheidenen Gipfelhütte laufen Wege von verschiedenen Seiten zusammen, wobei diverse Straßen am Werdenberg den Zugang verkürzen. Wir entscheiden uns hier für den beliebten Steilpfad, der vom Palfrieser Alpbalkon gipfelwärts zieht, und kehren über die ostseitige Schaneralp zurück, schlagen damit also quasi einen Bogen um die markante Gauschla. Oben kann man schauen, so weit das Auge reicht und wird womöglich vom fjordartigen Walensee am meisten fasziniert sein. Und wer als Bergromantiker genug Muße hat, sollte sich einmal in der Alvierhütte einquartieren, um die ganz besonderen Stimmungen einzufangen …*

*Schritt für Schritt werden die Ausblicke über die Glarner Voralpen und die Walensee-Furche immer großartiger.*

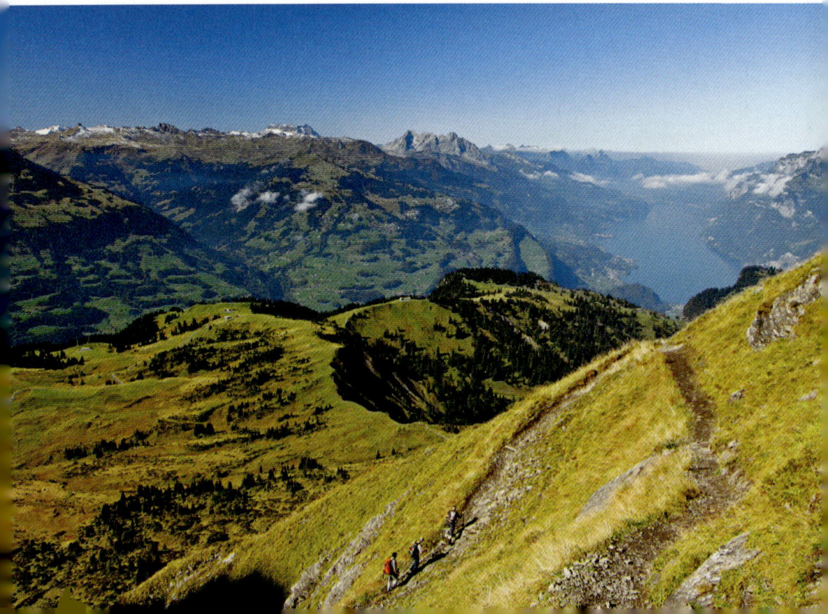

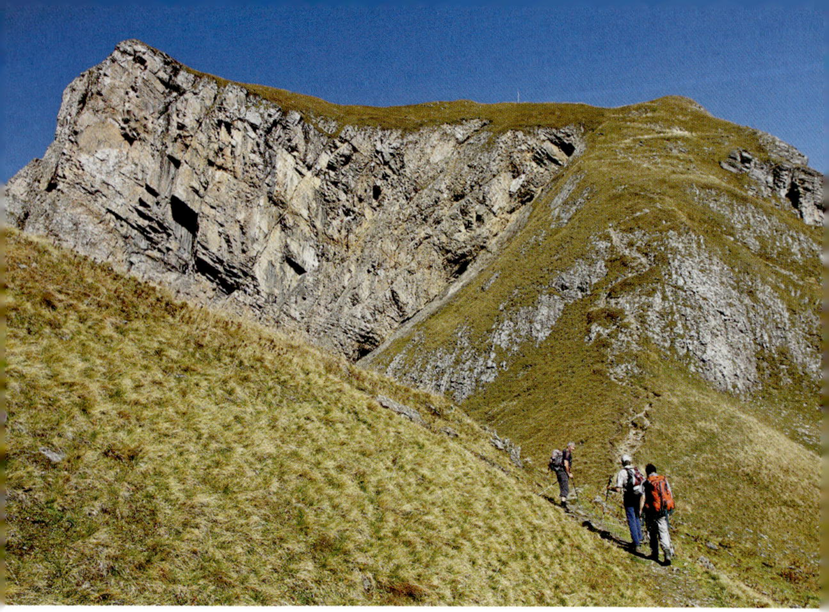

*Nach dem Chemmi muss nur noch der Gipfelhang bewältigt werden.*

**Ausgangspunkt:** Scheidweg, 1362 m, an der taxpflichtigen Bergstraße von Oberschan nach Palfries. Parkmöglichkeit und Endpunkt der Wanderbuslinie (nur sonntags).
**Anforderungen:** T3. Von Palfries steiler Anstieg mit ein paar gesicherten Stellen, Trittsicherheit notwendig. Die Abstiegsroute ist etwas leichter, aber unterschiedlich beschaffen, über die Schaneralp auch dürftig ausgetreten, zumindest ausreichend markiert und generell unschwierig. Normale Tagestour.
**Höhenunterschied:** Etwa 1050 Hm.
**Einkehr/Unterkunft:** Berghaus Palfries, 1689 m, Anfang Juni bis Ende Oktober, Tel. +41 81 7831224. Gipfelhütte Alvier, 2341 m, Mitte Juni bis Oktober, Tel. +41 79 6818182.
**Beste Jahreszeit:** Mitte Juni bis Mitte/ Ende Oktober.
**Variante:** Bei Hin- und Rückweg auf derselben Route empfiehlt sich die Anfahrt bis Palfries, dann dauert die Tour nur gut 3 Std.

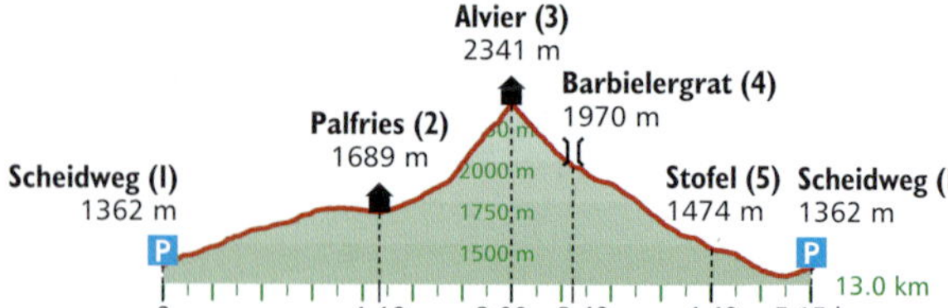

Bei der Gabelung am **Scheidweg (1)**, 1362 m, gehen wir rechts und folgen dem windungsreichen Bergsträßchen bzw. einigen Abkürzungen. Später mit einem scharfen Rechtsknick über einen flachen Rücken hinweg und nahezu horizontal zum Berghaus **Palfries (2)**, 1689 m, wo sich im Übrigen der letzte Parkplatz befindet. Mit dem Hinweis »Alvier« steigen wir sachte über steindurchsetzte Matten an. Ab etwa 1900 Meter Höhe steilt das Gelände in der Westflanke deutlich auf. Im Zickzack immer höher, erreichen wir zuletzt in einer Kaminrinne zwischen Felsen mittels Holzleiter den Gratausstieg am **Chemmi**, 2184 m. Anschließend über den schrofigen Südgrat – zwischendurch ziemlich steil und mit Drahtseilen gesichert, sonst in Kehren – bis zum Gipfelplateau des **Alvier (3)**, 2341 m, mit seiner kleinen Hütte. Es lohnt sich auch, bis zur westlichen Abbruchkante vorzutreten.
Der Abstieg erfolgt ostseitig in vielen Serpentinen zum **Barbielergrat (4)**, 1970 m. Aus dem Sattel scharf rechts und phasenweise ohne ausgeprägten Pfad in langer Abwärtstraverse durch das Mattengelände der **Schaneralp**. Wir gelangen zum **Stofel (5)**, 1474 m, wo sich die Alphütten malerisch an einen Sattel schmiegen. Hier schlagen wir nun den Türlenweg ein, passieren damit den steilfelsigen Guggstein ostseitig und kommen über einen reizvoll verschlungenen Waldsteig bei der Kehre P. 1300 auf die Bergstraße zurück. Mit ein paar Metern Gegensteigung sind wir wieder am Parkplatz **Scheidweg (1)**.

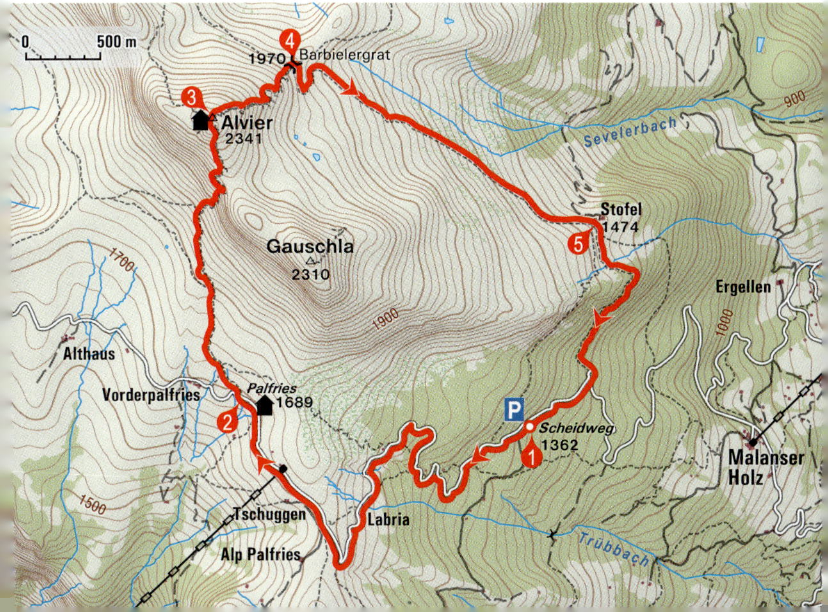

# 44 Margelchopf, 2164 m

4.45 Std.

## Logenplatz über dem Werdenberg

*Außer dem Alvier ist noch ein zweiter toller Aussichtsgipfel am Werdenberg mit einem Steig erschlossen: der Margelchopf, von den Einheimischen liebevoll »Margli« genannt. Bis auf die Schlüsselstelle knapp unterm Gipfel ist die Tour leicht und von Malbun aus auch nicht sonderlich beschwerlich. Dort steht übrigens seit ein paar Jahren ein ganz modernes Berggasthaus.*

**Ausgangspunkt:** Berghaus Malbun, 1369 m, am Werdenberg über dem St. Galler Rheintal. Zufahrt auf gut ausgebauter Bergstraße von Buchs via Buchserberg. Gebührenpflichtiger Parkplatz, Bus nur sonntags.
**Anforderungen:** T3 (am Gipfelaufbau), sonst T2. Zuoberst einige Schrofen, in der Schlüsselpassage gesichert, Trittsicherheit wichtig. Davon abgesehen einfache Bergwanderwege über Alpmatten, auf der Abstiegsroute via Altsäss jedoch teilweise unerfreulich matschige Verhältnisse möglich. Ab Malbun lockeres Tagespensum.
**Höhenunterschied:** Gut 800 Hm.
**Einkehr/Unterkunft:** Berghaus Malbun, 1369 m, fast ganzjährig (Mo./Di. Ruhetag), Tel. +41 81 7561585.
**Beste Jahreszeit:** Juni bis Oktober.
**Variante:** Es kommt auch ein Zugang von der Voralp (Bergstraße von Grabs), via Inggernast und Isisizsess infrage, im Aufstieg gut 3 Std.

Vom **Berghaus Malbun (1)**, 1369 m, folgen wir einer Pflockmarkierung über die Wiese am Skihang Richtung Malbun Untersäss, stoßen zwischendurch auf die Alpstraße und kürzen dann rechts durch ein Waldstück zur Kehre P. 1643 ab. Bis **Malbun Obersäss (2)**, 1743 m, wird noch mehrmals der Güterweg gekreuzt. Anschließend weiter über Alpmatten unterhalb vom Hanenspil südwest- bis westwärts bergauf. »Bi den Seen« durchschreiten wir anheimelnd welliges Gelände und erreichen damit den **Isisizgrat** respektive

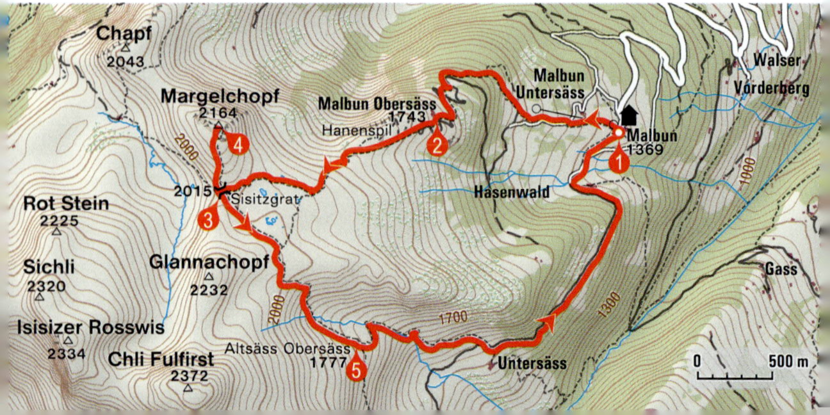

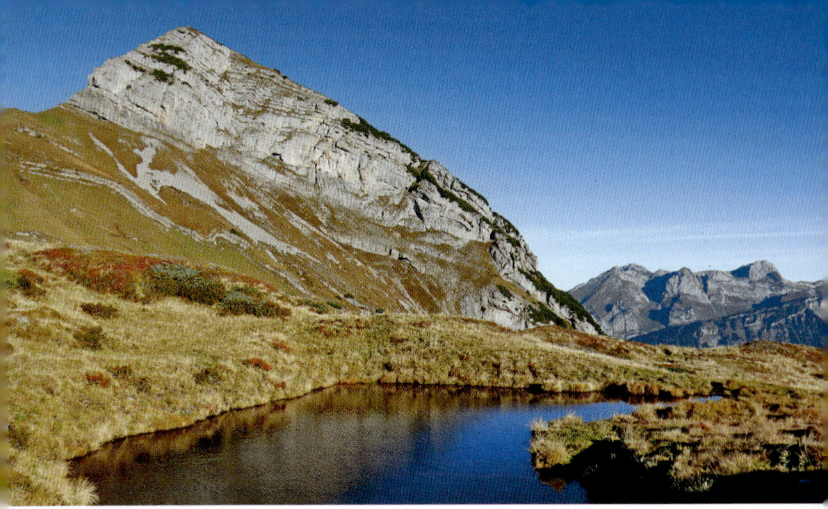

*Der Clou am Margelchopf liegt am Gipfelaufbau.*

**Sisitzgrat (3)**, 2015 m, wo die Route von der Voralp mündet. Auf kleinem Wiesenpfad nähert man sich nun dem markanten Gipfelaufbau und gerät dort in schrofiges Gelände. Eine steile Stelle kurz vor dem Ausstieg auf die Gipfelwiese des **Margelchopfes (4)**, 2164 m, ist mit Fixseil entschärft und erfordert die Unterstützung der Hände.

Beim alternativen Rückweg zunächst wieder zum Sattel am **Sisitzgrat (3)**, dann rechts haltend über die leicht verkarstete Rundhöckerlandschaft von Glanna. Nach etwas Auf und Ab wird hinter einer Alphütte bei P. 2008 ein Seitenkamm überstiegen. Jenseits recht steil hinunter in die Hangmulde und auf eher schlechtem Bergweg nach **Altsäss Obersäss (5)**, 1777 m. Direkt bei der Hütte links eindrehend und schräg abwärts zum Alpsträßchen, auf das man unweit von Altsäss Untersäss trifft. Damit in nur noch leichtem Gefälle zurück zum **Berghaus Malbun (1)**, zuletzt kurz über eine Wiese.

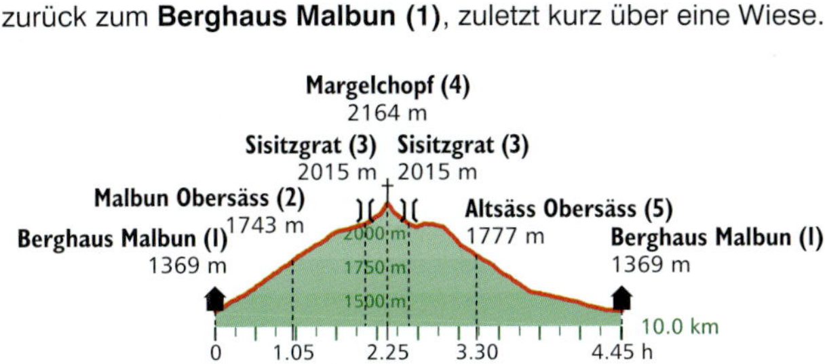

# 45 Hinderrugg, 2306 m

6.30 Std.

## *Aus dem Voralpgebiet Richtung Churfirsten*

*Der Hinderrugg sowie der benachbarte, kaum wirklich eigenständige Chäserrugg gehören zu den sieben Churfirsten-Gipfeln, die im Toggenburg die südliche Skyline bilden. Aufgrund der Seilbahn zum Chäserrugg herrscht gerade hier ein buntes touristisches Treiben. Insofern ist dieser Tourenvorschlag schon etwas Besonderes, wenn wir den aussichtsreichen Hinderrugg nicht nur »by fair means« erwandern, sondern dafür auch noch im abseitigen Voralpgebiet starten. Was dabei herauskommt, ist vornehmlich eine ausgedehnte Alprunde, die uns verschiedene Winkel der Bergwelt zwischen Werdenberg und Toggenburg näherbringt. Der Gipfelabstecher ist letztlich optional und ein Angebot an die Ambitionierten.*

**Ausgangspunkt:** Parkplatz P8 bei Gamperfin, 1304 m, an der Bergstraße von Grabs zur Voralp. Im gesamten Berggebiet gebührenpflichtige Parkplätze (6 Sfr). Zwischen Mitte Mai und Mitte Oktober Busverkehr ab Grabs Post bis zum Kurhaus Voralp, wo man alternativ starten kann.
**Anforderungen:** T2–3. Meist hindernisarme Berg- und Alpwege mit einigen steileren Abschnitten, jedoch kaum irgendwo Absturzgefahr. Phasenweise auch etwas holprig, z.B. zwischen Gamsalp und Gatter. Neben elementarer Trittsicherheit vor allem Ausdauer für eine volle Tagestour angezeigt (ohne Gipfel weniger anstrengend).
**Höhenunterschied:** In Summe 1170 Hm.

*Im Alpgebiet von Gamperfin geht's los.*

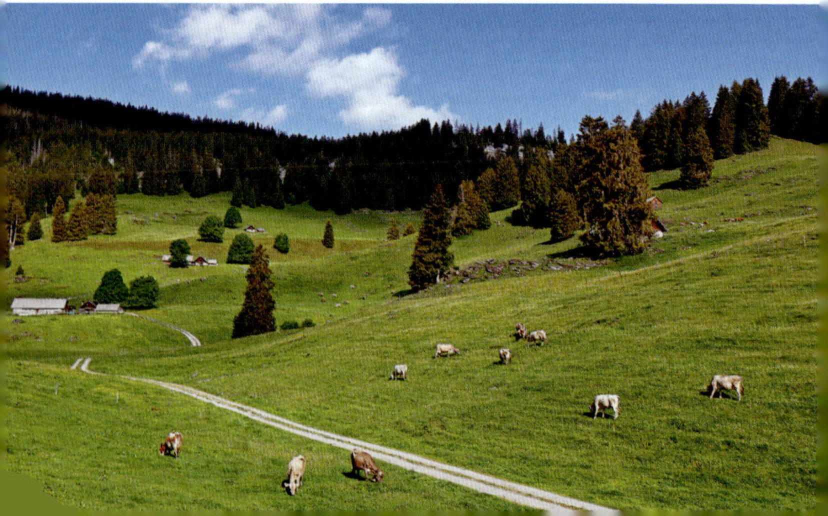

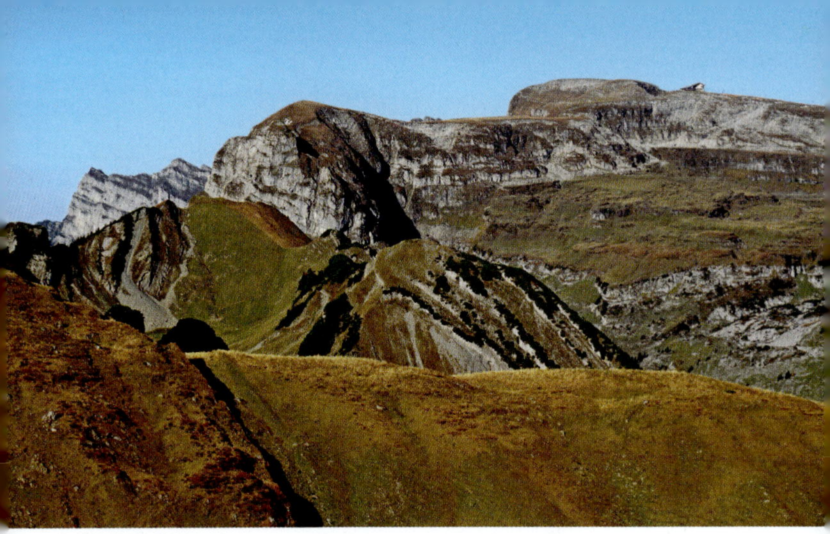

*Der Chäserrugg mit dem vorgelagerten Tristencholben von Osten.*

**Einkehr/Übernachtung:** Gipfelrestaurant am Chäserrugg, 2260 m. Berggasthaus Gamsalp, 1765 m, Tel. +41 71 991224. Alpwirtschaft Ölberg, 1428 m. Skihaus Gamperfin, Tel. +41 81 7713743 oder +41 79 3367403. Berggasthaus Voralp, 1218 m, Tel. +41 81 7713848.
**Beste Jahreszeit:** Juni bis Oktober.

**Varianten:** 1. Startet man beim Kurhaus Voralp, dann geht man anfangs Richtung Vorderstöcken.
2. Ohne Gipfel beträgt die Gesamtgehzeit 4.20 Std. bei rund 800 Hm.
**Tipp:** Bei dieser Gelegenheit sollte der malerische Voralpsee besucht werden (Parkplatz Höhi).

Bei **Gamperfin (1)**, 1304 m, wählen wir das links weiterführende Alpsträßchen, gelangen damit nach Hinterwiti und folgen dem Wiesenpfad nach **Germil**, 1423 m. Nächstes Ziel ist **Schwanz (2)**, 1503 m, von wo ein Alpweg leicht abwärts Richtung Vorderstöcken führt. Bis zur verfallenen Alten Hütte

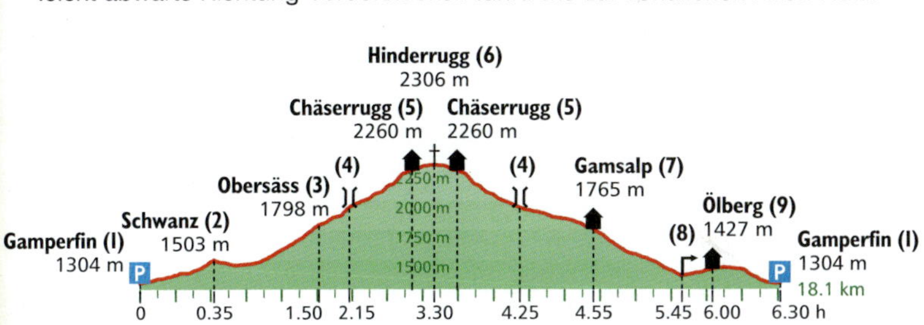

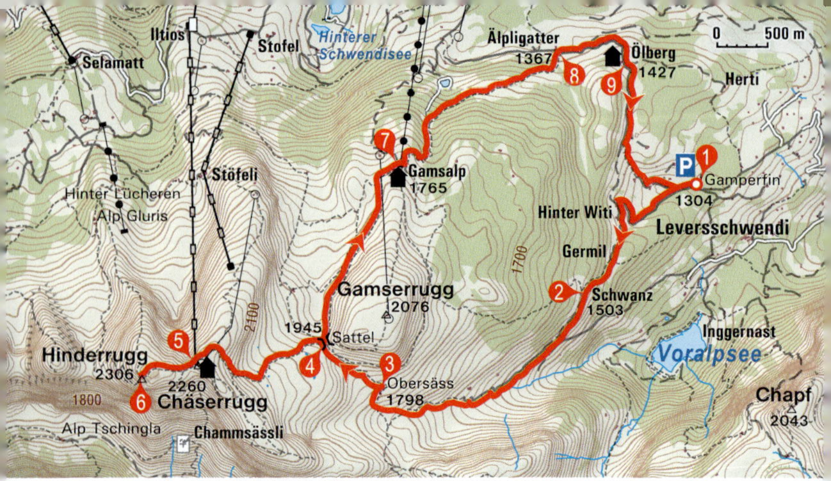


im Ischlawizkessel übernimmt jetzt ein Güterweg die Führung, abgelöst von einem gewöhnlichen Bergweg, der in dem steindurchsetzten Mattengelände weiter bergauf zieht. Bei der Gabelung rechts nach **Obersäss (3)**, 1798 m, und dahinter mit einer Linksbiegung hinauf in den **Sattel (4)**, 1945 m, der auch vom Geologischen Lehrweg überschritten wird.Wir orientieren uns an diesem Punkt nach links aufwärts, kommen über die Terrassen der Schlachtböden voran und gewinnen den breiten Nordrücken des **Chäserrugg (5)**, 2260 m, mit der Bergstation der Seilbahn von Unterwasser/Iltios zuoberst. Bis zum **Hinderrugg (6)**, 2306 m, der ein geräumiges Gipfelplateau ausbildet, ist es anschließend nur noch ein kurzer, problemloser Übergang.
Zurück am **Sattel (4)** folgen wir dem Geologischen Wanderweg an der Westflanke des Gamserrugg nordwärts sachte bergab. Man erreicht die **Gamsalp (7)**, 1765 m, wo ebenfalls eine Seilbahn andockt, und schlägt hier den Steig durch den Warmtobel Richtung Freienalp ein. Bei P. 1581 allerdings rechts ausscherend und auf einem holprigen Weg durch lichten Wald insgesamt schräg abwärts querend nach **Älpligatter (8)**, 1367 m. Hier stoßen wir auf einen breiten Güterweg und folgen ihm mittels Gegensteigung via **Ölberg (9)**, 1427 m (Beizli), ins ausgedehnte Alpgebiet von Gamperfin. Auf dem abkürzenden Wiesenpfad geht es dann leicht bergab zurück zum Ausgangspunkt **(1)**.

*Manchmal zeigen sich am Hinderrugg sogar Steinböcke.*

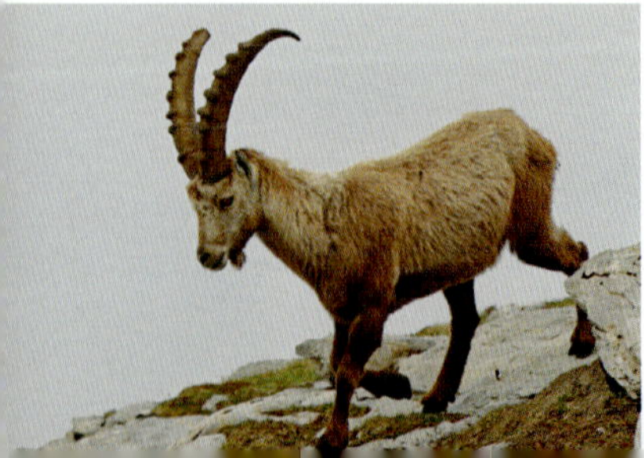

8.00 Std.

# Wildhuser Schafberg, 2373 m



## Toggenburger Wahrzeichen im Alpstein

*Mit seinen Steilwiesen macht der Wildhuser Schafberg eine richtig schneidige Figur. Im Alpstein-Massiv handelt es sich nach Säntis und Altmann um den dritthöchsten Gipfel, der ganz zum Obertoggenburg hin orientiert ist. Genusswanderer werden an den erdigen Steilpfaden womöglich weniger Gefallen finden, doch mit einem sicheren Tritt ausgestattet kann eine Besteigung schon des tollen Panoramas wegen nur empfohlen werden. Insbesondere, wenn man sie über den Grat des Nädliger verlängert und über die Zwinglipasshütte sowie die Alpmulde von Tesel absteigt. Dabei sind zwar 350 zusätzliche Höhenmeter zu verbuchen, aber auch ein deutliches Plus an Eindrücken.*

**Ausgangspunkt:** Parkplatz Chuchitobel, 1096 m, in Wildhaus. Von der Hauptstraße kurz abzweigend in die Schönenbodenstraße. Postautoverbindung zwischen Buchs und Nesslau. Die Nutzung der Bergbahn nach Gamplüt bringt nur 45 Min., erzwingt aber einen verspäteten Aufbruch (erste Bahn ab 8.30 Uhr).

**Anforderungen:** T4. Am Wildhuser Schafberg durchgehend steiler Bergweg im Mattengelände, oft erdig und nicht besonders gut in Schuss, bei Nässe heikel. Erweiterung Richtung Altmannsattel blau-weiß markierte Route über Geröll, verkarstete Felsen und Schrofen, ab und zu leichte Kraxelei (Stellen I). Abstieg auf

*Vom Gipfel lässt sich der weitere Verlauf über den Nädliger Richtung Altmann einsehen.*

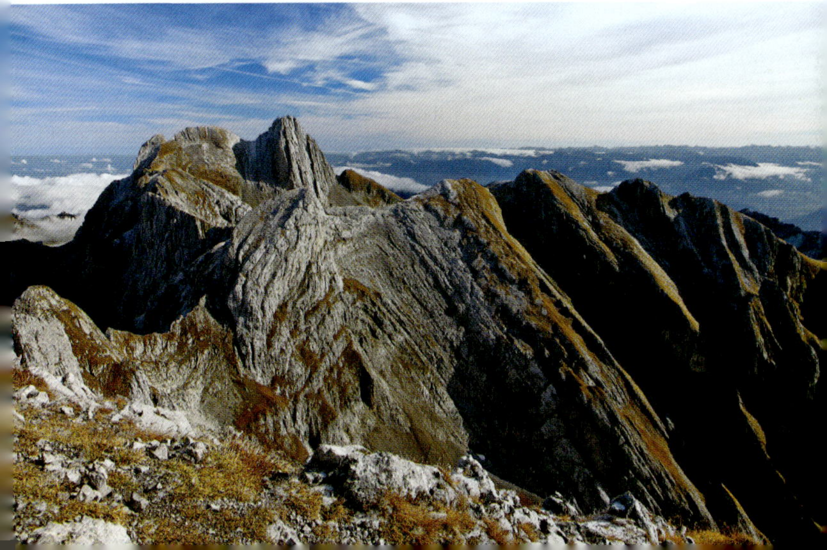

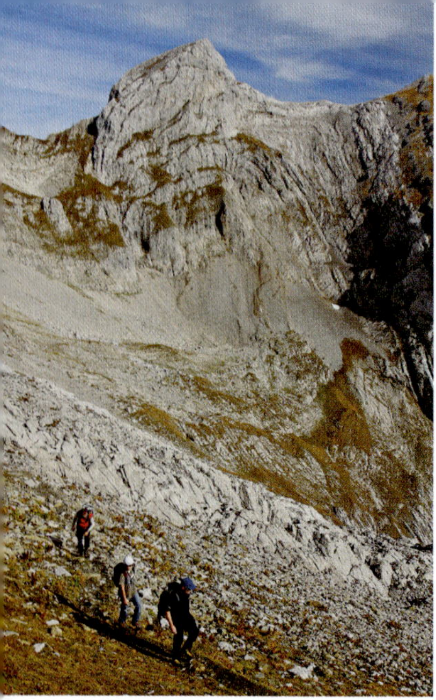

*Spannend geht es hinter dem Wildhuser Schafberg weiter.*

gutem Bergweg (außer im Flürentobel, falls nass). Ausgeprägte Trittsicherheit und gute Kondition wichtig.
**Höhenunterschied:** Bis Wildhuser Schafberg 1280 Hm, etwa 1630 Hm insgesamt.
**Einkehr/Unterkunft:** Zwinglipasshütte, 1999 m, in den Sommer- und Herbstferien durchgehend, Mai bis Oktober an Wochenenden, Tel. +41 71 9992436, bei Nichtbewartung Tel. +41 71 5653621.
**Beste Jahreszeit:** Ende Juni bis September oder Oktober, solange schneefrei.
**Variante:**
1. Ab P. 2068 vorzeitiger Abstieg durch das Kar des Wildhuser Schafbodens mit mehreren Steilstufen bis Tesel. Blau-weiß bezeichnet, Gehzeit insgesamt 6.15 Std.
2. Wer den Altmann, 2435 m, mitnehmen möchte, muss am Gipfelaufbau etwas klettern (I–II, T5).

Vom Parkplatz in **Wildhaus (1)** schneiden wir die erste Schleife einer Bergstraße in Kürze auf einem Waldweg ab, kommen damit in die Hangmulde der Bodenalp und anschließend auf das Plateau von **Gamplüt (2)**, 1349 m, wohin man im Übrigen auch per Seilbahn fahren kann. Bei der Kreuzung rechts und gleich wieder links, rücken wir vom Alpsträßchen ab und folgen den Hinweis »Schafberg« auf einen Wiesenhang. Durch eine felsige Engstelle steigt man zur **Schäferhütte**, 1552 m, und weiter auf schlechterem, erdigem Weg durch eine steile, schmale Hangmulde empor – rechts begleitet vom Grat, der jen-

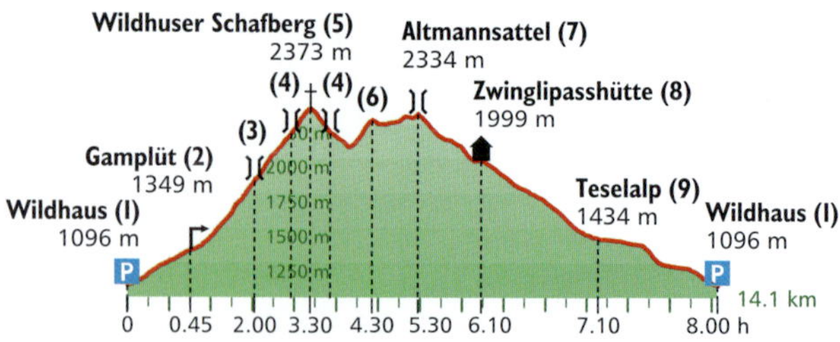

seits die imposante Schafbergwand bildet. Am Sattel P. 1852 **(3)** halten wir uns mit Blick auf den kühn geformten Zehespitz links in die Südflanke. Die Trasse ist phasenweise erodiert. Sie leitet auf den **Schafbergsattel (4)**, 2196 m, wo man scharf links gipfelwärts abbiegt. Wir folgen weiterhin einer erdigen Pfadspur bis auf den Vorgipfel, meistern dahinter einen kleinen Kamin (Drahtseil) und gelangen aus der Lücke mit wenigen Schritten zum höchsten Punkt des **Wildhuser Schafbergs (5)**, 2373 m.

Zurück am **Schafbergsattel (4)** geht es nordwärts durch eine Block- und Geröllmulde ein Weilchen abwärts, bis sich die Route bei P. 2068 gabelt. Während der eine Strang in den Kareinschnitt hinunterzieht (siehe Variante), bringt uns der andere am Gegenhang wieder bergauf. Über Geröllhalden und schrofige Felsen erklimmen wir mit leichter Händeunterstützung die Kammhöhe am **Jöchli (6)**, 2291 m. Nun dem »Gratweg« folgend über zerklüftete Schratten Richtung **Nädliger**, wobei die Route tatsächlich der Krete häufig ein Stück weit rechts in die Flanke ausweicht (Stellen I). Erst später begehen wir die Schneide selbst und schließen damit zum **Altmannsattel (7)**, 2334 m, auf.

Jetzt auf breiter ausgebauter Trasse zwischen dem Felsaufbau des Altmann und den Schrattenzonen zur Rechten hindurch und windungsreich abwärts zur einfach bewarteten **Zwinglipasshütte (8)**, 1999 m. Dort schlagen wir den Bergweg zur **Chreialp** ein und kommen unterhalb in den Steilriegel der Schnüer, der im Zickzack komfortabel durchstiegen wird. Man tritt in die lang gestreckte Hochmulde ein und wandert über Wiesen hinüber zur **Teselalp (9)**, 1434 m. Auf dem Güterweg weiter, bis sich bei P. 1389 links der Einstieg in den Flürentobel ergibt. In dem vegetationsreichen Trichter kann der Weg nach Regenfällen überflutet, also ein regelrechter Bach sein (notfalls Umgehung via Gamplüt). Bei P. 1241 klinken wir uns rechts aus und gelangen über die Bodenalp zurück nach **Wildhaus (1)**.

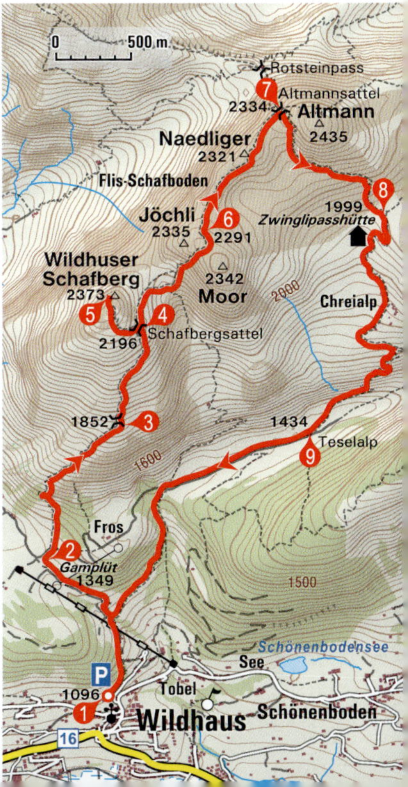

TOP **47** 

# Säntis, 2502 m

**8.00 Std.**

**Zur buchstäblichen »Spitze« im Alpstein-Massiv**

*Den Säntis muss man im Grunde nicht groß anpreisen. Kaum ein Berg im Schweizer Nordosten ist populärer, allgegenwärtiger und sieht mehr Menschen auf seinem Gipfel … Dabei kommen die meisten, aber längst nicht alle bequem mit der Luftseilbahn von der Schwägalp herauf. Die Routen am Säntis sind Legion und sie sind meist auch bergsteigerisch sehr interessant, zumal landschaftlich großartig. Dabei richten wir hier das Augenmerk naturgemäß auf den Toggenburger Zugang, wo sich beim Ausgangspunkt Laui schon ein wunderbares Hochtal offenbart. Im Hintergrund der Säntis mit seinem unverwechselbaren Antennenstachel wie eine Verheißung! Nachdem wir binnen drei Stunden den Rotsteinpass erreicht haben, steht mit dem dort ansetzenden Lisengrat das Filetstück der Tour bevor. Der Felsensteig wurde schon vor über 100 Jahren ausgebaut. Buchstäblicher Höhepunkt ist natürlich die Rundschau vom Gipfel, der allerdings längst nicht mehr aus natürlichem Fels besteht, sondern aus Beton. Sei's drum – das haben wir vorher gewusst. Immerhin lässt man ja beim Abstieg den Trubel Schritt für Schritt zurück und taucht wieder in die Ursprünglichkeit ein. Die durchaus raue Rou-*

*Schon am Flis-Schafboden genießen wir einen herrlichen Blick übers Toggenburg.*

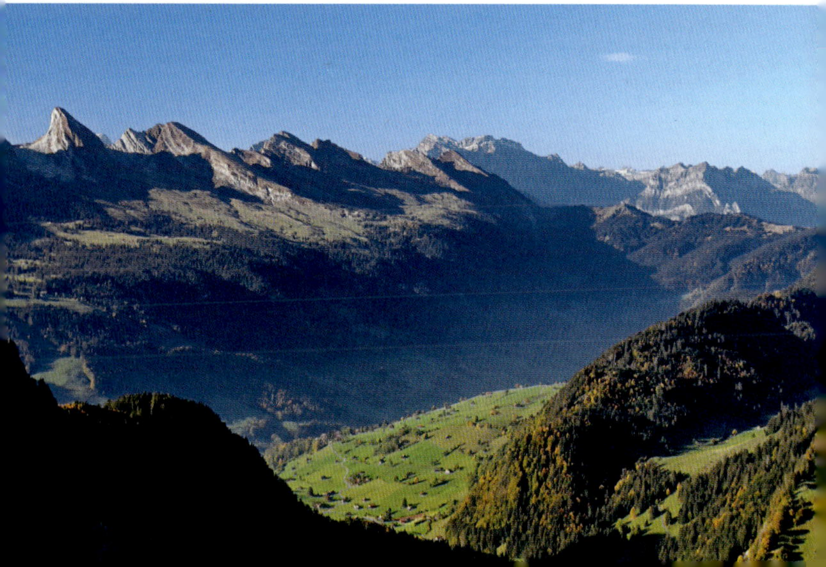

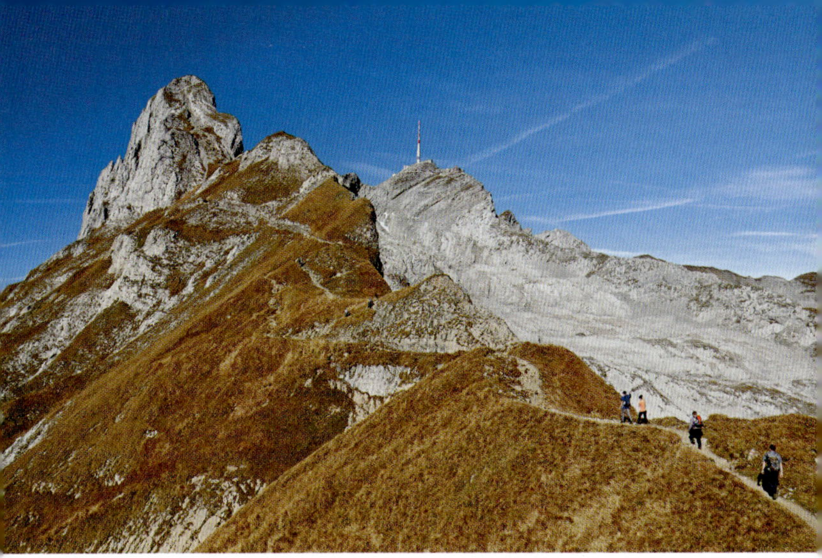

*Vom Rotsteinpass wird der Lisengrat zum Säntis angegangen.*

*te via Tierwis hält dabei noch manche überraschende Impression bereit. Fazit: eine große Tour an einem Berg, der alpines Wahrzeichen einer ganzen Region ist, und gewiss ein Highlight in diesem Wanderführer …*

**Ausgangspunkt:** Parkplatz Laui, 1072 m (gebührenpflichtig), erreichbar von Unterwasser über eine gut ausgebaute Bergstraße (ohne Busverkehr).
**Anforderungen:** T4 (speziell die Gipfelrouten, sonst noch »rot«). Häufig gut ausgebaute Bergwege, die ab Rotsteinpass jedoch in hochalpines Gelände führen (üppige Sicherungen am Lisengrat sowie zum Girenspitzsattel) und daher unbedingt Trittsicherheit und Schwindelfreiheit verlangen. Etwas spärlicher ausgetreten im Abstieg ab Tierwis (teils Karrenfelder). Als Tagestour sehr gute Kondition nötig!

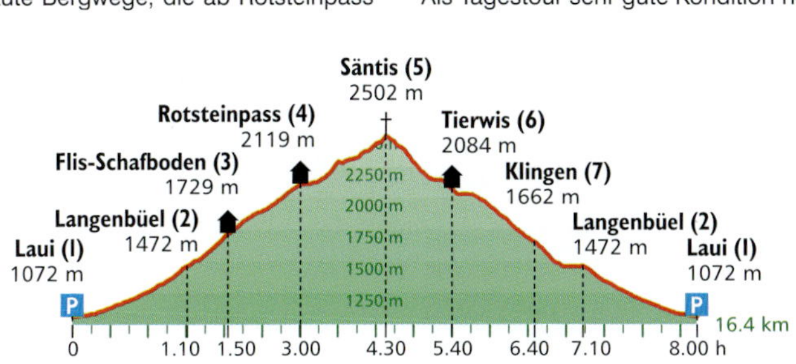

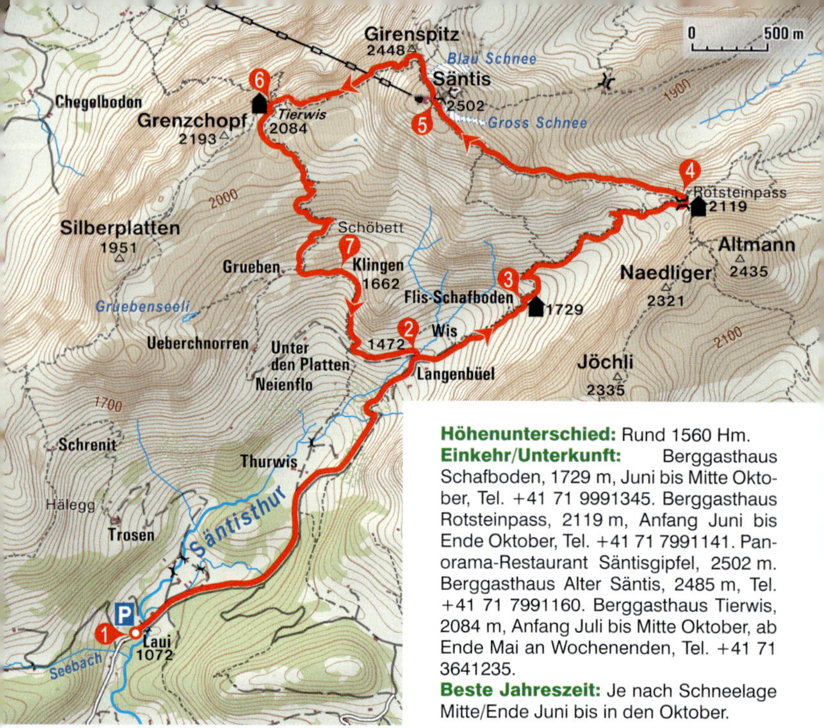


**Höhenunterschied:** Rund 1560 Hm.
**Einkehr/Unterkunft:** Berggasthaus Schafboden, 1729 m, Juni bis Mitte Oktober, Tel. +41 71 9991345. Berggasthaus Rotsteinpass, 2119 m, Anfang Juni bis Ende Oktober, Tel. +41 71 7991141. Panorama-Restaurant Säntisgipfel, 2502 m. Berggasthaus Alter Säntis, 2485 m, Tel. +41 71 7991160. Berggasthaus Tierwis, 2084 m, Anfang Juli bis Mitte Oktober, ab Ende Mai an Wochenenden, Tel. +41 71 3641235.
**Beste Jahreszeit:** Je nach Schneelage Mitte/Ende Juni bis in den Oktober.

Vom Parkplatz **Laui (1)**, 1072 m, auf dem asphaltierten Alpsträßchen Richtung Alpli und allmählich ansteigend in den Talschluss, wo man sich bei P. 1201 kurz vor Thurwis rechts hält. Nächster Etappenpunkt ist **Langenbüel (2)**, 1472 m, mit der Wegverzweigung unserer beiden Routen. Wir gehen in dem Geländeeinschnitt weiter und vollziehen eine ganze Reihe von Kehren hinauf zum **Flis-Schafboden (3)**, 1729 m. An der Karschwelle steht ein einfaches Gasthaus. Am Hang zur Linken zweigt bei P. 1864 eine mögliche Direktroute zum Chalbersäntis ab (steil und vor Ort mit unrealistisch knapper Zeitangabe). Ohnehin lohnt es sich vielmehr, den Lisengrat zur Gänze vom Rotsteinpass zu begehen. Damit bleiben wir am Hauptweg und folgen diesem

*Am Girenspitzsattel nördlich unterhalb des Säntis-Gipfels.*

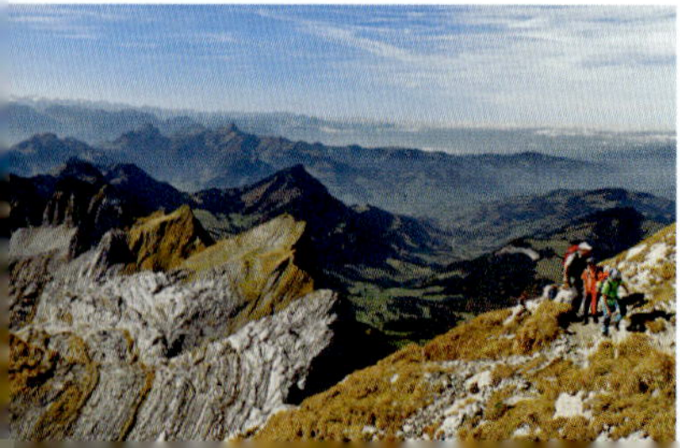

auf nun schuttreichem Untergrund über die nächste Geländestufe hinauf zum **Rotsteinpass (4)**, 2119 m, der auch sehr häufig von der Appenzeller Nordseite erwandert wird. Der Lisengrat beginnt zwar mit einem harmlosen Steig, weist aber bald schon erste gesicherte Traversen auf und wird zum P. 2310 hin deutlich steiler. Mit vielen Stufen und weithin erneuerten Drahtseilen ist die Route perfekt ausgebaut. Hinter dem Kopf wartet ein kurzer Steilabstieg, ehe schattseitige Bänder recht luftig über dem Abgrund verlaufen (Vorsicht bei Vereisung!). Am Chalbersäntis wird das Gelände wieder leichter, doch folgt hinter einer schrofigen Kuppe nochmals eine ähnliche Bänderpassage. Aus der Einschartung schließlich durch Felszonen (weiterhin gesichert) hinauf zum gewaltigen Gipfelkomplex und über die Treppen zur Aussichtsplattform zuoberst auf dem **Säntis (5)**, 2502 m. Regelrecht niedlich wirkt dort die historische Wetterwarte!

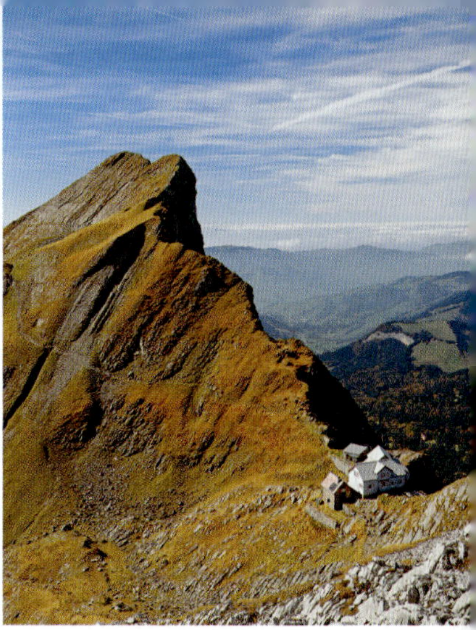

*Das Gasthaus Tierwis besitzt einen großartigen Standort an der Krete des Grenzchopfs.*

Für den Abstieg müssen wir zunächst einmal den Weg durch den Tunnel finden. Dieser entlässt uns auf die Nordseite, wo augenblicklich die psychisch vielleicht anspruchsvollste Passage bevorsteht: mit doppelter Drahtseilsicherung und vielen Trittstiften über sehr steilen Fels hinab in ein Schärtchen. Kurz aufwärts gelangen wir in den **Girenspitzsattel** und orientieren uns bei der Verzweigung nach links. Nach noch länger felsdurchsetztem, teils auch gerölligem Bergab beeindruckt die Traverse am Grauchopf mit eigentümlichen Plattenzonen und zernagten Schratten. Um ein Eck geht es dann hinab zum Berggasthaus **Tierwis (6)**, 2084 m, spektakulär an der Krete gelegen. Linker Hand setzen wir den Weg durch eine Hochmulde fort, überschreiten einige Karrenfelder und gelangen in den großen Abhang auf der Südseite. Hier im Hin und Her den steilsten Felspartien ausweichend über grasbewachsene Absätze tiefer. Wir passieren die kärgliche Alp **Klingen (7)**, 1662 m, nähern uns dem Hundstein und verlieren an seiner Flanke weitere Höhenmeter Richtung **Chlus**, 1461 m. Da der direkte Abstieg nach Thurwis aufgelassen wurde, lotst uns der Wegweiser auf den Alpfahrweg Richtung **Langenbüel (2)**, wo sich der Kreis schließt. Der Rest des Weges zurück nach **Laui (1)** ist vom Aufstieg her bekannt.

# 48 Lütispitz, 1986 m

**5.40 Std.**

## *Ein Ableger des mächtigen Säntis*

*Der Lütispitz erhebt sich als recht wuchtiger Grasberg in der längsten Bergkette des Säntis, und zwar in dessen Südwestausläufer. Bestiegen wird er in der Regel über den Windenpass. Von Alt St. Johann aus besteht ein wenig Gestaltungsspielraum, wobei besonders der Gräppelensee am Rückweg verlockend sein dürfte.*

**Ausgangspunkt:** Alt St. Johann, 890 m, im Obertoggenburg. Parkmöglichkeit bei der Kirche, Postautoverbindung zwischen Nesslau und Buchs.
**Anforderungen:** T2–3. Oft Wege im Alpgelände, der Berg ist bis zuoberst grasbewachsen. Im steilsten Stück zum Vorgipfel grundlegende Trittsicherheit angezeigt, speziell bei feuchtem Untergrund. Konditionell durchschnittliches Pensum.
**Höhenunterschied:** Etwa 1150 Hm.
**Einkehr:** Alpbeizli Hinterwinden, 1538 m.
**Beste Jahreszeit:** Juni bis Oktober.
**Variante:**
1. Zugang von Lutertannen, 1030 m, über die Nordseite zum Windenpass.
2. Geübten Bergwanderern steht die anspruchsvollere Überschreitung von Alpli, Gmeinenwis und evtl. Neuenalpspitz offen.

Von **Alt St. Johann (1)**, 890 m, geht es auf der Bergstraße am Hinderberg in Schleifen aufwärts. Bei P. 1046 folgt man dem Hinweis »Lütispitz« nach links, wandert an der **Grotte (2)**, ca. 1090 m, vorbei (kurzer Abstecher) über licht

*Feinsäuberlich aufgereiht: Die Churfirsten prägen die südliche Bergkulisse.*

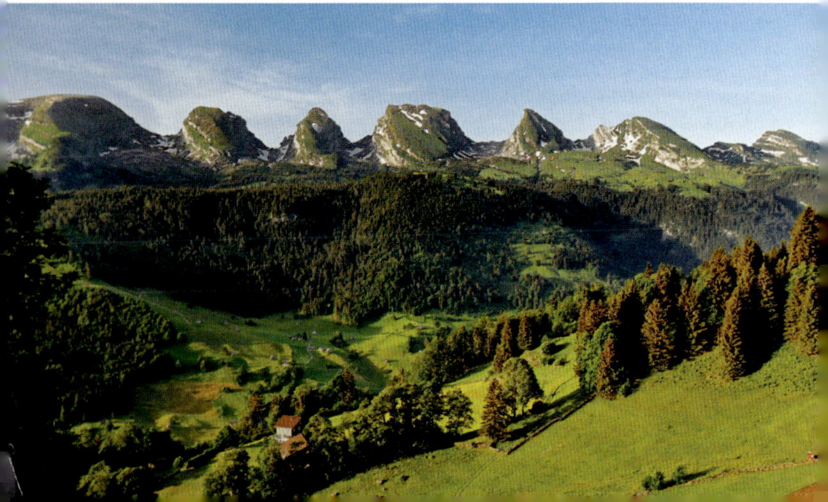

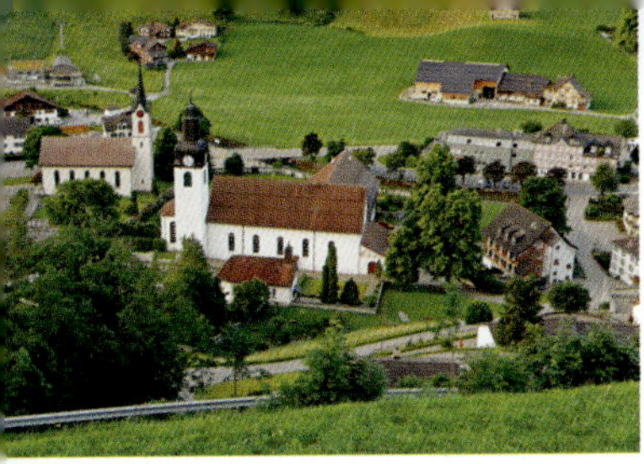

*In Alt St. Johann beginnt die Tour zum Lütispitz.*

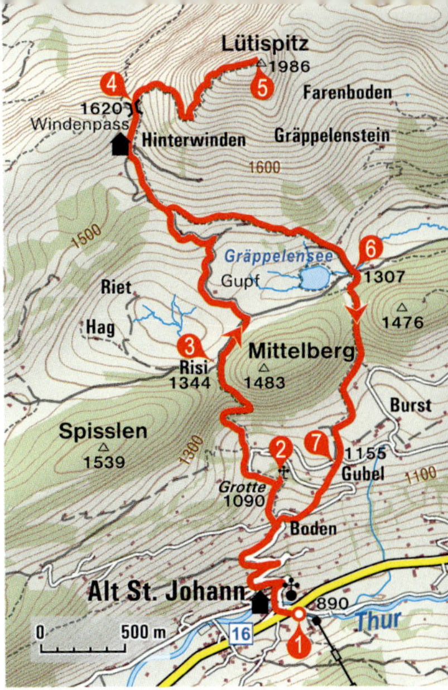


bewaldete Weiden nach Scharten und setzt den Aufstieg am Böstritt Richtung **Risi (3)**, 1344 m, fort. Hier öffnet sich das große, muldenartige Alpgelände. Nach minimalem Höhenverlust führt ein Wirtschaftsweg zur Alp Foggboden hinauf, ehe uns im Gebiet von Hinterwinden auf 1538 Meter Höhe ein Beizli empfängt. Kurz vor dem Windenpass drehen wir beim Wegweiser P. 1620 **(4)** rechts ab und gelangen mit einem Aufwärtsbogen auf die obere Südwestabdachung unseres Berges. Dort merklich aufsteilend zum Vorgipfel (P. 1962) und noch wenige Minuten entlang der Krete zum Kreuz am **Lütispitz (5)**, 1986 m.

Der Abstieg ist bis rund 1450 Meter Höhe nahe der Alp Foggboden identisch. Dann schräg über die Weiden weiter und via Winkfeel zum Türlisboden beim **Gräppelensee (6)**, 1307 m. Ein kurzer Gegenanstieg bringt uns zum nahen Sattel **Chrinn**, 1349 m, von wo jenseits ein recht holpriger Weg durch den Waldeinschnitt tiefer leitet. Auf der Fortsetzung öffnet sich wieder Wiesenterrain. Etwas verwinkelt nach **Gubel (7)**, 1155 m, und bei Boden auf die Asphaltstraße, die zurück nach **Alt St. Johann (1)** verfolgt wird.

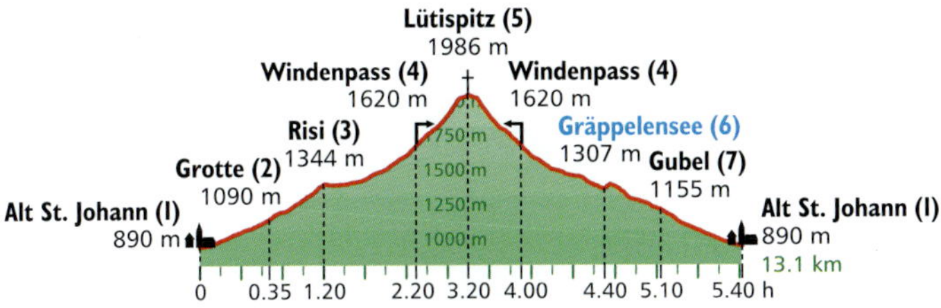

# 49 Brisi, 2277 m

**5.00 Std.**

### *Eine archetypische Churfirsten-Tour*

*Die Churfirstenkette baut sich einerseits steilwandig über dem Walensee auf und dacht andererseits zum Toggenburg hin auf einen lieblichen Alpbalkon ab. Über diesen kommen die üblichen Zugänge zu den sieben stolzen Gipfelhäuptern, die samt und sonders über ihre nordseitigen Rücken bestiegen werden können. Da einige der Steilheit wegen eher prekär erscheinen und die Seilbahn zum Chäserugg für manchen Bergfreund zu viel Rummel bringt, rückt speziell der Brisi näher in den Fokus. Souveräne Fortbewegung auf erdigen Pfaden ist in jedem Fall geboten.*

**Ausgangspunkt:** Sellamatt, 1389 m, erreichbar mit der Seilbahn von Alt St. Johann im Obertoggenburg (Postautohaltestelle 300 m entfernt). Betriebszeiten zwischen Ende Mai und Mitte/Ende Oktober täglich von 8.30 bis 17.00 Uhr, Tel. +41 71 9986810.
**Anforderungen:** T3. Auf dem Höhenbalkon kleinere Alpwege und breitere Fahrtrassen, am Brisi selbst steiles, blockdurchsetztes Mattengelände, das bei Nässe glitschig und bei Schnee sogar gefährlich werden kann. Trittsicherheit wichtig, Ausdauer für eine normale Tagestour.
**Höhenunterschied:** Gut 900 Hm.
**Einkehr/Unterkunft:** Berghotel Sellamatt, 1389 m, Tel. +41 71 9991330.
**Beste Jahreszeit:** Mitte/Ende Juni bis in den Oktober.

Von der Bergstation **Sellamatt (1)**, 1389 m, folgen wir dem Hinweis »Brisi« auf den Toggenburger Sagenweg und wandern via Lämboden und Lochhütte Richtung Thurtaler Alp. Dabei werden in Grundrichtung Südwest terrassenartige, teils licht bewaldete Wiesenplateaus begangen. Gut beschildert geht es vom **Thurtalerstofel (2)**, 1551 m, dann zweimal links und gleich wieder zweimal rechts Richtung **Brisizimmer (3)**, 1621 m, wo der eigentliche Bergweg links in eine kleine Mulde führt und sich der Gipfelflanke zuwendet. Nach vorerst mäßig steilem Bergauf knickt die Route rechts ab, um unterhalb einer Felsbarriere vorbeizukommen. Bei P. 1798 trennen sich die

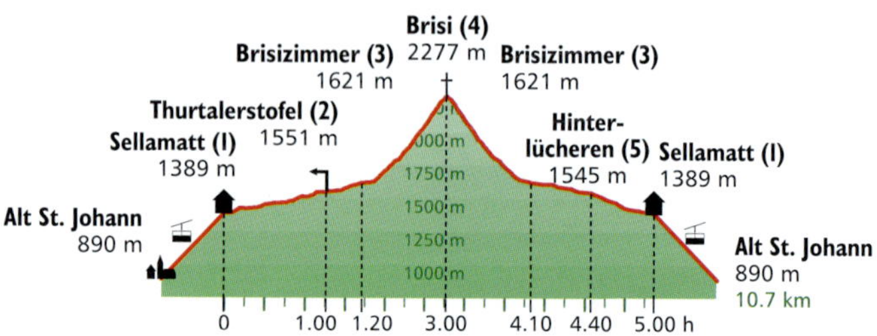

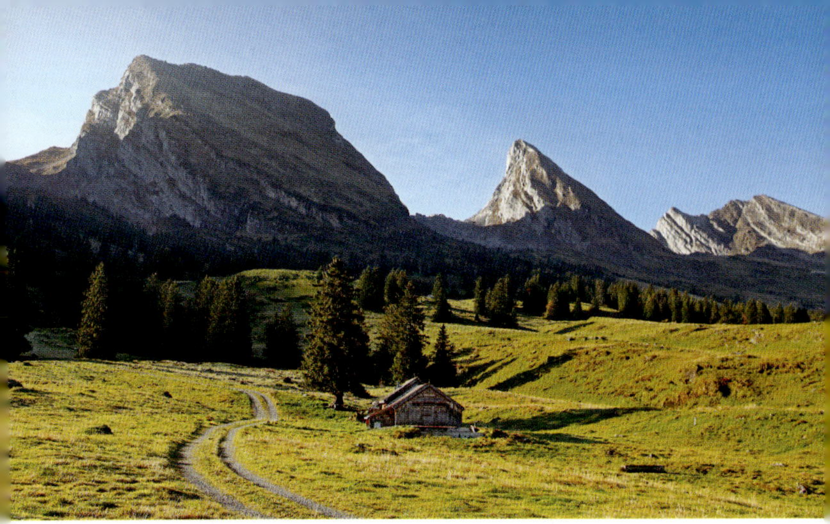

*Sanfte Annäherung über den Alpbalkon. Später wird's am Brisi spürbar steiler.*

Routen zum Brisi und ins Frümseltal. Hier links hinauf und am Rand der Gipfelabdachung ziemlich steil aufwärts. Der erdige Pfad windet sich durch leicht verblockte Zonen, vermeidet also die komplett freien Grashänge weiter rechts. Über eine Stunde wird dieser Anstieg ohne besondere Merkmale vollzogen, bevor wir ganz nah an die Kante über der Paliis Niederi herankommen und anschließend markant nach rechts abdrehen. Zwischen Felsblöcken hindurch leitet das letzte Stück schräg hinauf zum Gipfel des **Brisi (4)**, 2277 m.

Der Abstieg verläuft bis kurz hinter **Brisizimmer (3)** auf der gleichen Route. Dann zweigen wir rechts ab und wandern auf einem alternativen Alpweg in aufgelockertem Gelände nach **Langlitten**, 1578 m, und **Hinterlücheren (5)**, 1545 m. Auf Fahrtrassen weiter leicht abwärts via Zinggen zurück nach **Sellamatt (1)**.

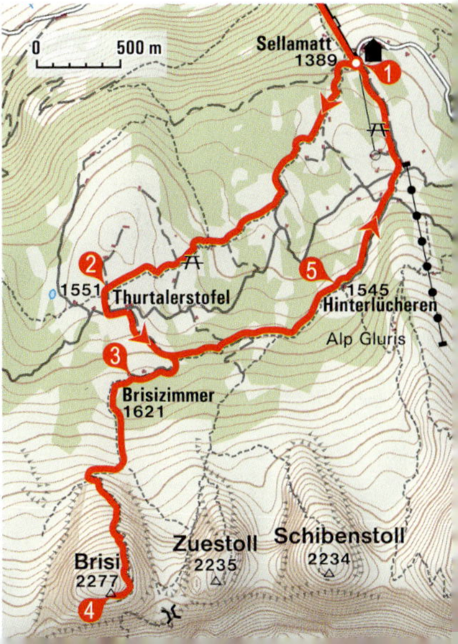

# 50 Toggenburger Sagenweg

3.30 Std.

**_Familienwanderung am Alpbalkon der sieben Churfirsten_**

*Die Sage vom versteinerten Drachenrücken, der sich uns heute als vielgipflige Churfirstenkette zeigt, kennt im Toggenburg wahrscheinlich jedes Kind. Auf der weitläufigen Geländeterrasse, die den sieben markanten Häuptern quasi auf den Leib geschrieben ist, kann man noch tiefer in die Welt der Fabeln und Legenden eintauchen: Von der Sellamatt aus beschreibt der Toggenburger Sagenweg eine große Schleife über zwölf Stationen und regt mit seinen Geschichten unsere Fantasie immer wieder an. Ein Highlight befindet sich bei Station 6 ganz zuhinterst: das Wildmannlisloch. Wer ein Stück in die Höhle vordringen möchte, braucht eine Taschenlampe.*

**Ausgangspunkt:** Sellamatt, 1389 m, erreichbar mit der Seilbahn von Alt St. Johann im Obertoggenburg (Postautohaltestelle 300 m entfernt). Betriebszeiten zwischen Ende Mai und Mitte/Ende Oktober täglich von 8.30 bis 17.00 Uhr, Tel. +41 71 9986810.

**Anforderungen:** T1–2. Kleine Naturwege (meistens) und breite Güterwege wechseln. Überall harmloses Alpgelände ohne Absturzgefahr, nur ganz selten steile Passagen. Auch konditionell eine relativ lockere Wanderung.

**Höhenunterschied:** Knapp 500 Hm.

**Einkehr/Unterkunft:** Berghotel Sellamatt, 1389 m, Tel. +41 71 9991330. Alpwirtschaft Wildmannli, ca. 1630 m, Anfang Juni bis Ende September, Tel. +41 76 4781734.

**Beste Jahreszeit:** Ende Mai bis Ende Oktober.

Unmittelbar neben der Bergstation auf der **Sellamatt (1)**, 1389 m, durchschreiten wir das »Tor« zum Toggenburger Sagenweg. Auf reizvollen Pfaden über den Lämboden allmählich aufwärts Richtung Mittelstofel und weiter zur **Lochhütte (2)**, 1485 m. Nach einer kurzzeitig etwas steileren Passage befinden wir uns am Schribersboden und setzen hinter Station 3 den Weg west-

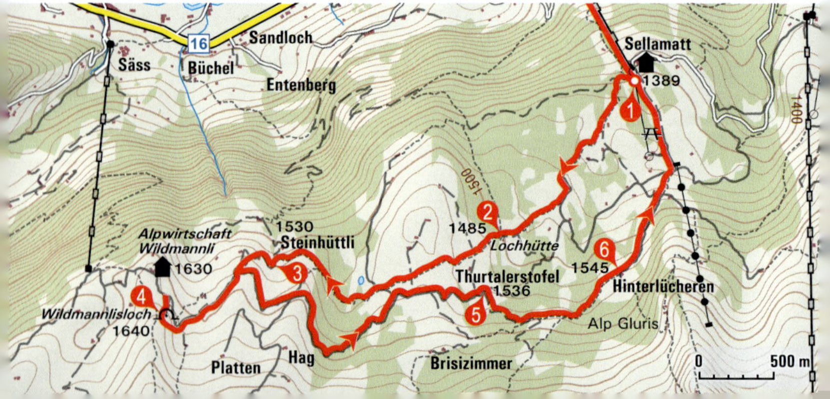

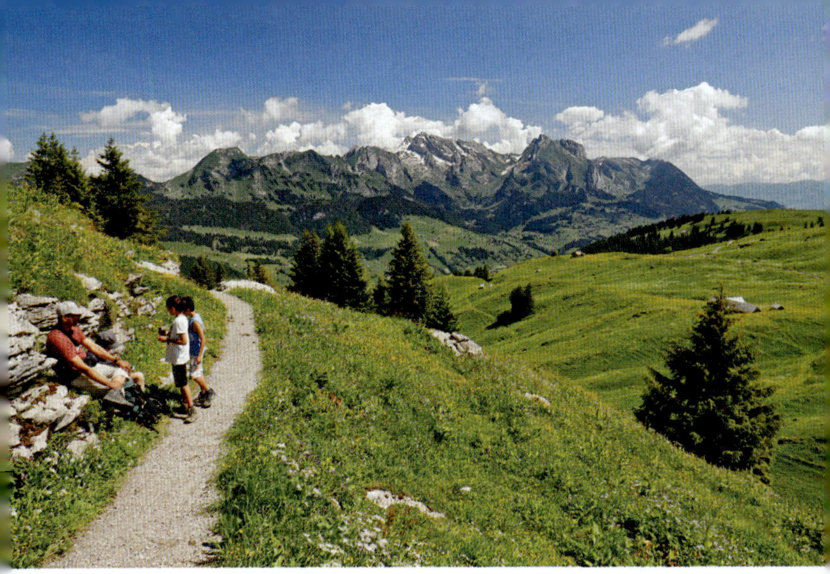

*Beim Wildmannlisloch befindet sich der äußerste Punkt der beliebten Familientour.*

wärts via Thurtalerstofel fort. Anschließend wird der Verlauf leicht verschlungen, mit einem kurzen Steilstück vor **Steinhüttli (3)**, ca. 1530 m. Bei P. 1577 im Bereich der Breitenalp stoßen wir auf einen breiteren Wirtschaftsweg und nähern uns damit dem **Wildmannlisloch (4)**, ca. 1640 m, das rasch auf einem Stichweg erreicht wird. Unweit lädt auch eine Beiz zur Einkehr.

Retour bleiben wir bei P. 1577 auf der oberen Trasse und wandern nun Richtung Breitenalp Gatter. Mit dem Sträßchen leicht fallend in den Bereich von **Thurtalerstofel**, wo man sich bei der Station 9 **(5)**, 1536 m, rechts aufwärts hält. Via **Langlitten**, 1578 m, wird auf nochmals etwas verschlungenerem Abschnitt die Alp **Hinterlücheren (6)**, 1545 m, angelaufen, ehe das finale Bergab über die ausgedehnte Verebnung bei Zinggen zurück zur Bergstation **Sellamatt (1)** führt.

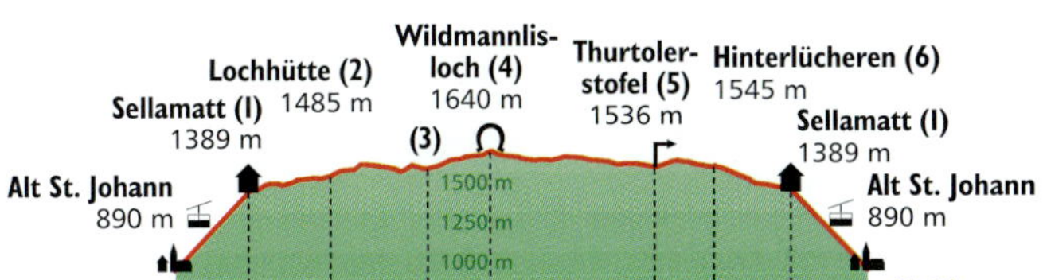

# 51 Selun, 2204 m

**6.20 Std.**

### *Auf den westlichsten der sieben Churfirsten*

*Während Chäserrugg respektive Hinderrugg per Seilbahn erschlossen sind, verlangen die anderen fünf Churfirstenhäupter eine richtige Bergtour, zumindest vom Alpbalkon auf halber Höhe aus. Dabei legt der Selun ganz rechts wohl die geringsten Hürden in den Weg. Und so strebt bei schönem Wetter meist eine ganze Anzahl von Wanderern über das nordseitige Pultdach hinauf, um von oben schließlich den Tiefblick zum Walensee zu schauen. Nutzt man die urchige Selunbahn, vorrangig eine Älplerbahn im rustikalen »Holzkistenstil«, so wird nicht allzu viel abverlangt. Der folgende Tourenvorschlag geht aber auch auf den Zustieg aus dem Tal ein und beschreibt einen vielseitigeren Rundkurs.*

**Ausgangspunkt:** Parkplatz der Selunbahn in Säss, 905 m, bei Starkenbach im Obertoggenburg. Postautohaltestelle 5 Min. entfernt.

**Anforderungen:** T2–3. Bis Vorderselun Steig und Karrenweg zumeist durch Wald, gipfelwärts erdiger Pfad auf einer riesigen Mattenrampe, insgesamt mittelsteil und ohne wesentliche Absturzgefahr, aber bei Nässe auf lehmigem Untergrund etwas unerquicklich. Vom Tal aus tagfüllende Tour, mit Seilbahnhilfe Halbtagesprogramm.

*Auch am Selun erwartet uns ein gigantischer Tiefblick auf den Walensee.*

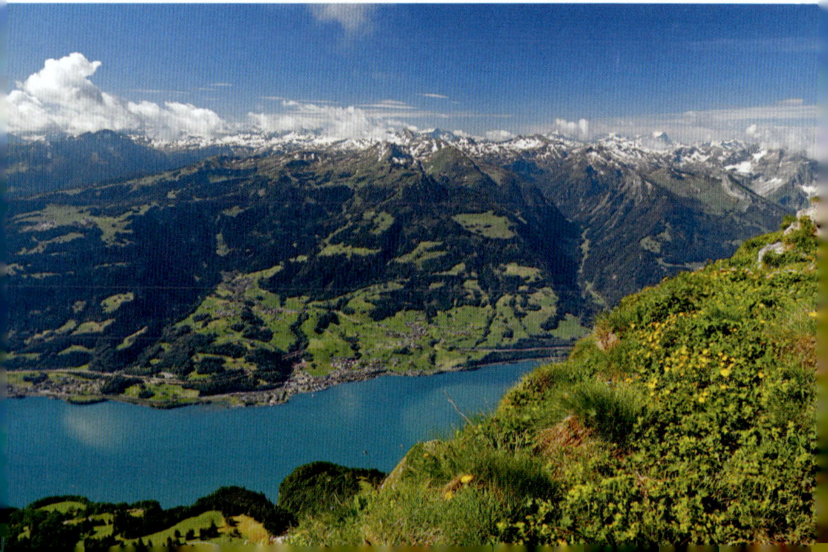

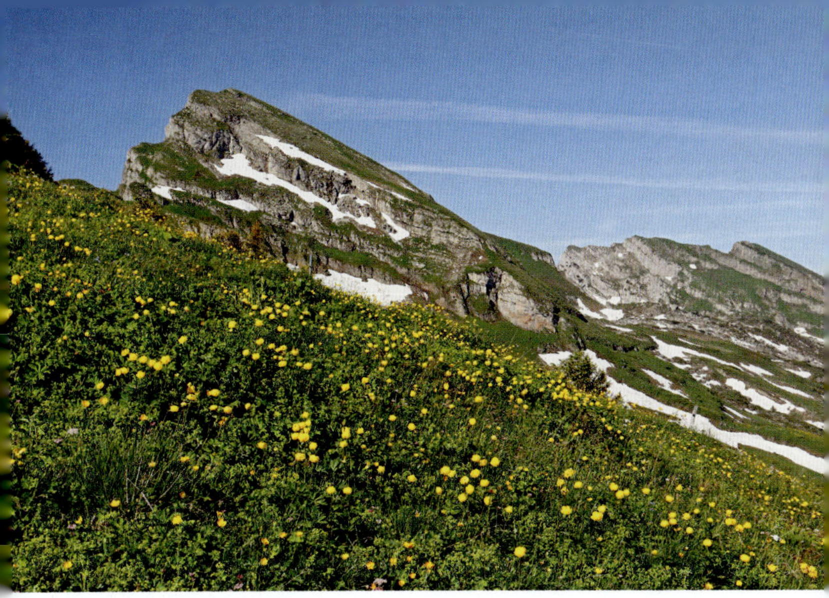

*Typisches Ambiente mit Trollblumenwiesen an den Churfirsten.*

**Höhenunterschied:** 1300 Hm; ab Bergstation 630 Hm.
**Einkehr:** Alpwirtschaft Wildmannli, ca. 1630 m, Tel. +41 76 4781734. Restaurant Churfirsten in Starkenbach.
**Beste Jahreszeit:** Mitte/Ende Juni bis Oktober, solange schneefrei.

**Variante:** Mit der Selunbahn reduziert sich die Gehzeit hin und retour auf 3 Std. Betriebszeiten zwischen Mitte Juni und Ende August ab 7 Uhr im 2-Stunden-Takt bis 19 Uhr (Wochenende durchgängig), im September von 9 bis 16.30 Uhr, sonst auf Anfrage, Tel. +41 79 5377720.

Gleich hinter dem Parkplatz bei **Säss (1)**, 905 m, links in den Wald, wo der Weg bereits recht glitschig sein kann. Über Wiesenpassagen nähern wir uns

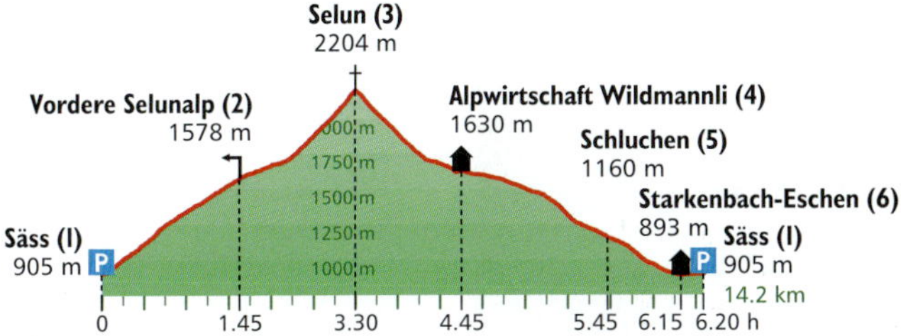

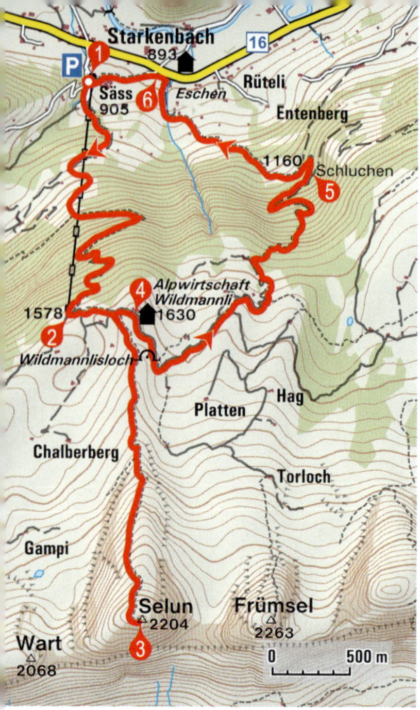


der großen Weidelichtung von Hofstatt, drehen noch vor der Hütte links ab und folgen einem Steig, der auf gut 1200 Metern in einen breiteren Karrenweg mündet. Dieser zieht in Schleifen am Nordhang höher und gewinnt das offene Gelände der **Vorderen Selunalp (2)**, 1578 m, unweit der Bergstation. Jetzt einige Gehminuten nach links Richtung Strichboden, bis die Gipfelroute zum Selun ausgewiesen wird. Sie führt zunächst recht flach über einen von Schratten durchsetzten Wiesenrücken und strebt dann an der weitläufigen Nordabdachung steiler empor. Das riesige Pultdach des Berges bietet keinerlei Hindernisse; der erdige Pfad kann auf abgetretener Grasnarbe allerdings rutschig sein. Nach einigen Kehren gelangen wir zuletzt von rechts her auf den Gipfel des **Selun (3)**, 2204 m.

Im Abstieg zurück zum breiten Wanderweg und rechter Hand ums Eck zur **Alpwirtschaft Wildmannli (4)**, ca. 1630 m, am Strichboden. Kurz darauf ist ein Abstecher zum **Wildmannlisloch** möglich. Wo sich die Route bei P. 1577 auf der Breitenalp gabelt, gehen wir links hinunter und verlassen beim Steinhüttli den Sagenweg. Etwas tiefer, bei der Alp Loch, drehen wir rechts ab und haben nun am schattigen Nordhang rund 150 steilere Höhenmeter vor uns (Achtung, der Steig kann hier feucht und rutschig sein!). Im weiteren Verlauf verbreitert sich die Trasse und zieht zur Kreuzung bei **Schluchen (5)**, 1160 m, hinunter, ehe wir beim Wegweiser **»Rossweid«**, 1130 m, links ausscheren. Im Wiesengelände gut auf die Markierung achten und damit schräg abwärts in die Talsohle. Wir kommen zur Haltestelle beim Restaurant Churfirsten in **Starkenbach-Eschen (6)**, 893 m, von wo es noch rund 5 Min. bis zur Selunbahn **(1)** sind.

*Malerisches Obertoggenburg: im Hintergrund Wildhuser Schafberg und Säntis.*

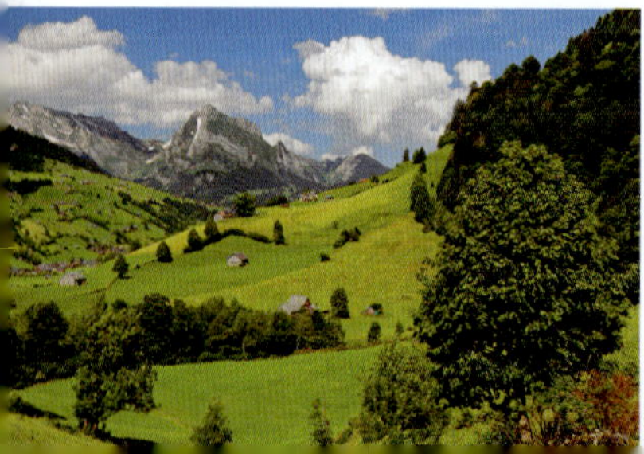

8.15 Std.

# Speer, 1950 m 52

## Von Nesslau auf den höchsten Nagelfluhberg der Alpen

*Der Speer zählt in den Ostschweizer Voralpen zu den bekanntesten Gipfeln. Er wartet mit einer bestechenden Aussicht auf – vor allem Richtung Zürcher Oberland, Toggenburg sowie in die Glarner Alpen – und gilt als höchster Molasseberg im gesamten Alpenraum. Die sogenannte Nagelfluh ist ein Konglomerat, worunter man zusammengebackene Sedimente mit überwiegend gerundeten Bestandteilen versteht. Die »Haptik« dieses Gesteins ist also außergewöhnlich, die Vegetationsbegünstigung offenkundig. Den Speer umgibt ein dicht gesponnenes Wegenetz. An dieser Stelle sei einer der längeren, stilleren Zugänge aus dem Obertoggenburg vorgestellt. Wir kombinieren eine Kammroute via Blässchopf im Aufstieg mit den sonnigen Alpwegen im Abstieg – über 23 Kilometer Marschstrecke, die eine beachtliche Herausforderung darstellen.*

**Ausgangspunkt:** Laaderbrücke, 761 m, bei Nesslau im Toggenburg. Knapp 1 km entfernt befindet sich der Bahnhof Nesslau-Neu St. Johann.

**Anforderungen:** T3. Meist kleinere Bergwege (Wald und Weiden), nur im Gipfelbereich großzügiger ausgebaut. Bei Nässe wahrscheinlich unangenehme

*Vom Gipfel aus lässt sich der lange Aufstieg aus dem Toggenburg nachvollziehen. Im Hintergrund dominieren der Säntis und rechts die Churfirsten.*

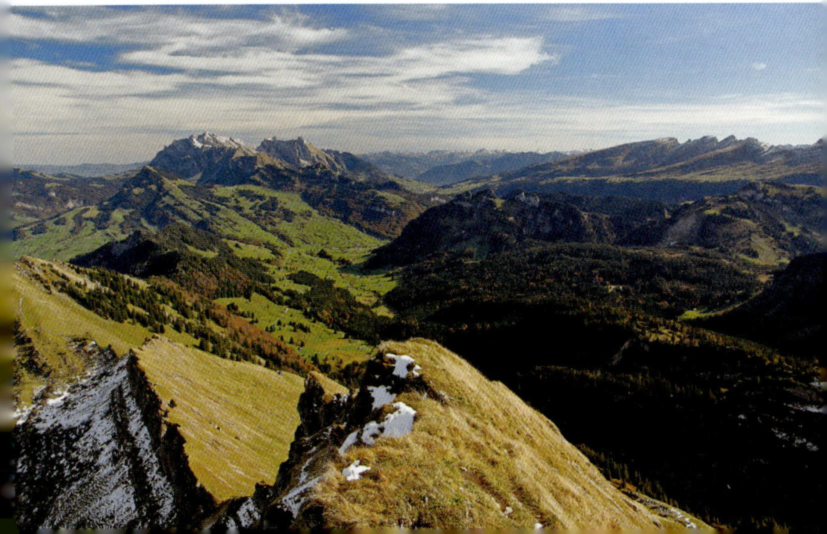

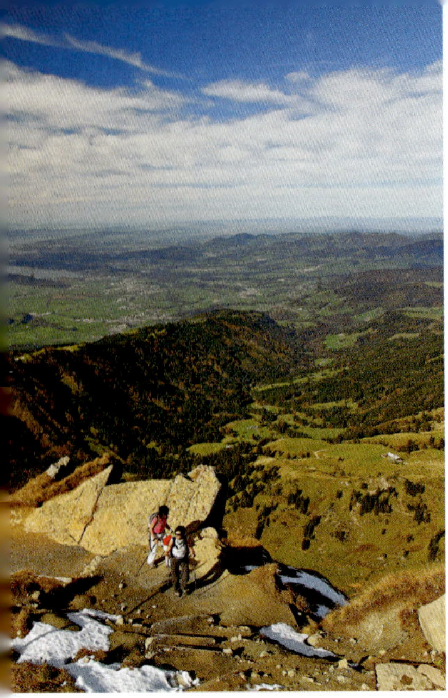

*Die letzten Meter vor dem Gipfel – im Blick das Zürcher Oberland.*

Stellen, aber keine eigentlichen Schwierigkeiten (auch das gesicherte »Leiterli« ist relativ harmlos). Beim Rückweg zuletzt längere Zeit Fahrwege und Straßen. Etwas Trittsicherheit vorteilhaft, vor allem aber Marschfreude und Kondition für eine lange Tagestour.

**Höhenunterschied:** Mit Gegensteigungen ca. 1500 Hm.

**Einkehr/Unterkunft:** Alp Oberchäseren, 1651 m, Anfang Juni bis Mitte Oktober, Tel. +41 55 6111171.

**Beste Jahreszeit:** Juni bis Oktober.

**Variante:** Ein interessanter Zugang zum Speer ist auch von Amden möglich, entweder über Durschlegi und Unterchäseren oder über die Hintere Höhi. Die Wege treffen sich bei Oberchäseren.

Bald hinter der **Laaderbrücke (1)**, 761 m, kürzt man auf einem Wiesenpfad eine Schleife der Fahrstraße ab und kommt dann auf dieser weiter Richtung Egg voran. Rechts abzweigend treten wir in ein kleines Wiesentälchen ein, das später zu einem verstrauchten Waldsteig überleitet. Nach Ankunft beim Stall **Windpläss (2)**, 1195 m, orientieren wir uns in scharfem Winkel an einer breiten Schneise aufwärts, passieren eine weitere Alphütte und steigen gegen den **Blässchopf (3)**, 1459 m, hoch. Nur wenige Schritte zusätzlich sind es vom markierten Pfad bis zur Kuppe. Anschließend geht es in leichtem Auf und Ab kammnah weiter über die licht bewaldete Heumooserhöchi. Schöne Pfadabschnitte wechseln mit matschigen Stellen. Hinter einer Senke schwingt sich die Krete kurzzeitig steiler auf, bevor wir in die südseitige Flanke ausweichen und die Alp Vorderelisiten knapp unterhalb traversieren. Noch vor Hinterelisiten geben wir auf einen etwas undeutlichen Rechtsabzweig vom Hauptweg acht **(4)**. Im Schräganstieg über Matten überschreiten wir vorübergehend die Krete zwischen Speermürli und Schwarzi Chöpf und kommen nach **Schilt (5)**, 1638 m, wo eine Route aus dem Stein- bzw. Ijental mündet. Man wechselt jedoch gleich wieder die Seite und hat kurz darauf das versicherte »Leiterli« zu bewältigen, eine wenige Meter hohe Barriere zwischen Nagelfluhfelsen. Die nachfolgende Traverse durch die Südostflanke leitet zu einem kräftigen Anstieg, der uns über eine Hangrippe hinweg zur Kreuzung am **Stelli**, 1771 m, bringt. Gemeinsam mit dem Hauptanstieg von Oberchäseren packen wir nun das Fi-

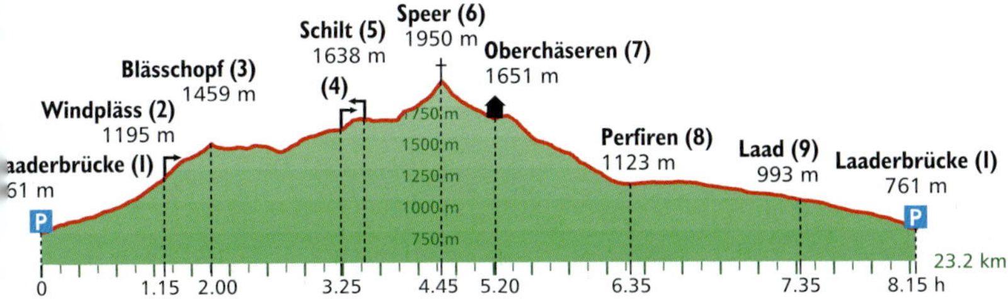


nale an, welches auf einem gut ausgebauten Kehrenweg durch die Südflanke verläuft. Über Gras und Konglomerat erreichen wir die Aussichtsplattform am Gipfel des **Speer (6)**, 1950 m.

Im Abstieg folgen wir über Stelli hinaus dem guten Weg nach **Oberchäseren (7)**, 1651 m. Wer dort nicht einkehren möchte, kann kurz zuvor bereits links Richtung Kammrücken abkürzen (von der Hütte aus wieder etwas Gegenanstieg). Es erfolgt ein Überstieg in den ostseitigen Kessel, wo es auf erdigem Steig zur **Herrenalp**, 1446 m, hinabgeht. Der anschließende Karrenweg wird allmählich besser und führt durch Waldareale Richtung **Perfiren (8)**, 1123 m. Dort auf einem zunächst geschottertem, später asphaltiertem Alpsträßchen weiter. Mit nur geringem Höhenverlust quert man die offenen Südflanken von Heumoos und genießt wunderbare Ausblicke ins Obertoggenburg. Die Straße führt Richtung **Laad (9)**, 993 m, wo man sich links hält und in die vom Hinweg bekannte Route einfädelt.

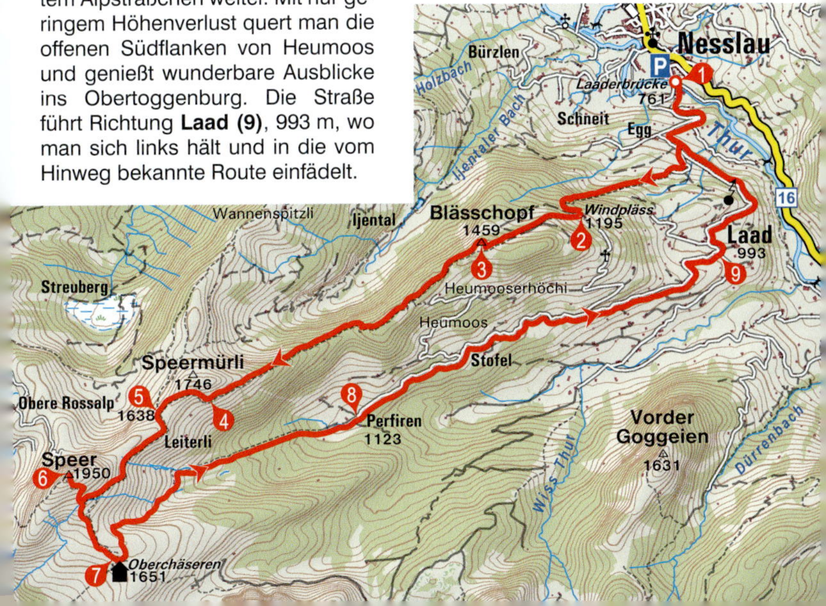

TOP **53** 

# *Stockberg, 1781 m*

**5.30 Std.**

### *Auf den Hausberg von Nesslau*

*Die Lage im Zwickel zwischen Thur und Luteren, im äußersten Westausläufer des Alpstein, beschert dem Stockberg ein facettenreiches Panorama. Es ist in der mattengrünen Toggenburger Landschaft zur Hauptsache voralpin geprägt, entbehrt aber auch einiger hochalpiner Akzente nicht. Auf zwei gleichwertigen Routen, die von Nesslau aus kombiniert werden können, verleihen wir der Stockberg-Tour allerhand Abwechslung.*

**Ausgangspunkt:** Bahnhof Nesslau-Neu St. Johann, 758 m, im Toggenburg. Bahnverbindung von St. Gallen.
**Anforderungen:** T2. Häufig Alppfade von wechselnder Qualität, aber höchstens mittelsteil und kaum jemals absturzgefährliches Gelände, streckenweise auch befestigte Güterwege bzw. Nebenstraßen. Etwas Orientierungsvermögen (aufmerksam die Markierung beachten) sowie Ausdauer für eine normale Tagestour.
**Höhenunterschied:** Etwa 1050 Hm.
**Einkehr:** Nur im Tal, etwa in Germen und Nesslau.
**Beste Jahreszeit:** Mai bis Oktober oder November.

In **Nesslau (1)**, 758 m, überqueren wir die Hauptstraße und folgen der Lutenwilerstraße aufwärts in die gleichnamige Streusiedlung am Hang. Via **Hagisegg (2)**, 932 m, sind wir meist auf Anrainersträßchen unterwegs, zwischendurch ist aber auch schon mal eine Wiesentraverse dabei, die morgens natürlich taunass sein kann. Der verwinkelte Kurs führt – nachdem ein letztes Mal ein Asphaltband gekreuzt wurde – über eine eher schlecht zu gehende Weidepassage aufwärts nach **Amsler (3)**, 1195 m. Hier rechts weiter und zur schön gelegenen Alphütte an der **Stockneregg (4)**, 1484 m, wo der Gipfelpfad ansetzt. Dieser orientiert sich am Südwestrücken bzw. knapp

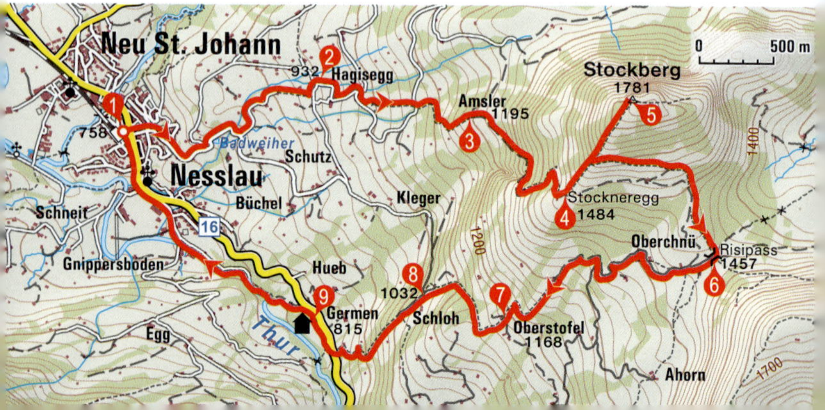

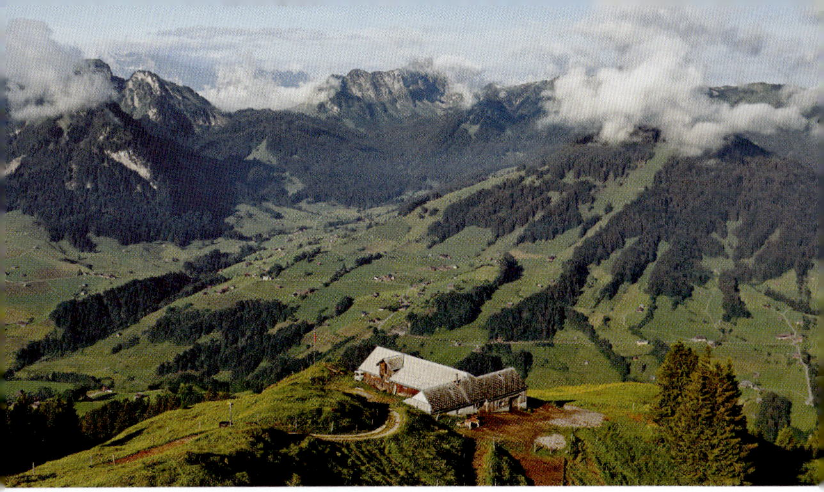

*Herrliche Lage: die Alphütte an der Stockneregg.*

daneben und leitet durch lichte Baumgruppen ohne Hindernisse bis auf den **Stockberg (5)**, 1781 m.
Am Retourweg biegen wir schon oberhalb der Stockneregg scharf links ab, passieren eine Alphütte und gelangen auf idyllischem Pfad in den **Risipass (6)**, 1457 m. Nun ein Weilchen am breiten Wirtschaftsweg bergab (die Abkürzungen sind unnötig), bis man vom Wegweiser nach rechts geleitet wird und das Bergab bald schon über freie Wiesen fortsetzt. Vor sowie hinter **Oberstofel (7)**, 1168 m, jeweils rechts schwenkend und damit durch ein Waldstück nach **Schloh (8)**, 1032 m. Hier wählen wir die linke Variante mit dem steileren Abstieg Richtung **Germen (9)**, 815 m, wo man auf die Straße trifft. Hinter dem Restaurant links hinunter zur Thur, die wir zunächst auf interessantem Weg, später auf einem Werksträßchen bis zur Laaderbrücke begleiten. Schließlich noch 10 Minuten zurück zum Bahnhof in **Nesslau (1)**.

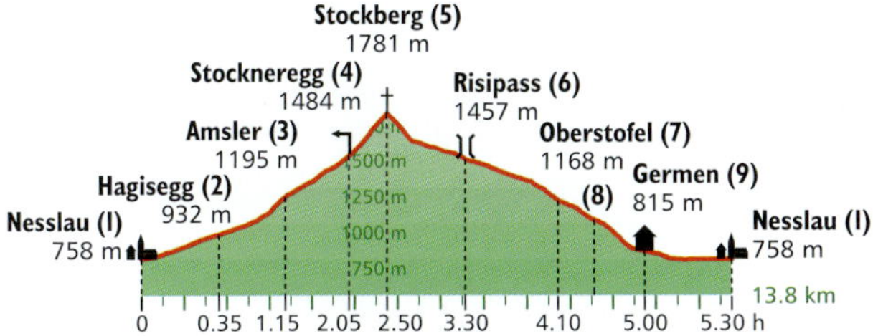

# 54 Hinderfallenchopf, 1531 m

**4.15 Std.**

***Toggenburger Hügelwanderung zwischen Schwägalp und Ennetbühl***

*Auf den ersten, flüchtigen Blick mag es im voralpinen Toggenburg wenig spektakulär ausschauen. Der Wechsel von Alpweiden, Wäldern und Hochmooren, von Graskuppen und tief eingeschnittenen Tobeln, gestaltet jedoch ein Relief mit vielen kleinen Überraschungen und lauschigen Fleckchen. Viel davon einfangen lässt sich auf einer Wanderung zwischen den Tälern von Luteren und Necker, die als höchsten Punkt den Hinderfallenchopf beinhaltet.*

**Ausgangspunkt:** Schwägalp Passhöhe, 1278 m. Parkplatz und Postautohaltestelle der Linie vom Bahnhof Nesslau-Neu St. Johann.
**Endpunkt:** Ennetbühl, 885 m, ebenfalls an der Postautolinie von Nesslau.
**Anforderungen:** T2. Leichte Voralpenwanderung auf Trassen unterschiedlicher Beschaffenheit (längere Strecken Güterwege, aber auch einige Fußwege in Wald- und Wiesenterrain). Gut auf die Bezeichnung achten; etwas Orientierungssinn vorteilhaft. Konditionell gemäßigtes Programm.

**Höhenunterschied:** Etwa 450 Hm Aufstieg, 850 Hm Abstieg.
**Einkehr:** Schwägalp und Ennetbühl, zwischendurch keine.
**Beste Jahreszeit:** Mai bis November, solange schneefrei.
**Varianten:**
1. Zwischen Horn und Ellbogen auch über den Pfingstboden (schlechterer Weg, 15 Min. länger).
2. Von Hübschholz über Hinterschlatt und Laui talwärts (30 Min. kürzer und weniger schön).

Von der **Schwägalp Passhöhe (1)**, 1278 m, geht es in westlicher Richtung leicht auf und ab durch Wald und Riet zum **Chräzerenpass (2)**, 1266 m, wobei feuchte Passagen häufiger mit Brettern überbrückt werden. Dann finden wir Anschluss zu einem breiten Wirtschaftsweg, der uns durch den Chräzerenwald zügig nach **Horn (3)**, 1296 m, bringt. Dem Grasberg voraus weichen wir nun rechts aus und erhaschen dabei einen Einblick ins abgrundtiefe Ofenloch, dem oberen Teil der Neckerschlucht. Die längste Steigung am

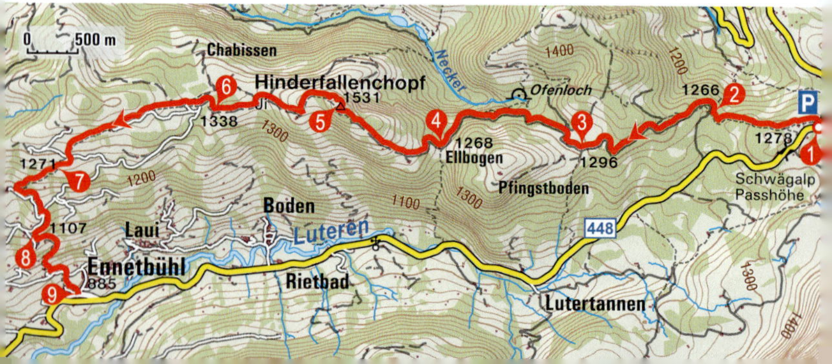

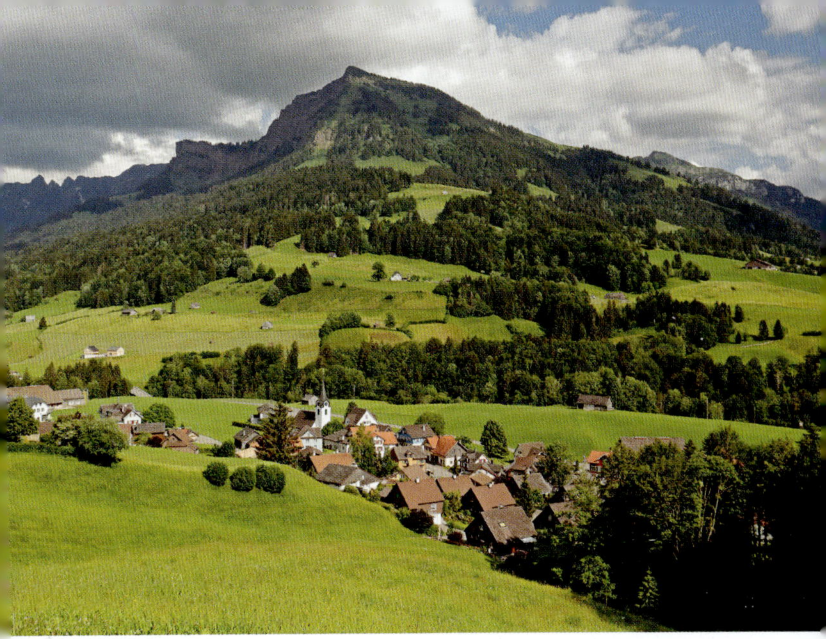

*Zielort der Tour ist Ennetbühl am Fuß des Stockbergs.*

Stück führt von **Ellbogen (4)**, 1268 m, bis auf den **Hinderfallenchopf (5)**, 1531 m – zumeist auf einem befestigten Alpweg, oben dann auf einem Steig. Jenseits senkt sich ein schöner Pfad hinab nach **Hübschholz (6)**, ca. 1338 m, wo wir uns zwischen zwei Fortsetzungsmöglichkeiten entscheiden können. Reizvoller erscheint der Weiterweg über die diversen Stafel der **Chlosteralp**, sodass man zunächst noch ein Weilchen die Höhe hält. Durch ein lichtes Areal von herrlichen Ahornbäumen geht es dann allmählich abwärts. Ziemlich verwinkelt lassen wir **Gössigen (7)**, 1271 m, und **Brüggli (8)**, 1107 m, im Wechsel von Wiesenpfaden und Bergstraßen hinter uns und wandern schließlich hinab in den Zielort **Ennetbühl (9)**, 885 m.

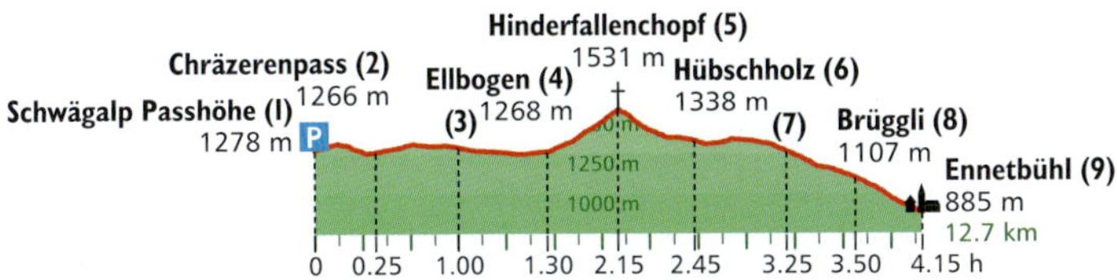

# 55 Tanzboden, 1443 m

4.45 Std.

### Wiesenhöhen am Alpenrand

*Der Talort Ebnat-Kappel ist der nördlichste, den wir in diesem Wanderführer noch berücksichtigen. Als reizvollstes Wanderziel in der hügeligen Umgebung gilt wohl der Tanzboden – nur eine Wiesenkuppe, aber mit großartiger Aussicht gesegnet. Auch die gipfelnahe Hütte trägt wesentlich zur Beliebtheit bei. Für Auf- und Abstieg lassen sich zwei Routen kombinieren.*

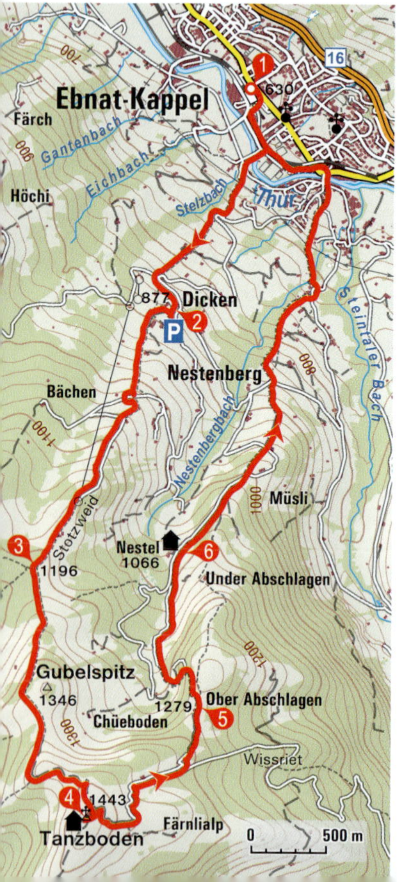


**Ausgangspunkt:** Bahnhof Ebnat-Kappel, 630 m, im Toggenburg (per Zug aus Richtung Wil/St. Gallen erreichbar). Auch Anfahrt bis zum Parkplatz bei Dicken, 877 m, möglich.

**Anforderungen:** Maximal T2. In den unteren Bereichen bis ca. 1000 m jeweils grobe Linienführung über freies Wiesengelände (manchmal nur spärliche Begehungsspuren, daher Aufmerksamkeit beim Verfolgen der Markierung nötig). Nach oben hin Alpwege und gewöhnliche Bergwanderwege, leicht und stets ohne Absturzgefahr. Konditionell moderate Tagestour.

**Höhenunterschied:** Etwa 830 Hm.

**Einkehr/Unterkunft:** Alpwirtschaft Tanzboden, 1427 m, Tel. +41 55 2831218 (Mo. Ruhetag). Berggasthaus Nestel, 1066 m, Tel. +41 71 9900990 (Mo./Di. Ruhetag).

**Beste Jahreszeit:** Frühjahr bis Spätherbst.

**Variante:**

1. Oberhalb von Dicken an der Alpwirtschaft Oberbächen, 1225 m, vorbei.
2. Im Abstieg geringfügig kürzer via Unter Abschlagen statt via Nestel.

Wir folgen dem Wegweiser »Tanzboden/Stotzweid« vom Bahnhof **Ebnat-Kappel (1)**, 630 m, durch die kleine Unterführung, dann nach links neben der Thur entlang und über eine schmale Brücke bei Mettlen-Thurau hinweg. Nun geht es auf

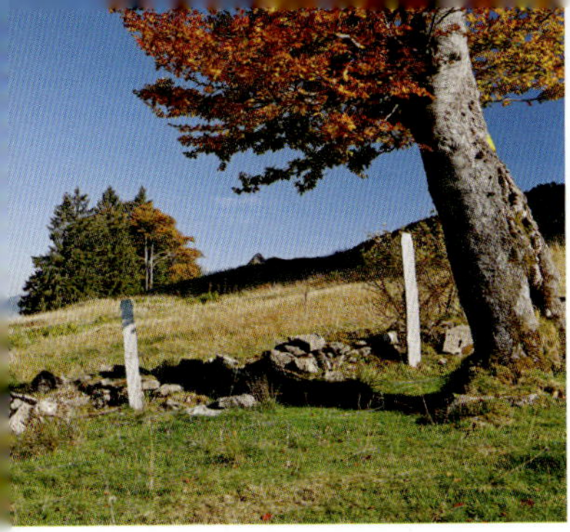
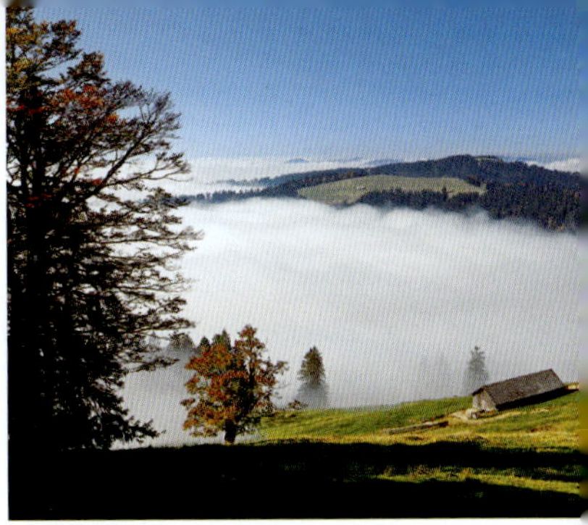

*Herbstimpressionen beim Aufstieg zum Tanzboden.*

den Wiesen bergwärts, teils noch gepfadet, bei Schwendi aber auch nur in grober Richtung (Durchgänge an den Viehzäunen beachten). Vorübergehend gelangen wir auf eine Straße mit dem Parkplatz bei **Dicken (2)**, 877 m, und setzen den Aufstieg über Weiden fort. Ab Stangen übernimmt ein befestigter Weg die Führung und bringt uns ins Gebiet der Alp **Stotzweid**. Beim gleichnamigen Naturfreundehaus **(3)**, 1196 m, mündet der Weg von Rieden bzw. Oberbächen. Links haltend durchwandern wir nun abwechselnd licht bewaldetes und freies Gelände bis zur Chüebodenegg, von wo nur mehr ein kurzes Wegstück bis zum **Tanzboden (4)**, 1443 m, verbleibt. Direkt unterhalb der kreuzgeschmückten Wiesenhöhe befindet sich die Berghütte.
Der Abstieg wird in östlicher Richtung eingeleitet, zunächst auf dem Güterweg Richtung Buechschlittli. Bei der Gabelung P. 1302 links nach **Ober Abschlagen (5)**, 1279 m, wo sich die Route abermals verzweigt. Wir wählen links den Waldweg und wandern durch einen Geländetrichter hinunter nach **Nestel (6)**, 1066 m, mit weiterer Einkehrmöglichkeit. Ein Abschnitt auf der Zufahrt wird wieder vom abkürzenden Wiesenpfad abgelöst, der via Orlen und Nestenberg – teils nah am gleichnamigen Bachtobel entlang – tiefer leitet. Bei Rüti achten wir auf die Traverse nach links, kommen dann in die Talsohle, wo das Ufer der Thur noch ein Stückchen begleitet wird, und schließen den Kreis zum Bahnhof **Ebnat-Kappel (1)**.

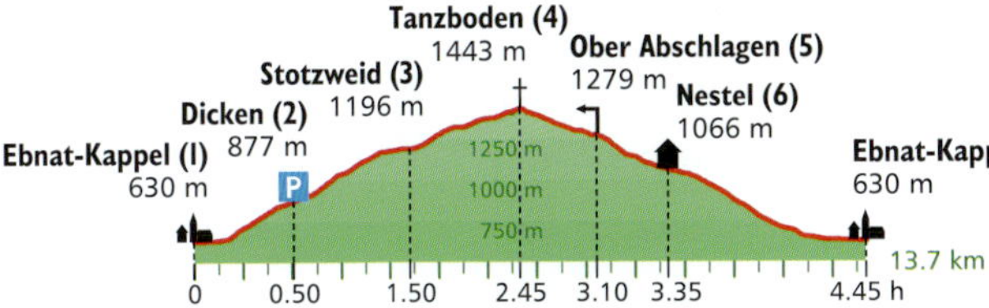

# Stichwortverzeichnis

Umschlagbild:
Panorama der Glarner Alpen vom Federispitz.

Bild im Innentitel:
Am fast 3000 Meter hohen Gemsfairenstock ergibt sich eine Idealperspektive auf den alles überragenden Tödi.

Alle 145 Fotos stammen vom Autor.

Kartografie:
55 Wanderkärtchen im Maßstab 1:50.000 / 1:75.000
© OpenStreetMap und Mitwirkende
Kartografisches Design: Freytag & Berndt, www.freytagberndt.cz
Übersichtskarten im Maßstab 1:600.000 und 1:900.000
© Freytag & Berndt, Wien



6., aktualisierte Auflage 2022


ISBN 978-3-7633-4540-3

FSC www.fsc.org
MIX
Papier aus verantwortungsvollen Quellen
FSC® C021956

**Wir freuen uns über jeden Korrekturhinweis zu diesem Wanderführer!**
**Bitte per E-Mail an: leserzuschrift@rother.de**

**ROTHER BERGVERLAG · München**
**D-82041 Oberhaching · Keltenring 17 · Tel. +49 89 608669-0 · www.rother.de**